냉전질서와 국제긴장완화 정책사

-신뢰 프로세스 구축과정-

냉전질서와 국제긴장완화 정책사
- 신뢰 프로세스 구축과정 -

초판 1쇄 발행 2021년 9월 30일

저　자 ㅣ 이종국
발행인 ㅣ 윤관백
발행처 ㅣ 🅰️도서출판선인

등 록 ㅣ 제5-77호(1998.11.4)
주 소 ㅣ 서울시 마포구 마포대로 4다길 4 곳마루 B/D 1층
전 화 ㅣ 02)718-6252 / 6257   팩스 ㅣ 02)718-6253
E-mail ㅣ sunin72@chol.com

정가 27,000원

ISBN 979-11-6068-493-3 93340

냉전질서와 국제긴장완화 정책사

-신뢰 프로세스 구축과정-

이종국

들어가며

이 책은 냉전질서 속에서 진행된 국제긴장완화의 형성·발전·재구조화의 과정을 연구한 것이다. 그리고 연구를 시작하게 된 계기는 분단국가 대한민국을 어떻게 하면 통일국가로 만들어 갈 것인가? 라는 문제의식으로부터 시작하였다.

대학시절 외교사와 국제정치를 공부하는 과정에서, 특히 19세기 외교사와 20세기 냉전을 공부하면서 시작되었다. 외교사와 국제정치에서 냉전과 상호의존을 공부하면서, 두 가지 분야를 접목하여 분단을 극복하는 논리를 설정할 수 없을까 고민하였다.

이러한 문제의식을 가지고 도쿄대학 법학부에 유학하였다. 그곳에서 전간기 외교사로 당시 젊은 기예의 다카하시 스스무(Takahashi Susumu) 교수를 만나면서 시작되었다. 그리고 이러한 연구를 실천에 옮기기 위하여 반드시 필요한 국제정치이론으로 미국의 예일대학에서 국제 상호의존을 연구한 가모 다케히코(Kamo Takehiko) 교수를 만나게 되었다.

필자는 이 두 분의 선생님을 만나 자신의 문제의식인 냉전사와 통합이론을 체계적으로 연구할 수 있는 기회를 가졌다. 두 분 모두 필자가 학위를 마치고 연구자의 길을 가는 도중에 일찍 세상을 떠났다. 몹시 안타깝다. 그분들이 계셨더라면 필자와 함께 후속연구를 힘차게 진행하여 우리 한반도의 통일방안 구상도 만들었을 것이다. 선생님들이 극락세계에서 평안하게 안식을 취하시길 바라마지 않는다.

그리고 또 다른 두 분의 원로 학자를 만난 것도 자신의 연구를 더욱 질적으로 성장시킬 수 있는 계기가 되었다. 한 분은 가모 교수의 전임자로 국제적으로 국제정치 학계의 대가 사카모토 요시카즈(Sakamoto Yoshikazu) 교수다. 그는 전후 일본학계에서 리버럴을 대표하면서 냉전질서를 극복하기 위하여 많은 연구를 하였다.

다른 한 분은 정치사의 대가 시노하라 하지메(Shinohara Hajime) 교수다. 그는 가끔 연구회를 마치고 자상한 연구 지도를 해주시는 친절함을 베풀어 주셨다. 선생님의 지도는 필자의 연구를 더욱 역사정치학적인 시각을 견지하면서 체계화 시켜나가는 계기가 되었다. 즉 냉전의 깊은 이해는 사카모토 교수의 지도 그리고 역사정치학이나 비교정치 분야는 시노하라 교수의 학은을 입었다. 이들 두 분은 마루야마 마사오와 함께 전후 일본학계에서 리버럴 학자로 당시 도쿄대 법학부의 학문을 이끌어 온 분들이다. 모두 고인이 되셨다. 삼가고인의 명복을 빈다.

필자는 이러한 문제의식과 학문 환경을 배경으로 연구에 정진할 수 있었다. 그리고 박사 후 과정 동안 도쿄대학대학원 법학정치학연구과에서 지속적으로 〈냉전 프로젝트〉에 참가하여 자신의 연구를 체계적으로 연구할 수 있었다. 다시 한번 법학정치학 연구과와 일본학술진흥재단에 감사를 드린다.

이러한 연구를 진행하면서 필자는 한반도의 분단을 잊어본 적이 없다. 항상 분단 극복이라는 문제의식을 가지고 각종 회의나 공동연구에 참가하였다. 그러나 항상 아쉬움 속에서 연구주제를 고민하는 상황은 지금도 계속되고 있다. 왜 우리는 국제적인 냉전이 종식되었는데도 불구하고, 남북한의 냉전은 지속되고 있는가?

우리는, 통일문제는 남북한의 대립을 완화하고 북한만 설득하면 되는 것으로 생각할지 모르지만, 사실은 분단과 통일의 문제는 당사자만의 문제가 아니라 국제적인 환경 그리고 국제정치사와 깊게 관련되어 있다는 사실을 놓치고 있다. 지금도 남북만 손잡으면 통일이 가능하다고 생각하는 민족통일론은 부분적으로는 맞지만 정답은 아닌 것 같다.

그러므로 나는 분단국가의 정책과 국제환경을 동시에 연구하여야 함을 강조하고 싶다. 한반도 분단은 이미 국제정치사가 되었다는 것이다. 이러한 문제를 풀기위해서는 단순한 접근이 아니라 복잡한 접근이 우리 앞에 놓여 있다는 것을 솔직히 인정하여야 한다. 그러므로 '다차 다원 방정식'을 풀어나가야 하는 지혜와 고난도의 정책이 필요하다. 그러나 아직도 아이디어는 옛날 방식에 머물러 있거나 혹은 무늬만 따르는 현상이 벌어지고 있어 안타깝다. 오히려 노태우 정권과 김대중 정권의 통일정책보다 많이 후퇴하고 있는 것 같다.

전문가들은 많은데 진짜 전문가가 부족하다는 느낌이다. 현대는 모든 분야에서 전문가가 넘치는 사회다. 그러므로 국가 지도자는 자신뿐만 아니라 전문가를 제대로 파악하여 자신의 정책을 실현하는 데 지혜를 빌려 정책에 활용하여야 한다. 그런데 사실은 그렇지 못하는 것 같아 아쉽다. 그리고 통일문제는 보수와 진보를 넘어야 하는데도 불구하고, 아직도 진영으로 나뉘어져 있어 많은 정책이 불완전하고 불안정한 상태로 시간과 예산을 낭비하고 있다. 이렇게 보면 아직도 서독의 1966년 이전보다 못하다는 생각이 들어 염려스럽다.

지금까지 필자의 연구가 가능하였던 것은 사랑하는 가족(家族)들의 도움이 없었다면 있을 수 없었다. 먼저 필자가 유학을 떠나기 전에 세상을 떠난 어머니(故김영자)의 사랑을 잊을 수 없다. 어머니가 주신 사랑은 힘든 시기를 맞이할 때마다 큰 힘이 되었다. 어머님의 영전에 부족한 이 책을 바치고 싶다. 또한 어머님을 일찍 보내시고 살아오신 아버님께도 깊은 감사를 드리고, 일가친척들에게도 감사드린다. 아들을 멀리 보내놓으시고도 말없이 지내신 아버님, 이제 연로하셔 거동도 불편하시지만, 병원치료 때마다 아버지와의 대화는 그동안 불효한 내 자신을 돌아보는 중요한 시간이 되고 있다.

그리고 우리 가족들에게 항상 감사드린다. 유학생활 동안 많은 어려움을 도맡아준 사랑하는 아내 김선연, 아들 승한, 딸 미한, 예한에게도 고마움을 전한다. 연구자 아빠를 둔 가족들은 항상 부족한 환경에서도 넉넉한 마음으로 응원과 격려를 해주었다. 그러나 필자는 가족들에게 불편함과 부족함만 준 것 같아 항상 미안하게 생각한다. 부족한 작품이지만 이것으로 그동안의 고마움을 표시하고, 새로운 인생 2막을 시작하면서 가족들(그동안 큰딸을 결혼시키면서 사위도 보았고, 외손자 재원이도 태어났다. 축복스러운 일이다.)에게 희망과 꿈을 주고 싶다.

　마지막으로, 연로하신 처가의 장인께도 감사드린다. 그리고 이미 고인이 되신 장모님(故안보필)께서 아이들을 키워주시고 돌보아주신 덕분에 공부할 수 있었다. 지금 우리 가족이 있게 한 것은 오로지 처가의 일가친척과 장인·장모님의 덕분이다. 항상 고맙게 생각한다.

　끝으로 코로나 위기와 출판업계의 경제적 어려움에도 불구하고 이 책의 출판을 허락해주신 도서출판 선인 윤관백 사장님과 편집진에게 감사드립니다.

2021. 9

이종국

※ 출처

이 책은 필자가 도쿄대학 대학원 법학정치학연구과에 제출한 박사논문을 수정·보완
한 것이다. 그리고 논문의 몇몇 장은 그동안 학술지에 게재되었다.

차례

들어가며 5

서장

제1절. 무엇을 이야기할 것인가?   15

제2절. 연구동향   23

제3절. 책의 구성   29

제1장 국제정치와 긴장완화

제1절. 배경   43

제2절. 전후 국제정치의 구조와 실제   46

제3절. 긴장완화의 의미   56

제2장 긴장완화의 형성

제1절. 긴장완화로 향하는 국제환경   83

제2절. 아데나워 이후 외교정책   87

제3절. 대연립 정권의 동방정책   110

제4절. 대연립 정권의 통일정책   143

제3장 긴장완화의 전개

제1절. 새로운 시작   161

제2절. 전환점이 된 1969년   166

제3절. 모스크바 조약   186

제4절. 서독·폴란드 관계   203

제5절. 동서독과 4개국 협정   210

제6절. 동서독 기본조약   236

제4장 국제긴장완화의 '제도화'

제1절. 의미   253

제2절. 긴장완화의 시작   257

제3절. 긴장완화기에 있어서 유럽   260

제4절. CSCE의 역사적 문맥   265

제5절. 헬싱키 예비 회담   296

제6절. 교섭의 프로세스   307

제5장 국제긴장완화의 재구조화

제1절. 국제긴장완화의 구조   319

제2절 유럽과 안전보장   353

제3절. 평화질서로서의 안전보장체제와 긴장완화   366

나가면서   373

참고문헌   377

서장

제1절. 무엇을 이야기할 것인가?

1989년[1]은 전후 국제정치 흐름가운데 경이로운 해(annus mirabilis)였으며, 역사적인 전환점이었다. 국제정치의 극적인 전개는 1953년[2] 스탈린 사망 이후 동서로 분단된 냉전의 국제정치 구조를 단절시켰으며, 50년대 중반부터 시작된 '교섭의 프로세스', 말하자면 국제긴장완화의 결과이었다. 전후 이루어진 동서관계의 교류는 새삼스럽게 말할 필요도 없이 냉전질서에게 '변화의 압력'으로 작용하였으며, 미국과 소련의 협력관계를 촉진시켜 1989년 '동유럽 혁명'을 가져왔다. 전후 유럽의 국제정치 질서-얄타·포츠담 체제-는 1960년대부터 70년대까지 국제정치의 '전환기'를 거쳐, 1980년대 중반부터 국내외 환경 변화의 영향으로 그 변화는 더욱 가속화하였다. 특히 소련연방의 급격한 변화와 동유럽 민주화의 진전은 유럽의 전략적 지도를 다시 그렸으며, 전후 40년간 지속된 동서 대결과 냉전이라는 2극 시스템을 종식시켜, 최종적으로 동서관계의 형태를 확실하게 단절시켰다. 특히 사회주의 중심 국가였던 소련의 패권적 역할의 쇠퇴와 경제적 위기로부터 동유럽 여러 나라는 민주주의와 시장경제를 희망

---

1) 1989년의 대변동은 1953년 이후의 동서관계를 붕괴시켰다는 점에서 새로운 유럽 역사의 시작이었다. 또한 그것은 전후 계속되었던 국제긴장완화 프로세스의 절정이기도 하였다.

2) 국제적인 문맥에서 보면 미국과 소련에서 지도자가 교체됨으로써 한국전쟁은 종결에 이르렀다. 특히 스탈린의 사망은 새로운 시대를 예고하였다.

하고 선택하였으며, 드디어 공산주의를 포기하고 공산당 지배는 동유럽에서 붕괴하게 되었다.

그동안 공산주의 붕괴의 원인에 대해 여러 가지로 설명되었지만, 일반적 원인으로는 사회주의 시스템이 경제적 성장과 사회적 정의를 제공하지 못하였기 때문에 발생하였다고 말할 수 있을 것이다. 달리 말하면, 동유럽의 혁명적인 정치적 변화는 경제적인 문제뿐만 아니라, 사회주의 국가의 시민들의 정치적·사회적 성숙이 가져온 결과라고 말할 수 있다. 그와 같은 전후 국제정치의 지각변동 결과 제2차 세계대전이 가져온 '유럽의 분단', '동서 독일의 분단'이 해소되고 분단국가 독일의 통일이 달성되었다.

그동안 정치체제와 이데올로기가 완전히 다른 두 블록이 대치하였던 전후 국제정치 구조는, 국제적·국내적인 측면에 있어서 여러 가지 논쟁의 대상이었다. 그와 같은 논쟁은 동서 냉전질서라는 국제질서 속에서 전후 국제정치 구조의 해석과 관련되어 진행되었다. 학술적으로 특히 흥미 있는 견해는 '유럽에 있어서 냉전과 긴장완화'라는 시각과 '유럽의 냉전과 긴장완화'라는 역사적 관점[3]이다. 그와 같은 국제정치이론과 역사적 시각을 동서 관계의 문맥 속에서 이해하면서, 이 책은 60년대부터 70년대 중반까지 전개된 유럽에서의 국제

---

3) 高橋 進, "西歐のデタント-東方政策試論"(『戰後民主主義の變容』, 犬童·山口·馬場·高橋 編, 岩波書店, 1991), 2~3쪽. 특히 이 논문(주.2 참조)에서 설명되고 있는 '서구에 있어서 냉전'론, '서구의 냉전', '서구의 반냉전'론 이라는 설명은 냉전사의 역사적 문맥을 이해하는데 중요하다. Mary Kaldor, *The Imaginary War: Understanding the East-West Conflict*, Basil Blackwell, 1990.

긴장완화체제의 성립과 전개 과정을 분석하였다.

분석 대상을 설명하기 전에 먼저, 동서 블록 형성기⁴⁾의 상황을 살펴보면, 동서독은 두개의 초강대국 사이에서 전후 국제정치의 '객체'이면서 동시에 '주체'이었으며, 동서 두 진영의 최전선⁵⁾이었다. 그 가운데 서독은 4개의 중요한 정책, 즉 소련의 '위협'에 대한 안전보장, 서구 동맹과의 긴밀화, 국제사회로의 복귀,⁶⁾ 동서독의 재통일 문제⁷⁾ 등을 우선적으로 추구하였다.⁸⁾ 반면, 동독⁹⁾은 소련의 전초기지

---

4) 냉전초기부터 NATO와 바르샤바조약기구 성립까지 미국과 소련에 의해 군사·경제적인 면에서 어느 정도 컨센서스가 형성된 시기이기도 하다. 블록 형성에 의해 세계 각 국은 어떤 '위기'로부터 자신이 속한 블록의 실체를 지키기 위하여 역사, 문화, 인종으로부터 자유주의와 사회주의와 같은 사상에 기초하여 행동하였다.

5) Konrad Adenauer, *Erinnerungen 1953-1955*(DVA, Stuttgart, 1966), vol. Ⅰ, S.349. 특히 한국과 서독은 동서 분쟁에 있어서 같은 운명에 있다고 인식하였다.

6) Konrad Adenauer, *Erinnerungen 1953-1955*(DVA, Stuttgart, 1966), vol. Ⅱ, chapters Ⅸ and Ⅹ.

7) Grame P. Auton and Wolfram Hanrieder, *The Foreign Policies of West Germany, France and Britain*(Prentice Hall, Englewood Cliffs, NJ, 1980), chap.9.

8) 아데나워의 '힘의 정책(Politik der Starke)'으로부터 서독의 중요한 정책 목표를 행하였다. 그것은 서독의 '독일문제'를 해결하는 것이 아니라 대 소련에 대응하는 수단으로 행하여졌다.

9) 동독의 역사에 대해서는 D.Staritz, *Geschchte der DDR, 1949-1985*(Suhrkamp, Frankfurt a.M., 1985); H. Weber, *Geschichte der DDR*, Deutscher Taschenbuch-(Verlag, Munchen, 1985); Ders., *Die DDR 1945-1986*, R. Oldenbourg Verlag, Munchen, 1988. 日本語譯(『ドイツ民主共和國史』, 齊藤あきら, 星乃治彦 譯, 日本經濟評論社, 1991); 동독의 외교문제, 특히 긴장완화 문제는 A. McAdams, *East Germany and Detente: Building Authority after the Wall*(Cambridge University Press, Cambridge, 1985); 군사적인 동맹관계에 대해서는 A. McAdams, *East Germany and Detente: Building Authority after the Wall*(Cambridge University Press, Cambridge, 1989); 전후 동독의 정치과정에 대해서는 山田 徹, 『東ドイ

로서 정치적·경제적으로 중요성을 가지면서 주니어 파트너로서 그 역할을 수행하였다. 국내에서는 사회주의를 정당화하기 위하여 이데올로기가 중심이 되었고, 그 결과 정치, 경제로부터 문화에 이르기까지 모든 부분에 사회주의 이데올로기가 침투하여 사회주의의 우등생이 되려고 노력하였다.

분단국가의 이러한 노력이 진행되는 가운데 1960년대 접어들어 국제상황은 두 개의 '위기'[10]에 직면하였다. 그 하나가 '베를린 장벽 건설사건'이었으며, 또 다른 하나는 '쿠바 미사일 위기'이었다. 이러한 두 위기는 군사대국 미국과 소련에게 새로운 정책과 전략을 선택하도록 '심리적 압박'을 가하는 계기가 되었다. 그 이후 두 위기의 교훈으로부터 강대국은 '공통의 이익'[11]을 유지하기 위하여 대화를 시작하였다. 그 귀결이 미국과 소련 사이 체결된 '핵확산방지조약'[12]이

───────

ツ・体制崩壊の政治過程』(日本評論社, 1994).

10) '위기'라는 것은 오랜 국제정치 역사에서 항상 존재하였다. 그것은 어떤 의미에서 서로 상호관계 가운데 어떤 문제를 해결하는 수단으로 이해되었다. 여기서 말하는 '위기'라는 것은 냉전시대, 특히 동서 관계에 있어서 '사활적 이익'을 둘러싸고 발생한 긴장상태를 의미하는 것으로 사용한다.

11) 인간의 행동에는 중요한 두 가지 형태의 심리상태가 있다. 그것은 결과에 관한 기대심리와 유효성과 관련된 심리이다. 전후 미국과 소련은 인간과 똑같이 정책결정을 행하였지만 핵무기의 등장과 함께 국제정치 분야에서 두 가지 심리상태에 '대립'보다 '협력'으로 그 관심을 보이면서 자국의 전력을 행하였다. 강대국과 직접 관련된 이익, 즉 최우선 과제는 국제안전보장에서 전쟁을 방지하기 위하여 행하여진 군비관리였다.

12) 이 조약은 원래 국제연합에서 영국에 의해 제안되고 1968년 조인되게 되었다. 그것으로 국가 간 어느 정도 신뢰구축에 관심을 갖게 되었으며 안전보장 분야에 있어서 다국 간 협력이라는 틀을 제공하는 계기가 되었다. Alexander L. George, Philip J. Farley, Alexander Dallin, *U.S.-Soviet Security Cooperation:*

었으며, '전략핵무기제한 교섭'이었다고 볼 수 있다.

그러나 이러한 분위기는 '일시적'인 것으로 인식되어 1960년대 중반부터 미소의 긴장완화가 정체되기도 하였으나, 서독과 동유럽 여러 국가 사이에서는 국교정상화 교섭이 시작되었다. 바로 이때부터 서독은 아데나워 총리의 '힘의 정책'으로부터 슈뢰더의 '흔들이 정책'[13]으로 외교정책의 변화[14]를 시도하였다. 그 이후 서독은 국제적으로도 국내적으로도, 냉전시대의 외교정책으로부터 크게 그 방향성과 국가 목표를 전환시켜 나갔다. 이 시기 그와 같은 새로운 외교정책을 전개하고, 미래의 통일의 길을 열게 한 것이 바로 브란트 정권이었다. 실제로 브란트 정권이 시작되면서 서독은 본격적으로 동유럽 여러 나라와 화해와 교섭을 시작하였으며, 동시에 '유럽의 냉전'이라는 냉엄한 상황을 국제적 긴장완화라는 새로운 국면으로 전환하고자 노력하였다고 말할 수 있다. 그 구체적인 정책전환의 결과 '서독과 소련의 국교정상화', '베를린 4개국 회담', '동서독 기본조약',

---

Achievements, Failures, Lessons, Oxford: Oxford University Press, 1988, "U.S.-Soviet Cooperation in Nonproliferation Regime," by Joseph S. Nye, Jr., pp.336-352.

13) Sowden, J.K. The German Question 1945-1973, Bradford University Press, Bradford, 1975, p.260; Hanrieder, W.(ed) West Germany Foreign Policy: 1947-1979, Westview, Boulder, 1980, p.90.

14) 1960~1961년경, 서독 연방의회 소위원회에서 동유럽 정책의 가능성 및 전제조건에 대한 논의가 시작되었다. 그 결과 1961년 6월 14일 서독 연방의회에서 그 위원회의 권고에 기초하여 동유럽 정책에 관한 서독의 외교정책 방침이 결의되었다. Gerhard Schroeder, "Germany looks at Eastern Europe", Foreign Affairs, vol.44, No.1, 1965, pp.15-16.

'CSCE 교섭' 등이 진행되었던 것이다.

　그래서 이 책의 분석 대상은, 당시 분단국가였었던 서독이 동방정책이라는 복합적인 외교·통일정책의 전개과정을 통하여 1975년 '헬싱키 선언'에 이르는 동안, 유럽의 국제긴장완화체제의 성립과 전개과정에 어떠한 노력을 기울였으며, 당시 국제정치 구조는 어떠한 '변화 요인'에 의해 구조적인 변화를 가지고 왔는가를 살펴보는 것이다. 또한 서독이 냉전기 국제정치상 '구조적 딜레마'였던 '독일문제'와 '국가의 분단'을 '유럽의 긴장완화'라는 국제적 환경을 통하여 그리고 국제긴장완화 시스템의 형성을 촉진시키면서 동시에 일련의 조약과 협정을 통하여 그들의 문제를 해결하고, 유럽의 여러 국가 그리고 미소 강대국과 함께 유럽의 긴장완화 구조를 국제적으로 '제도화'시켜 나가는 과정을 살펴보았다.

　특히 이 책에서 주목하고 싶은 사항은 다음과 같다. 먼저, 분단국가였던 동서독이 냉엄한 동서 대결 시스템의 완성기를 거치면서, 국제정치 질서의 '전환기'를 어떻게 인식하였으며, 어떠한 정책을 전개하였는가를 설명하였다. 그리고 그러한 분석과정에서 서독의 국내 정치의 중요한 요소인 여론의 동향, 의회에 있어서의 논쟁, 정당 엘리트들과 정책결정자들이 자신들의 문제와 국제정치 상황을 어떻게 인식하고 있었는가? 또한 그러한 인식들이 냉전기의 국제정치에 어떠한 영향을 끼쳤는가에 대해서도 관심을 기울였다.

　둘째로, 서독이 긴장완화정책을 동맹관계 속에서 안전보장 정책상 최우선적인 문제로 인식하면서, 동시에 외교정책의 중심이었던

'동방정책'(긴장완화 정책이면서 안전보장정책이기도 한)을 어떻게 진행하였으며, 국제긴장완화의 '제도화'에 어떻게 공헌 하였는가를 설명하였다. 그것은 서독이 동서독의 긴장을 완화시키면서, 국제적인 긴장완화 시스템으로 향해 가는 과정이기도 하였기 때문이다. 달리 말하면 분단국가가 냉전이라는 국제질서 속에서 긴장완화의 '프로세스와 제도화'를 어떻게 진행시켰는가?에 대해서 '교섭의 시대'의 현실정치로부터 설명해 나갈 것이다.

셋째로, 동서독 관계의 발전이 동서 블록(NATO 및 WTO) 내부에 어떤 영향을 끼쳤는가? 특히 각각의 동맹 시스템의 내부에 있어서 두 독일의 위치가 어떠하였으며, 자율성이 어느 정도 있었는지 국제정치의 변화에 따라 살펴보았다. 동서독의 관계정상화는 동서관계의 글로벌한 정치적 분위기의 기준이었기 때문에 아주 중요하였으며, 서독이 행한 대 동유럽과의 관계정상화가 어떻게 전개 되었는지를 살펴보는 것은 국제 긴장완화의 형성에 필수불가결한 것이었다.

위에서 설명한 것을 고려할 때 잠정적인 가설로써, 먼저 미국과 소련의 관계가 유럽에 있어서 동서관계의 개선 및 유럽의 긴장완화에 플러스로 작용하였다는 것이다. 특히 긴장완화의 프로세스가 지역정치·세계정치에 유효하게 작용하면서 미소 양국은 서로 그것으로부터 이익을 얻게 되었다고 이해한다. 그러나 문제는 유럽 이외의 지역에서 발생한 지역분쟁과 긴장완화와의 관련성은 과제로 남는다(동남아시아이 베트남, 아프리카 등).

다음으로, 소련의 대 서방정책의 결과 서방 여러 나라가 반응하고 또한 서독이 적극적으로 동방정책을 전개하면서 소련 측이 보다 신중하게 반응한 결과[15] 국제긴장완화가 잘 진행되었다는 것이다. 유럽의 긴장완화 프로세스의 중심에서 서독에 의해 추진되었던 동방정책은 소련의 대 서방정책의 결과로부터 많은 영향을 받으면서 동시에 소련도 전후 유럽 질서의 현상유지를 확보하기 위하여 '전유럽 안전보장시스템'이라는 개념을 계획하고 주장하였다. 이처럼 서로가 행한 작은 '정책'과 '수단'은 상대방에게 긴장을 완화시키면서 적대적인 감정을 극복시켜 최후에 상호신뢰 관계를 만들어 냈던 것이다.

　마지막으로, 당시 미국, 소련 및 유럽 각 국의 국내 정치·경제의 안정상황이 긴장완화에 유리한 조건으로 작용하였다고 상정할 수 있다. 일반적으로 국내경제가 불안정한 상태가 되면 될수록, 정치적·사회적인 면에서 그 긴장관계는 어떤 국가에 있어서나 제일 우선시하는 정책을 선택하도록 압력을 가한다. 외교문제에서도 그와 같은 논리가 적용되어, 정치적으로도 경제적으로도 국내 안정이라는 요소는 중요한 조건이었다. 서방 여러 나라와 동유럽 여러 나라 사이에서 동서 관계의 발전과 국내사회의 진전으로 두 개의 블록은 응집력을 저하시켜 하나로 수렴되도록 변화시켜 나갔다고 생각할 수 있다. 특히 소련과 동유럽 여러 국가는 산업기술과 정보 및 서방의 생산품에 깊은 관심을 보인 결과, 경제적 협력을 통해 국내정치를 안정화시키려 하였다. 이러한 의미에서 긴장완화가 사회주의국가의

15) 당시 소련의 인식은 Michael J. Sodaro, *Moscow, Germany, and the West from Khrushchev to Gorbachev*, Cornell University Press, 1991의 분석을 참조.

국내·국제적인 면에도 커다란 영향을 가져다주었다고 생각된다.

제2절. 연구동향

'긴장완화'라는 주제는 국제정치의 역사가 있는 한 항상 논의되는 것이다.[16] 특히 '전쟁'과 '위기'가 반복되는 국제정치사의 입장에서 보면, 긴장상태를 완화시키는 것은 '평화'로 이어지는 중요한 표시 (상징)이며, 여러 국가들도 바라는 것이다. 그러나 제2차 세계대전 이후 동서 블록의 완성으로부터 그 이후 전개된 '냉전의 역사' 가운데 긴장완화라는 것은 단지 하나의 '환상'에 불과하였다. 그 이유는 미국과 소련에 의해 전개되었던 냉전정책이 긴장을 완화시키기 보다는, 서로 상대방을 '경쟁자'로 인식하고, 상대를 '배제'시키려는 정책을 전개하였기 때문이다.

그 이후 국제정치에 있어서 현실정치와 이데올로기, 세계경제의 발전, 사회내부 및 외부에 있어서 다양한 변화가 발생하여, 행위의 주체인 각 국가는 그와 같은 '구조적인 변화'에 대응하게 되었다. 구

---

16) Stephen White, *The Origins of Detente: The Genoa Conference and Soviet-Western Relations, 1921-1922,* Cambridge Univ. Press, 1985; George Schwab & Henry Friedlander(edt), *Detente in historical perspective,* New York: Irvington Publishers, 1981; Jon Jacobson, *Locarno Diplomacy: Germany and the West, 1925-1929,* New Jersey: Princeton Univ. Press, 1972.

체적으로 말하면, 미국과 소련은 종래의 적대관계로부터 교섭의 상대로 생각하며 변화하는 국제환경에 적응하면서 새로운 전략을 계획하였다. 또한 각각의 동맹국 사이에서도 냉혹한 냉전시대와는 달리 보다 자립적인 정책들을 주장하는 시도들이 나타나기 시작하였다.

이와 같은 분위기 속에서, 전후 국제정치에 있어서 긴장완화라는 주제를 둘러싸고 몇 가지 연구가 진행되었다. 그 가운데 대표적인 것을 살펴보면, (1) 스티븐슨(Stevenson)의 『긴장완화의 형성과 붕괴(*The Rise and Fall of Detente*)』,[17] (2) 가토프(Raymond L. Garthoff)의 『긴장완화와 대립(*Detente and Confrontations*)』,[18] (3) 울람(Adam B. Ulam)의 『위험한 국제관계(*Dangerous Relations*)』,[19] (4) 보우커와 윌리엄스(Mike Bowker and Phil Williams)의 『강대국의 긴장완화(*Superpower Detente*)』,[20] (5) 오데나렌(John van Oudenaren)의 『유럽에 있어서 긴장완화(*Detente in Europe*)』,[21] (6) 데비(Richard Davy)의 『유럽인들의 긴장완화(*European Detente*)』,[22] (7) 프라이와 루로프

---

17) Richard W. Stevenson, *The Rise and Fall of Detente,* London: Macmillan Press, 1985. (日本語訳, デタントの成立と変容―現代米ソ関係の政治力学―, 中央大学出版部, 1989).

18) Raymond L. *Garthoff Detente and Confrontations,* Washington,D.C.: Brookings Institution, 1985.

19) Adam B. Ulam, *Dangerous Relations: The Soviet Union in World Politics, 1970-1982,* Oxford: Oxford Univ. Press, 1983.

20) Mike Bowker and Phil Williams, *Superpower Detente: A Reappraisal,* London: The Royal Institute of International Affairs, 1988.

21) John van Oudenaren, *Detente in Europe: The Soviet Union and the West since 1953,* Durham and London: Duke University Press, 1991.

22) Richard Davy, *European Detente: A Reappraisal,* The Royal Institute of International

(Daniel Frei and Dieter Ruloff)의 『동서 관계(*East-West Relations*)』,[23] (8) 윈저(Philip Windsor)의 『독일과 긴장완화 관리(*Germany and the Management of Detente*)』,[24] (9) 에드위나 모튼(N.Edwina Moreton)의 『동독과 동맹(*East Germany and the Alliance: The Politics of Detente*)』[25] 등이 바로 주요 연구들이다.

이들 연구들을 단순화시키는 것 자체가 가지고 있는 위험성은 있으나, 대체로 3가지로 구분할 수 있다. 첫째로, 세계적인 차원에서 진행된 냉전을 극복하려고 노력하는 강대국의 긴장완화에 관한 분석들이다. 둘째로, 전후 유럽이라는 지역에서 전개된 유럽의 긴장완화에 관한 분석들이다. 셋째로, 냉전의 주체와 객체였던 분단국가 동서독의 긴장완화에 관한 분석들이다.

먼저, 강대국의 긴장완화에 관한 연구를 진행한 스티븐슨(Stevenson), 가토프(Raymond L. Garthoff), 울람(Adam B.Ulam) 등의 연구는, 기본적으로 동서 관계에서 긴장완화의 정통주의의 입장을 취하고 있는 것들이다. 그들의 연구는 국제정치에서 연구되어진 냉전 해석과 같이, 미국과 소련이 '자유주의'와 '전체주의' 사이에서 화해할 수 없는 충돌을 한 결과 동서 분쟁이 발생하였다고 이해하고 있다. 먼저 스티

Affairs, 1992.

23) Daniel Frei and Dieter Ruloff, *East-West RelationsEsst-West Relations, Vol 1: A Systematic Survey*, Oelgeschlager, Gunn and Hain, Publischers, Inc., 1983.
24) Philip Windsor, *Germany and the Management of Detente*, London: Chatto and Windus Ltd, 1971.
25) N.Edwina Moreton, *East Germany and the Alliance: The Politics of Detente*, Westview Press, Boulder, Colorado, 1978.

븐슨(Stevenson)에 의하면, 초대국의 긴장완화 성립의 배경 조건은 냉혹한 냉전기에 행하여진 미국과 소련의 대립의 결과였다는 것이다. 가토프(Raymond L.Garthoff)도 스티븐슨과 같이, 미국과 소련은 자국의 이익을 유지하기 위하여, 경쟁관계를 지속하는 것을 사전에 결정했다고 생각하고 있다. 그러한 위에 그는 60년대부터 80년대까지 발생한 긴장상태의 재개와 대결의 경험을 연구하여 긴장완화에 공헌한 요소들을 설명하고 있다. 오데나렌(John van Oudenaren)의 연구는 소련과 서유럽 관계를 설명하면서 '군비관리'와 '4개국 교섭'의 장에서 미국의 역할에 대해 설명하고 있다. 특히 그는 1953년 이후 진행된 긴장완화를 어떤 '행동의 양식' 혹은 '게임의 룰'이 아니라, 진행되고 있는 하나의 프로세스로 인식하고 있었다. 또한 그의 연구에서 긴장완화의 중심적 요소로서 '외교'를 중시하는 것이 특징적이었다고 설명할 수 있다.

둘째로, 플라이와 루로프(Daniel Frei와 Dieter Ruloff)의 연구는 긴장완화의 형태에 관한 설명은 아니지만, 동서 시스템간의 긴장완화를 연구할 때 중요한 아이디어와 요소를 제공해주고 있다. 특히 그들의 연구는 긴장완화를 시스템 적으로 분석할 때 유용하다고 생각한다. 예를 들면 CSCE의 교섭과정에서 발전된 성명에 관한 실증적인 내용분석은 우수한 것이다. 또한 그 분석을 통하여 동서 관계의 실제를 파악하려 한 시도는 역사적으로 커다란 의미가 있다.

마지막으로, 분단국가 동서독에 관한 연구로 윈즈(Philip Windsor)와 모튼(Edwina Moreton)의 연구는, 동서독이 직면하고 있는 역사적인 배경을 기초로, 동서독 각각의 긴장완화 정책에 대해 설명하고 있다. 먼저 필립 윈즈(Philip Windsor)의 연구는, 전후 유럽의 역사는 새로운 분쟁을 야기 시켰다고 설명하고 있다. 그는 긴장완화의 본질적인 측면으로부터 미국과 소련 초강대국의 긴장완화의 의미를 설명하고, 거기서 냉전의 상황은 역시 변화하고 있지 않다는 것과 유럽의 질서는 힘의 중시에 의존하고 있다고 설명하고 있다. 그러나 그 역시 냉전기와 같은 대결 구조는 변화하고 있다고 생각하고 있다. 그와 같은 관점으로부터 유럽에 있어서 긴장완화의 본질은 '독일문제'라고 인식하였다. 긴장완화 프로세스의 시작은 유럽에 새로운 정치적인 과제를 부여하였기 때문에, 그와 같은 분쟁의 문맥 가운데서 독일문제를 생각하여야 한다는 것이다. 그리고 에드위너 모튼(Edwina Moreton)의 연구는, 동쪽에 속하고 있는 동독의 긴장완화를 대상으로 분석한 점에서 의미가 있다. 서방 진영의 긴장완화, 특히 서독의 긴장완화정책은, 동독에게 있어서 어떤 의미에서 '위협'과 체제에 대한 하나의 '도전'으로 인식되었다고 설명한다. 동독은 서방 진영의 여러 나라와 달리, 외교적 승인문제는 전후 피할 수 없었던 문제였지만, 50년대 이후 유럽의 블록화 현상의 결과, 그 이후 모든 정책에 있어서 이데올로기적인 요소가 반영되었다는 것이다. 그와 같은 대립하는 이미지로부터 외교정책도 예외는 아니었다고 설명하고 있다. 특히 정상 혹은 비정상적인 블록 구조 가운데 독일문제 해결과 바르샤바 조약기구의 동맹관계 발전의 문제는 동독에게 항상 곤란을 야기 시켰다는 것이다. 냉전의 역사를 통하여 유럽의 운명과 독일문제가 뒤얽혀지게 된 점은 서독도 똑같았지만, 그러나 동독은 서독이 조직적으로 행한 동방정책과 국제적 긴장완화의 분위기에 대응하는 것이 점점 어렵게 되었다고 설명하고 있다.

이상과 같은 연구는 전후 국제정치 분야에서 냉전구조로부터 긴장완화 프로세스로 이행을 설명하는 우수한 연구들이었지만, 국제질서 구조의 '변화'하는 시점으로부터 종합적으로 보면 여러 가지 한계가 발견되었다. 먼저 초강대국 간의 긴장완화와 어떤 지역의 긴장완화의 관계가 국제환경의 변화 가운데 어떻게 연계되고 지속적으로 변화하였는가라는 점에서 의문점이 남는다. 또한 긴장완화 정책과 프로세스가 동시에 진행되는 현실 상황으로부터 보면, 긴장완화의 의미를 보다 넓게 해석하면서 구체적으로 행하여지는 외교정책들을 살펴보지 않으면 안 된다.

둘째로, 냉전기 어느 지역에서 항상 존재해 있던 '긴장'을 완화시키는 것은 중요한 작업이었다. 전후 유럽에 있어서 제일 중요한 문제는 유럽의 분단과 안전보장이었으며, 그 가운데서 이른바 '독일문제'와 '소련의 위협'이었다. 그러한 문제들을 해결하는데 중요한 역할을 한 중심 국가는 미국과 소련이었으나, 이후 관계 정상화 문제에서도 알 수 있듯이 서독과 소련의 관계 또한 중요하였다. 서독의 외교정책의 변화와 소련이 전개한 대 서방 외교정책의 변화는 지속적으로 변화하고 있는 국제상황으로부터 많은 영향을 받으면서 진전되었다. 이와 같은 의미에서 변화의 주체가 전개한 여러 가지의 정책은 유럽의 신뢰 프로세스의 진행으로 이룩될 국제긴장완화체제를 향해서 커다란 가능성을 보였다.

　마지막으로, 분단국가인 서독의 정당 정치가들과 국민의 여론은 그와 같이 변화해 가는 국제정세를 어떻게 인식하였는가? 또한 소련과 동유럽에 대한 심각한 대결정책으로부터 협력과 정상화로 전환해 가는 전후 서독의 정책 변화를 보면서, 여론에 대한 민감성을 구체적으로 전개하였던 통일정책과 긴장완화정책으로부터 동방정책을 살펴보았다. 즉 정책결정자의 논리 사고 감정이 어떻게 변화하였는가?를 고려하면서 국제긴장완화 시스템의 재구조화를 설명하여야 정책결정자들이 새로운 목적을 전개하기 위하여 어떠한 노력을 하였는가? 당시 항상적인 조건이 어떻게 변화하였는가?를 이해할 수 있다.

제3절. 책의 구성

　제1장에서 국제정치와 긴장완화에 대하여 설명하였다. 먼저, 전후 국제정치의 실체에 근거하면서 초강대국의 냉전구조를 설명하고, 냉혹한 냉전 상황의 특징이었던 이데올로기 대결, 군사대결구조, 유럽의 분단에 대하여 검토하였다. 다음으로 전후 냉전구조를 변화시킨 긴장완화의 의미를 재검토하면서 지금까지 의미의 다양성으로부터 애매하게 사용되었던 긴장완화의 의미를 단어 자체보다는 역사

적 상황을 살펴보면서 개념화를 시도하였다. 또한 긴장완화의 개념을 설명하면서 상황으로서의 긴장완화, 프로세스로서의 긴장완화, 정책으로서의 긴장완화로 나누어 설명하였다. 그리고 이 책에서는 '정책과 과정으로서의 긴장완화'라는 용어를 사용하여 국제긴장완화의 형성과 전개, 제도화 과정을 설명할 것이다. 왜냐하면 이러한 개념이 당시 냉전시스템 아래서 각국의 외교와 안전보장 정책에 영향을 미쳤기 때문이다. 그동안 일반적으로 사용된 긴장완화의 개념을 그대로 사용하면, 미소 긴장완화와 유럽의 긴장완화를 이해하는데 설득력이 있지만, 분단국가와 국제긴장완화를 이해하는데 한계가 있기 때문이다.

그래서 여기서는 국제시스템 차원에서의 긴장완화와 개별국가 차원에서의 국제긴장완화를 설명하였다. 보다 넓은 과정에서 변화하는 국제시스템의 분석을 가능하게 하였다. 그리고 개별국가 차원에서는 정책의 이슈로 간주되어 시스템보다는 주권 국가의 차원에서 정책을 분석할 수 있다.

제2장 이하에서는 긴장완화의 형성과 전개과정을 역사적인 흐름에 따라 검토하였다. 제2장에서는 냉전구조가 조금씩 완화되면서, 미국과 소련의 대결이 새로운 국면을 맞이하는 가운데, 냉전의 전초기지였던 서독이 실행한 외교정책과 국내 정치 상황을 분석하였다. 냉엄한 국제환경 속에서 적극적으로 진행되었던 긴장완화 정책을 국제정치의 변화에 대응하는 국내정치와 국제정치의 환경 조성의 시도로 보았다. 또한 긴장완화의 형성기 서독의 정당 엘리트들은 어

떠한 인식 아래에서 긴장완화정책을 고려하였는가에 대해서도 분석하였다. 특히 브란트가 진행한 유연한 긴장완화정책은 유럽의 안전보장과 평화질서라는 목표를 달성하는 것에 그 중점이 놓여 졌다고 자리매김 하면서, 그러한 적극적인 긴장완화 정책이 가능하였던 국내·국제적인 상황을 설명하였다.

먼저, 아데나워 외교유산 슈뢰더의 외교정책을 보면, 아데나워가 선택한 전후 외교노선은 독일 전통외교와는 다른 혁명적인 전환을 시도하였다. 우선 서방 국가들의 지지를 얻기 위하여 유럽의 통합구상에 착수하고 미국을 중심으로 국제주의 외교를 전개하였다. 특히 그는 서독의 이익을 지키면서 소련의 위협으로부터 서방이 안전보장 시스템을 통해 긴장완화를 통하여 현상 유지하여야 한다는 입장이었다. 그러나 그의 정책은 동유럽 관계를 개선하는데 한계를 드러냈다. 이어서 슈뢰더에 의한 통상정책을 통한 동방정책이 전개되기에 이르렀다. 그러나 할슈타인 원칙이 유지되는 상황아래서 전개되는 외교정책은 유럽에서 평화질서를 만들어내는데 한계에 직면하였다. 슈뢰더는 동유럽과 단절된 관계에서 새로운 관계 개선을 모색하는 구상을 제시하였다. 그의 정책은 국교정상화 문제를 고려하지 않고 동유럽 국가들과 가교역할을 하고자 하였다. 그러나 그의 동유럽 국가들과의 관계 개선은 기술적인 회피라고 비판받으면서 여당 내부에서도 문제제기 되었다. 결국 그는 할슈타인 원칙이 가지고 있는 한계를 인정하면서 서독 외교의 침체를 극복하려고 노력하였다. 슈뢰더의 외교는 동독을 완전히 배제한 상태에서 동유럽 외교를 전개하려 하였다는 점에서 확실히 한계를 드러냈으나, 브란트나 쉘 내각보다 동방정책을 앞서 구상하였다는 점에서는 평가할 수 있다.

이어서 등장한 대연립 정권은 이전의 정권들 보다 적극적으로 동방정책을 전개하였다. 대연립 정권의 구상은 긴장완화 정책을 진전시키는 것을 내용으로 담았다. 특히 대연립 정권은 접근을 위한 변화 구상을 통하여 서독의 통일전략을 재검토하였다. 이것은 동독과의 화해를 염두에 두고 구상된 것으로 1960년대 이후 변화하는 국제정세를 잘 반영한 것이었다. 그리고 브란트에 의해 유럽의 평화질서라는 개념이 제기되었다. 이것은 소련의 긴장완화 전략을 이해하면서 유럽과 세계적인 차원의 긴장완화 정책을 연계하여 유럽의 분단을 극복하려는 것이었다. 마지막으로, 당시 사회민주당에 의해 전개된 통일 정책은 서독이 추구하고자 하는 안정화 전략에 플러스 요인으로 작용하였다. 특히 유럽의 긴장완화 정책이 글로벌한 범위에서 전개되는 강대국의 긴장완화 정책에 영향을 미쳤다는 점은 주목할 만한 것이다.

냉엄한 냉전구조 속에서 서서히 진행된 긴장완화는 분단국가의 통일정책과 외교정책의 하나로 전개되었다. 물론 그러한 분위기가 형성되는 과정에서 국내외적으로 한계에 직면하였지만, 변화하는 국내외 환경에 잘 적응하면서 적극적인 정책을 통하여 제약요인을 줄여가면서 보다 넓은 의미의 긴장완화 정책을 촉진시켜 나갔다는 것을 확인할 수 있다.

제3장에서는 긴장완화 전개를 설명할 것이다. 1968년까지 형성된

긴장완화의 분위기는 브란트 정권의 탄생과 함께 유럽 역사에 있어서 새로운 전환점을 가져왔다. 이장에서 관심 대상은 브란트 정권이 전개한 소련과 동유럽 여러 국가와의 국교 정상화 과정이다. 이러한 과정 속에서 특히 관심을 기울인 것은 서독이 전후 유럽의 현상유지를 전제로 하면서, 동서독 문제 및 '베를린 문제'를 다국 간 문제로 이해하면서 국제 긴장완화 정책을 전개한 부분이다. 1969년 새로운 연립정권이 성립하면서 서독의 할슈타인 원칙은 포기되기에 이르렀다. 이것은 동유럽 각국과의 국교정상화 관련 전제조건을 정비하는 것이었다. 이렇게 서독의 새로운 정권의 새로운 정책 구상은 긴장완화를 촉진하는 중요한 요소가 되었다. 특히 전후 유럽의 현상유지를 위하여 모든 국가가 국제법을 기초로 평등한 관계를 구축하고, 유럽의 국경을 인정하여야 한다는 다국 간의 입장이 표시되었다. 당시 브란트 정권은 시정방침을 통하여 계속과 변화를 주장하면서 소련과의 관계를 비롯하여 동독에게 배려하는 자세를 보였다. 그 결과 서독은 핵확산 방지 조약에 조인하면서 소련과 관계개선을 목표로 하였다. 서독과 소련은 전후 질서를 서로 인정하면서 자신들이 처한 현실을 극복하고자 노력하면서 동시에 국제적인 긴장완화의 분위기에 적응하는 정책들을 전개하였다. 당시 소련이 브레지네프 서기장은 유럽의 항구적인 평화보장과 협력이 사회주의 국가들의 중심과제라고 인정하면서 서독이 전개하는 정책에 적극적으로 반응을 보였다.

이러한 분위기 속에서 서독과 소련은 모스크바 조약을 체결하였다. 이것은 다른 동유럽 국가들과의 국교정상화 교섭과 달리 서독에게는 매우 중요한 것이었다. 서로 회담을 통하여 불신감을 극복하면서, 무력불사용, 동서독의 통일문제, 서베를린의 지위 문제를 논의하였다는 점이다. 특히 서독은 이 조약을 성공적으로 체결함으로써 향후 전개된 동방정책이 순조롭게 진행되었다.

이어서 서독·폴란드 관계가 정상화되었다. 60년대 후반부터 유럽은 유럽문제를 유럽화하면서, 유럽의 평화를 어떻게 달성할 것인가 고민하였다. 서독과 폴란드 역시 서로에게 필요한 외교정책을 교환하면서 안전보장과 평화질서가 추진되는 방향으로 정책을 전개하였다. 국경선 문제가 해결되면서 경제협력에 이르기 까지 쌍방은 국교정상화의 길을 선택하였다.

브란트 정권이 탄생하고 다각적으로 교섭이 전개되는 가운데 '베를린 4개국협정'은 특수한 의미를 가졌다. 베를린 문제는 독일뿐만이 아니라 동서 진영에게 있어서 대립의 상징이었다. 그리고 4개국에게 권한이 있는 곳이었다. 그러므로 브란트 정권은 이러한 베를린의 상황을 긴장완화라는 정책을 통하여 변화시키고 싶었던 것이다. 베를린 문제는 그렇게 간단한 문제가 아니었다. 그러나 서독의 노력과 서방3개국의 협력 그리고 서독과 소련의 관계 긴밀화는 결국 베를린 4개국협정과 유럽안전보장회의를 연계시키면서 포괄적으로 진행되었다.

마지막으로 '동서독 기본조약'은 지금까지 전개된 서독의 동방외교의 중심이었다. 제2차 세계대전 이후 동서독은 주요 관심사가 서로 달랐다. 그러나 기본조약은 동서독에 있어서 일종의 목표였다. 두 국가는 서로의 입장을 주장하면서 정상회담과 국교정상화 교섭을 가졌지만 적대의식을 확인하는데 그쳤다. 그러나 1969년 이후 동서독은 새로운 관계를 모색하기 시작하였다. 특히 국제적인 긴장완화의 흐름에 서로 반응하면서 두 국가는 정상화 교섭에 도달하였다. 두 국가가 유럽의 긴장완화와 안전보장에 기여한다는 약속은 아마 현상유지라는 유럽의 당시의 차원을 넘어 실제적으로 동서독이 유럽의 평화에 어떻게 기여할 것인가를 보여주는 것이었다고 볼 수 있다.

이상과 같은 긴장완화 정책과 프로세스가 긴장완화 정책의 전개기에 국교정상화와 조약체결이라는 형태로 나타난 것을 당시 외교정책의 모습으로부터 확인하였다.

제4장은 유럽의 국제긴장완화의 역동적인 프로세스를 검토하였다. 여기서는 유럽의 국제긴장완화가 형성·전개 과정을 거치면서, 유럽의 냉전구조를 '정상화'하는 메커니즘에 주목하였다. 그리고 긴장완화기 유럽의 상황은 국가 간 계열화와 탈분극화 현상이 나타나면서 유럽 지역 또한 다극화 현상 속에서 긴장완화의 제도화의 진전을 맞이하게 되었다. 그것은 구체적으로 유럽안전보장회의(CSCE) 예비회담으로 시작되었으며, 그 이후 '공통의 문제'를 협력적으로 행하기 위한 중요한 프로세스였다. 유럽안전보장 회의는 크게 제1기와 제2기를 통하여 발전하였음을 설명하고, 각 시기동안 전개된 내용들을 설명하면서 CSCE 프로세스의 형태와 그 역동성을 보았다.

먼저 제1기에 동서 상호관계의 형태가 출현하면서 동서 양측이 서로 적극적인 반응을 보였다. 서방 측은 참가자의 확대를 요구하면서 안전보장 면에서 새로운 제안을 하기도 하였다. 예비단계부터 까다로운 조건에 직면하였지만, 공산권 측의 이니셔티브와 서방 측의 반응 그리고 서로 교섭에 관심을 가지면서 외교가 전개되었다.

그리고 제2기에는 헬싱키 회담이 진행되고 다양한 회의가 진행되던 때이다. CSCE 예비회담이 진행되고 비공식적이었던 조직들이 행위자로 나타나기 시작하였다. 이러한 과정을 통하여 잠재적인 분쟁원인을 명확히 하였다.

또한 유럽안전보장의 전개 과정에서 새로운 행위자인 비동맹중립국가들의 등장을 설명하였다. 그리고 NATO 그룹이 유럽안전보장에서 어떠한 역할을 하였으며, 다른 한편으로 바르샤바 조약 그룹들의 입장도 설명하였다.

60년대 말 이후 전개된 국교정상화 교섭과 동서독의 기본조약 체결이후 유럽의 중심문제는 분단의 극복이었다. 그래서 70년대 초 이후 이러한 문제를 해결하기 위하여 국제적 긴장완화라는 국제적 상황 속에서 관련정책들이 전개되었다. 특히 CSCE는 국제 긴장완화의 제도화의 중심과제였다. 그리고 헬싱키 선언이 새로운 국제평화회의의 장을 제공하였다. 동시에 CSCE의 발전과 함께 새로운 행위자들이 등장하였다. 비동맹·중립국가의 등장이었다. 이것은 협력적, 혁신적인 실체였으며 그들은 CSCE의 프로세스 가운데 지역적인 문제에 관해 두 개의 대립하는 블록의 충돌을 완화하였다. 다음으로 NATO그룹은 서방 측의 정책조정을 우선하는 역할을 하면서 동서관계 사이에서 대화를 끌어가는 힘이 되었다. 세 번째로, 바르샤바 조약기구의 그룹이 있다. 전통적으로 소련의 영향력 아래 있는 동유럽의 국가들로 소련의 입장을 지원하고 정책에 동조하는 그룹이다. 마지막으로 EC 그룹이다. 가맹국은 9개국으로 구성되었고, 그들의 역할은 경제적인 문제와 EC위원회의 법령에 따르는 것이다. 그리고 두 번째 역할은 비공식적인 위원회를 설치하여 그들의 정책형태를 조정하면서 다양한 이슈를 해결하고자 하였다.

그리고 CSCE는 유럽의 안전보장 질서에도 많은 영향을 미쳤다. 냉전이 상대적인 안정기를 맞이하면서 유럽안전보장회의는 긴장완화와 평화질서를 발전시키는 틀로 이해되었다. 또한 CSCE는 미소관계 및 유럽과의 관계를 새롭게 설명하기 시작하였다. 그래서 미소두 나라는 각각 그들이 CSCE를 통해서 얻으려는 정책적 목적이 달랐다. 소련은 안전보장을 통하여 군사적 균형을 이루면서 유럽에서 자신들의 정치적 입장을 강화하고 싶었다. 반면에 미국은 소련이 서방국가들의 결속을 약화시키려하고 있으며, 유럽에서 미국의 역할을 배제하려 하고 있다고 생각하였다. 이러한 미소 양국의 입장차이도 헬싱키 회의가 진전되면서 강대국 간의 긴장완화를 완화시켜, 국제긴장완화가 제도화되어 갔다.

이러한 환경 속에서 유럽 정치지도자들은 정치적인 교류를 활발히 하면서 정부 간 정상차원에서 새로운 평화의 분위기를 만들어 갔다. 즉 유럽에서 국제긴장완화에 몰두하면서 새로운 외교를 전개하였다. 특히 유럽 대륙의 안전보장 문제가 쟁점이 되면서, 정체상태인 동서관계에서 해결의 실마리를 찾으려고 하였다. CSCE가 유럽의 국제문제 해결에서 영향력을 발휘하였다.

마지막으로, 헬싱키 회담의 교섭 국면과 각국 외무장관과 실무가들이 다양한 회의를 진행한 시기로 최종적으로 최종의정서를 채택하였음을 설명하고 그 주요내용을 검토하였다. 헬싱키 회담 그리고 국제긴장완화기에 진행된 그와 같은 대화나 교섭에 있어서 완만한 '제도화'의 움직임은 유럽 여러 나라에게 영향을 미쳤다는 점을 강조하였다.

제5장에서는 유럽이라는 지역의 '안전보장'과 '평화질서'라는 문제를 염두에 두면서 국제긴장완화 체제의 '재구조화'를 살펴보았다. 이부분에서는 지금까지 당연시되었던 국제긴장완화를 하나의 '체제'로 생각하면서, 그 구조를 명확히 하였다. 먼저, 미국과 소련이 전개한 초강대국의 긴장완화는 1960년대 국제정세의 변화와 함께 새로운 단계에 접어들었다. 그들의 긴장완화의 이해는 서로 다른 부분도 있었지만, 특히 소련은 국내정치와 전략적인 측면에서 균형과 핵보복 능력을 향상하기 위하여 긴장완화를 이해하였다. 그리고 70년대에 접어들어 두 국가는 조약과 협정을 통해 안전보장 문제를 해결하려고 노력하였다. 그러나 두 국가는 서로 다른 인식과 정책의 목적을 가지고 있었으므로 공통의 룰을 만들어 가면서도 인식의 차이와 긴장완화를 이해하는데 애매함을 보이기도 하였다.

그리고 유럽지역의 긴장완화는 1960년대부터 미소의 긴장완화의 변화와 함께 변화하기 시작하였다. 유럽의 분단은 미소의 군사블록의 대립을 의미하면서 동시에 이데올로기적으로도 대립하였다. 이러한 분단의 구조도 국제환경의 변화와 함께 변화하기 시작하였다. 유럽지역에서 정치적, 군사적으로 안정화와 협력관계가 전개됨으로써 유럽의 긴장완화는 새로운 국면에 접어들었다. 특히 서독의 적극적인 긴장완화 정책의 전개는 유럽에서의 긴장완화의 시작을 알리는 것이었다. 그리고 유럽안전보장 시스템이 새로운 단계에 들어서면서 유럽의 긴장완화의 흐름은 제도화의 단계로 향하였다. 특히 유럽안전보장회의는 그 중심에서 구조적인 역할을 하면서 동시에 국제긴장완화의 제도화를 이끌어 나갔음을 설명한다.

마지막으로, 냉전의 산물로 탄생한 동서독의 분단국가의 긴장완화를 설명할 것이다. 동서독은 냉전의 주체와 객체이었음을 구체적으로 볼 것이다. 냉전기 서독이 경험한 심각한 대립 상황을 전제로 소련과의 관계개선을 시작으로 서독의 긴장완화 정책의 변화는 분단국가의 긴장완화와 동맹국들과의 정책의 조화 속에서 전개되었음을 설명하였다. 긴장완화기 분단국의 긴장완화는 외교교섭을 통해 관계 정상화를 통해 점점 신뢰관계를 구축하였음을 볼 수 있다.

제1장
국제정치와 긴장완화

이 장에서는 먼저 전후 유럽의 국제정치 상황을 설명하면서, 특히 분단국가 동서독은 동서 냉전구조와 유럽 문제의 중심이었음을 지적하면서, 전후 형성된 냉전 구조의 특징을 살펴본다. 둘째로, 전후 국제정치의 실체에 근거하여 국제정치에 있어서 긴장완화의 의미를 개념적으로 검토한다. 여러 가지의 의미에서 사용된 긴장완화라는 개념을 국제정치의 분석적 개념으로 유효하게 사용하기 위하여 3가지로 구별하면서 적절한 분석개념을 명확히 한다. 마지막으로, 긴장완화를 이론적·분석적으로 다루기 위하여 분석개념으로 정책과 정으로서의 긴장완화를 사용한다.

제1절. 배경

냉전과 긴장완화를 설명하기 전에, 전후 유럽의 국제정치 상황에 대하여 간단히 살펴보면, 전후 국제정치는 유럽의 분단 그리고 냉전 전개와 함께 군사적(전략적)·이데올로기적·역사적 차원에서 양극화되었다. 특히 유럽 대륙에 있어서 '독일'의 전후 처리를 둘러싼 전승국들 사이의 입장 차이로부터 독일 분단은 기정사실화되었다. 1947년이 되면서 미국과 소련관계는 점점 심각하게 되어갔고, 유럽은 냉전의 심각한 국면을 맞이하게 되었다. 그 이후 미국과 소련은 경쟁관계의 국제관계 시스템을 만들어, 결국 그것이 '지역 정치의 원리'가 되었다.

냉전·유럽의 분단·동서독의 분단은 제2차 세계대전의 결과 생겨난 전후 국제정치의 분단 구조이다. 특히 미국과 소련은 그 이후 자국의 영향력을 확보하기 위하여, 여러 지역에서 이해대립을 발생시켰으며, 전후 중요한 특징의 하나로 지적되었던 군사·정치면에 있어서 블록화를 촉진시키게 되었다. 동서의 세계에서도 그와 같은 블록화 된 여론이 나타났으며, 각 국의 국내정치에 이르기까지 그 영향은 확대되었다. 전후 초기 단계부터, 특히 미국은 세계 가운데 패권 국가로써 서유럽의 안전보장 시스템과 세계경제의 형성 과정에 중요한 역할을 하였다(NATO, IMF, 세계은행, GATT 포함).

소련은 전후 유럽에서 자국의 안전보장상의 이익을(중부유럽과 동유럽에 있어서) 우선시 한다는 '스탈린의 전략'에 기초하여 행동하였다. 소련의 붉은 군대의 승리 후 독일의 힘은 저하되었고, 소련의 힘은 중부유럽과 동유럽으로 팽창하였다. 그와 같은 상황은 서유럽과 미국을 자극하였다. 다른 한편으로 그 시기 소련 국내에서는 소련의 경제적인 약함이 강하게 인식되어, 경제문제는 다른 정책과제 보다 우선되게 되었다. 그들의 경제적인 약함의 결과 정치적 위신은 실추되었다. 그와 같은 냉혹한 냉전기의 강력한 경제적·군사적 위치로부터 정치적 입장의 변화는 시기상조였다.

서독에서는 이른바 '독일위협'이라는 역사적인 아킬레스 건으로부터 통일 독일이라는 목표는 금기시 되었고, 결국 동서독은 동서 대립의 '객체'와 '주체'로써 인식되게 되었다. 그 이후 동서 독일은 각각

강대국에 의해 통제관리 되었고, 또한 정치적 · 군사적으로는 동서대립의 최전선이 되었다. 결국 1949년 독일분단은 '독일문제'에 대해 새로운 의미를 부여하면서, 동서의 양극 대립 구조에 붙었다. 그 이후 동서독은 유럽에 있어서 냉전의 중심이 되었다. 또한 동서독은 항상 냉혹한 냉전구조의 '변화의 촉매'로 작용하였다. 그리고 분단된 동서독은 적대 관계에 있는 군사 · 경제 블록에 통합되었으며 특별한 지위를 획득하고, 다른 방법으로 국가형성을 추진하였다. 또한 냉전기에 그와 같은 '동맹으로의 통합' 현상이 동서독에 있어서 아주 중요한 정치적인 목표였다고 말할 수 있다. 서독은 '정통성의 획득'이라는 측면으로부터 보면 다른 선택의 길은 없었다. 그러므로 '통합현상'은 희망이 아니라, 불가피하게 행하여졌다고 볼 수 있다.

특히 50년대 서독은 유럽의 정치상황 가운데 중요한 요소는 아니었지만, 그러나 동서 관계에 있어서 중요한 행위자였으며, 동맹국 내부의 협력관계 속에서 기대되는 것이었다. 그러나 60년대에 접어들면서, 국제정세는 '베를린 장벽의 건설', '쿠바 미사일 위기' 등과 같은 냉전기 대표적인 국제적인 사건이 발생하였고, 서독의 동맹국들은 냉전을 완화 · 종식시키려고 움직이기 시작하였다. 그와 같은 결과를 가져오기 위해서는 동서독의 변화와 동서관계의 구조 변화가 병행되지 않으면 안 되었다.

이와 같은 냉전사의 문맥에서 보면, 60~70년대의 국제긴장완화 체제는 커다란 의미를 가지고 있었다고 할 수 있다. 특히 당시의 국제정치의 구조를 이루고 있었던 '냉전구조'와 그것에 새로운 '변화의 움직임'으로 나타난 '국제 긴장완화 구조'와의 상관관계는 위기의 국제정치로부터 평화적인 유럽의 평화질서를 희망하는 당시의 많은 사람들에게 많은 영향을 끼쳤다. 특히 냉전구조 가운데 속하였던 분단국가는 그 구조의 논리로부터 새로운 '외교정책'이나 '문제해결의 시도'를 구상하지 않으면 안 되었다. 나아가 분단국가 서독의 외교정책과 일반국민의 인식의 변화도 그와 같은 국제정치 시스템의 변화에 맞는 형태로 진행되면서, 그 구조에 있어서 하나의 '촉매'로써 커다란 역할을 연출하게 되었다.

제2절. 전후 국제정치의 구조와 실제

1. 냉전구조

전후 45년간 냉전은 국제정치에 있어서 중심적 과제였다. 냉전은 미국과 소련의 외교정책을 지배하고, 세계 각 국의 국내정치 및 국제정치(외교)에 많은 영향을 가져다주었다. 사실 우리들의 일상생활은 냉전의 영향으로부터 멀리할 수 없었다고 말할 수 있다. 이와 같은 냉전기의 특수한 상황은 제2차 세계대전 후의 국제정치를 형성하였기 때문에 냉전기의 문맥 재고는 국제정치를 이해하는데 중심적인 과제이었다.

전후 국제정치에 있어서 냉전이 존재한 것은 앞서 설명한 것과 같이 적어도 누구든지 이론이 없을 것이다. 그러나 동서 대립의 본질인 냉전의 해석에서는 동서 간에 대립이 있고 그 내부에서도 현저한 해석의 차이가 있었다. 이하에서는 냉전에 대한 동서 간의 여러 해석을 소개하고 계속해서 전후 국제정치의 냉전구조에 대해 설명한다.

냉전 상황의 국제정치의 구조를 분석한 사카모토 요시카즈(坂本義和)에 의하면, 동서 각각 두 가지 냉전 해석이 있다고 설명한다.[1] 먼저 서방진영의 두 가지 해석을 보면 '덜레스 형'과 '조지 케넌형'[2]이 있다는 것이다. 두 가지 형태 가운데 그 어느 것을 선택하는가의 문제는 단지 인식의 타당성이라는 측면만이 아니라 그 이후의 냉전 외교정책에도 중요한 영향을 미쳤다. 다음으로 사회주의 진영의 해석은 '후르시초프 노선'[3]과 '스탈린 주의자'의 입장[4]이 있다고 설명

---

1) 坂本義和, "冷戰狀況の政治構造," 江口朴郎 · 坂本義和 編, 『岩波講座 現代6冷戰-政治的考察』, 1963, pp.88~102.
2) 坂本義和에 의하면 '덜레스 형'이란 동서 대립을 민주주의 대 공산주의라는 이데올로기의 대립으로, 나아가 선과 악, 신과 악마의 대결로서 보는 견해이다. 그리고 소련의 국가권력이나 군사력은 세계혁명의 하나의 수단으로 여겨졌다. 이것에 대해 '케넌형'은 동서 대립은 무엇보다도 소련이라는 국가와 미국이라는 국가 사이에서의 권력 정치적 대립이며, 그리고 세계혁명은 소련의 국가적 대외팽창의 하나의 수단에 불과하다고 설명하고 있다(坂本義和, 위의 책, p.89).
3) 동서 이데올로기 사이에 타협과 공존은 절대로 있을 수 없지만 미소의 국가관계의 측면에서는 미국의 체제가 제국주의 상태 그대로였더라도 미소의 힘의 관계의 변화나 핵무기 출현에 의한 전쟁성격의 변화에 의해 평화공존이나 군축은 가능하게 되었다고 주장한다.
4) 제국주의자가 존재하는 한 전쟁의 필요성은 잔존하기 때문에 제국주의가 사멸

한다. 사회주의에서는 서방 진영의 '덜레스 형'대 '케넌 형'과는 달리 '이데올로기적 대립인가 혹은 권력 정치적 대립인가'라는 형태로 문제가 제기되었지만, '수정주의자'라고 불리는 후르시초프나 티토 노선과 같은 '이데올로기 대립에 더하여 권력 정치적 대립'이라는 생각을 할 것인가, 그렇지 않으면 '교조주의자'로 불리는 입장과 같은 '이데올로기적 대립'만으로 환원할 것인가? 라는 형태로 해석의 대립이 전개되었다고 말할 수 있다. 그리고 사회주의 국가들의 대외정책은 이러한 두 해석의 대립과 혼란을 내재시킨 상태로 전개되었고 그 때문에 소련의 지도자 내부에서 또한 중·소 관계에 있어서 다양한 실패와 동요를 초래한 것은 말할 필요가 없을 것이다.[5]

서방진영의 냉전관에 대해 보다 상세히 설명하면 1962년 이른바 쿠바 미사일 위기 때 영국의 『이코노미스트』(1962년 11월 3일호)는 냉전에 대한 태도, 또한 그것에 대한 대처방법에 대하여 영국과 미국 사이에 다소 차이가 있음을 지적하였다. 그러한 설명에 의하면 "영국은 냉전을 일시적이고 비정상적인 불행한 사태로 보면서, 결과적으로 평상적으로 평화적 관계가 회복될 것"으로 보았다. 반면에 미국 쪽은 "냉전을 사활의 투쟁으로 보고, 스스로 소멸할 것인가 혹은 상대방이 무조건 항복하여 패배할 것인가 양자택일이 있을 뿐"이라고 생각하였으며 그 결과 상대방이 힘의 위협으로 한발 물러서면 사태는 그것만

하면서 처음으로 평화도 전면 군축도 가능하다는 주장이다(坂本義和, 앞의 책, p.90)

5) 坂本義和, 앞의 책, p.90.

개선될 것으로 간주하였다.[6] 즉 서방의 냉전관은 냉전이라는 사태를 보다 권력정치의 측면으로부터 보는 것과 이데올로기적인 측면으로부터 보는 두 측면이 전개되었고 그 이후 세계 현상을 이해할 때에도 어떤 면에 있어서는 '비대칭적'인 결과를 초래하였다고 이해할 수 있다.

그와 같은 세계 규모의 냉전해석과 함께 최근에는 유럽의 전후 국제정치질서를 둘러싼 새로운 해석이 전개되었다. 이것이 '유럽에 있어서 냉전과 긴장완화'[7]와 '서유럽의 냉전과 긴장완화' 사관[8]이다. 특히 이 책은 기본적으로 유럽의 냉전과 긴장완화 사관을 기초로, 유럽의 국제 긴장완화의 형성과 전개를 살펴본다. 특히 분단국가로 냉전기 서방진영에 속한 서독은 극히 특이한 지위에 놓여 있었다. 말할 필요 없이 냉전 그것 자체가 '독일문제'를 둘러싸고 보다 심각하게 되었으며 서독과 동독은 각각 동서 두 진영의 '전초기지'가 되었다.

전후 형성된 냉전구조는 그 이후 미소만이 아니라 유럽 및 아시아 지역에 있어서 '지역의 냉전논리'를 만들어 냈다. 그 냉전구조의 중심적인 요소는 이데올로기 대결, 군사대결구조의 형성, 그 결과 유럽의 분단이 그 내용이 되었다.[9] 먼저 이데올로기의 대결이라는 관

---

6) 위의 책.
7) 미국이 서유럽을 어떻게 냉전과 긴장완화 상황으로 끌어들였는가의 문제에 관한 역사관이다(高橋 進, 앞의 책, p.3).
8) 서유럽이 어떻게 미국을 냉전이든지 긴장완화에 억지로 끌어들였는가에 관한 역사관이다(高橋 進, 위의 책).
9) 高橋 進, "冷戦の崩壊-ヨーロッパ-,"『平和研究』(日本平和学会, vol.16, 1991).

점에서 보면 냉전은 미소의 '이익전쟁'임과 동시에 '가치전쟁'이라고 설명할 수 있다. 소련을 지도자로 하는 사회주의 여러 국가들은 공산당 일당독재와 통제지령 계획경제를 목표로 하였고 그것에 반해 미국을 대표로 하는 서방세계는 자유주의와 자본주의의 가치를 내걸었다. 그리고 두 체제는 어느 쪽의 이념이 우월한가를 둘러싸고 격렬한 선전전과 논쟁을 전개하였다.

냉전이 어떻게 '가치전쟁'으로 비추어졌는지는 1947년 3월 '트루먼 독트린'이 '두 가지의 생활양식'을 주장하고 같은 해 9월 코민포럼 창설준비 대회에서 쥬다노프가 미국의 목표는 "제국주의의 강화이며, 새로운 제국주의 전쟁의 준비이며, 사회주의와 민주주의에 대한 투쟁이다"라고 말한 것을 통해 확실히 알 수 있었다. 더 나아가 유럽에서 냉전이 시작할 때 있었던 '제3세력'의 담당자가 공산주의뿐만 아니라 자유주의와도 선을 긋는 사회민주주의 세력이었다는 것도 이러한 사실을 방증하는 것이라고 말할 수 있다.[10]

다음으로 군사대결 구조는, 특히 전후 유럽에서 계획되고 거대한 동서군사 블록을 완성시켰다. 그 블록 내부에서는 어느 정도 긴밀한 상호관계를 유지하면서 다른 블록에 대해서는 엄격한 태도를 취하였다. 그 결과 동서 블록 사이에 '위기'와 '긴장관계'가 계속되고, '지역분쟁' 및 전쟁의 계기를 만들 가능성이 높았다. 또한 경제면에 있어서도 똑같은 경향으로부터, 동서내부에 경제관계의 기구가 성립

---

10) 高橋 進, 앞의 책.

되었다. 이와 같은 냉전구조는 사회주의 국가 및 자본주의 국가에게 어떤 의미에서는 '동질화'의 결과를 초래하였다고 말할 수 있다. 먼저 사회주의 국가들로부터 보면 스탈린 사망 후, 사회주의 국가는 프롤레타리아의 국제화를 통하여 사회주의 국가가 간의 관계를 중시하고 1956년 소련의 헝가리 침공 이후 소련은 대등한 관계와 통제를 강화하면서 다각적인 관계를 발전시켰다. 코메콘과 바르샤바 조약기구는 그와 같은 환경 가운데 성립하였고 사회주의 국가 간의 관계를 유지하는 역할을 하였다.[11] 다음으로 자본주의 국가에서는 특히 유럽과 미국에 있어서 '대서양주의'라는 보편적인 정치관을 공유하면서 전후에 있어서 국제경제의 약속결정을 지지하게 되었다.[12]

냉전구조의 마지막 특징으로 유럽의 분단은 냉전의 상징이었다. 냉전은 유럽에 '철의 장막'을 내리고 독일을 동서로 분단시켜 최종적으로는 베를린의 장벽을 쌓아 동서 대립구조를 완성시켰다. 그 이후 동서 유럽의 냉전구조는 국제정치의 상호의존관계의 진전과 함께 위기와 대립으로부터 협력의 방향으로 이행되어 갔다.

이상 3가지 냉전구조 요소는 60년대 초까지 계속되었지만, 그 이후 미소의 힘의 관계의 변화와 국내정치의 이유로부터 새로운 단계에 접어들게 되었다고 말할 수 있다.

11) Mary Kaldor, *The Imaginary War: Understanding the East-West Conflict*, Basil Blackwell, 1990, chap.4.
12) Ibid., chap.5.

2. 전후 국제정치의 실제

제2차 세계대전 이후 세계에 있어서 심각한 냉전구조의 틀 가운데 국가 간 관계가 형성되고 그 구조는 한 나라의 국내정치에 이르기까지 영향을 미친 것은 앞에서 설명한 것과 같다. 여기서는 냉전 가운데 중심적 요소였다고 말할 수 있는 전후 유럽의 안전보장문제를 국내정치의 문맥에서 그 실재를 살펴보려 한다. 유럽의 전후 국제정치는 동서 세계로 분단된 대립구조였다. 그래서 유럽은 이러한 구조를 변화시키기 위하여 유럽 차원의 안전보장 회의가 필요하였으며 CSCE를 통하여 완성되게 되었다. 그것은 이하 3가지로 요약할 수 있다. 첫째로, 권력배분의 관점으로부터 국제적인 구조가 필요하였다. 둘째로, 지역차원에서 상호 간 국제시스템과의 연계와 상호관계의 깊이 강화가 필요하였다. 셋째로, 국제사회의 성격과의 관계에 있어서 협력이 필요하였다. 이러한 3가지 형태가 전후 유럽의 국제정치의 현실이었다고 말할 수 있다.[13]

그 가운데 먼저 권력배분 형태는 국제시스템에서 유럽의 자리매김의 문제를 명확히 하였다. 그것은 국제정치에 있어서 기본적으로 무질서한 구조에 영향을 미쳤기 때문이다. 특히 20세기는 힘의 관계에 주목해야만 하는 시대이었기 때문에 권력배분 문제는 실제 현실

---

13) Barry Buzan, Moreten Kelstrup, Pierre Lemaitre, Elzbieta Tromer and Ole Wæver, *The European Security Order Recast: Scenarios for the Post Cold War Era,* London: Pinter, 1990, chapter 2: Global Patterns.

정치의 중심과제이었다고 말하여도 과언이 아닐 것이다. 제1차 세계 대전은 오스트리아, 헝가리 및 오스만 터키 제국을 대국으로부터 제거하였지만, 제2차 세계대전에 이르기까지 세계 시스템은 확실히 7개의 대국(영국, 프랑스, 독일, 이탈리아, 일본, 소련, 미국)에 의해 지배되고 있는 다극세계였다. 그리고 제2차 세계대전 후 유럽은 4개의 강대국이 패배, 점령, 전쟁 등으로 매우 어려운 경제 상황에 있었기 때문에 권력배분은 역사적인 '다극구조'로부터 역사적으로 드문 '양극구조'로 급격히 변화하게 되었다. 미국과 소련은 '초강대국(superpower)'으로 등장하여, 그들은 그 이외의 국제시스템에 대해 서둘러 대립의 형태를 밟아나갔다. 그렇게 하여 그들은 거의 한 세기 사이에 일어난 자본주의와 공산주의와의 이데올로기적 투쟁을 국제적인 협의 사항으로서 추진하였다. 이와 같은 양극 구조의 연합과 제로 섬(Zero Sum)적인 이데올로기 경쟁은 놀랄 정도로 세계정치를 분열시키지는 않았지만 전쟁의 결과 중요한 승리자로서 초강대국은 양극구조의 중심이 되었다. 전쟁에 의해 극적으로 구 강대국의 중심 국가는 파괴되었지만 그것은 영원한 것이 아니었다. 전쟁 피해로 인해 여러 나라는 산업, 군사력 및 재정부문이 파괴되었고 또한 고갈되었음에도 불구하고, 기본적인 정치적, 사회적인 특질은 그들을 전후 세계질서의 힘의 체계 가운데 산업과 재정부문의 중심이 되게 하였다. 그와 같은 형태로 전후에도 '힘(권력)' 그것은 어느 정도 남아있었으며 그들의 회복이 진전되면서 미국과 소련의 상대적인 힘은 전후 냉전의 절정기에 비교해 저하되게 되었다.

유럽과 동아시아에 있어서 구 대국의 회복과 동시에 전후질서는 또한 새롭게 등장한 중심국에 의해 도전되었다. 탈식민지화 과정으로부터 국제시스템에서 국가의 수도 3배 정도로 증가되었으며 그들 국가에게도 새로운 기회를 제공하였다. 1960년대의 국제긴장완화가 진행되는 시기는 새롭게 등장하는 힘있는 중심국가의 증가에 대한 제한 없는 과정이었다고도 말할 수 있다. 이와 같은 현상은 특히 권력정치의 측면으로부터 보면 '다극화로의 변화'하는 현상이었다고 말할 수 있다.

　둘째로, 국제관계에 있어서 '상호관계의 깊이'는 세계시스템 가운데 전후 유럽의 위치를 평가할 때 매우 중요한 것이다. 전후 유럽에 있어서 각각의 시스템 가운데 상호관계의 깊이의 증가 현상은 위기와 분쟁으로부터 협조의 자세로의 전환을 의미하고 있다. 상호의존 관계의 깊이는 상호작용에 의해 그 의미를 명확히 하고 또한 그것은 상호의존 관계를 만들어냈다. 상호의존 관계의 증대와 동시에 그 관계의 깊이는 정치적, 경제적, 사회적, 환경적인 면에 있어서 상호작용의 필요성을 확대하였다. 전후 유럽 세계는 그와 같은 현상을 실험하는 장으로서 이해되었다. 정치적인 범위에 있어서 사상이라는 것은 세계적으로 순환하였으며 여러 가지 문제는 일상적인 문제로서 세계적으로 혹은 준 세계적인 포럼에서 논의되었다. 또한 순환시스템은 보다 효과적인 변용의 네트웍이 되었다. 신경계와 같은 시스템은 전자통신의 세계적인 연결망이며 자료 프로세스의 시설이었다. 사회적인 측면에서 국가 간 시스템은 여전히 깊고 좁은 관계에 있지만 세계적인 사회의 요소는 나타나고 있었다.

마지막으로 국제사회의 상황은 국제안전보장이라는 중요한 요소를 필요로 하였다. 국제사회가 존재한다는 점에서 여러 국가는 각각의 정당성을 쉽게 받아들일 뿐만 아니라 그들 사이에서 문명화한 교류를 촉진하였다. 냉전기에는 초강대국 사이에 서로 다른 점이 아주 많았고 그들은 국제적으로 현상유지를 달성시키기 위한 변화와 안정화에 관한 게임의 룰을 만드는 것이 불가능하였다. 결국 냉전의 양극화 현상은 매우 극단적인 것으로 되었고 국가 간 외교는 성공적으로 이루어지지 않았다.

국제긴장완화기가 되어 국제사회는 '협력'이라는 컨센서스가 초강대국 사이에서 생겨나고 다른 지역에도 그 영향이 확대되었다. 그리고 그와 같은 규범은 특히 국제질서는 무질서하다고 인식되어진 현실 사회에 일종의 변화의 메시지로써 국제사회에 받아들여졌다. 그 결과 '안전보장 공동체'라는 개념은 현실적인 안전보장의 특징을 수정하고 새로운 국제시스템의 환경을 보다 다극화시켜 나갔다. 긴장완화기의 안전보장의 의미는 국민국가의 범위를 넘는 곳까지 논의되기 시작된 것은 위협과 분쟁을 극복하는 시도로써 커다란 의미가 있었다.

제3절. 긴장완화의 의미

1. 긴장완화란 무엇인가?

긴장완화라는 용어는 60년대부터 70년대에 이르기까지 국제정치에 있어서 중요한 주제가 되었고, 학자, 정책 결정자 및 저널리스트들 사이에서 빈번하게 사용되었다. 그 시기의 긴장완화는 기존의 동서 시스템을 훼손하지 않고 동서 시스템을 안정화시키는 것으로 이해되었다. 그와 같은 1960년대의 국제긴장완화의 시작은 일련의 전후 '냉전구조'를 변화시키는 새로운 정치적인 '움직임'으로 시작되었다. 예를 들면, 강대국 간의 화해의 움직임은 별도로 하더라도 분단국 동서독에서는 새로운 '변화'의 움직임이 나타났다. 특히 서독의 국내정치가 아데나워 시기의 교훈으로부터 새로운 모색을 하기 시작하였다.[14] 당시 서독에서는 여·야가 생각하는 긴장완화의 의미가 다른 상황 속에서 새로운 긴장완화를 시작하는 것은 국내 정치적으로 많은 어려움이 따랐으나, 서독은 유럽의 평화질서를 구축하면서 동시에 분단 극복이라는 목표를 향해 '접근에 의한 변화'를 시도하였다.

---

14) Christoph Bluth, "A West German View"(Richard Davy edt., European Detente: A Reappraisal, Sage, 1992).

그러나 그와 같은 의미의 다양성[15]과 함축되어 있는 의미로부터 긴장완화의 의미의 애매함이 점점 심해지게 되었다.[16] 이하에서는 국제정치의 맥락에서 긴장완화는 어떠한 의미를 가지고 있는가? 그리고 긴장완화라는 용어는 구체적으로 어떻게 사용되었는가? 또한 긴장완화는 국제정치에서 분석용어로 효과적으로 사용할 수 있는 것인지?를 설명한다.

긴장완화라는 용어는 1960년대 빈번히 사용되면서, 미국의 케네디(Kennedy)나 프랑스의 드골(De Gaulle)에 의해 실제로 사용되었다. 1967년 NATO의 아르멜 보고서(Harmel Report)[17]에서도 긴장완화는 억제정책이라는 의미로 사용되었다. 이러한 긴장완화는 동서 관계와 동서 분쟁의 역사 속에서 하나의 '방식(mode)'으로써 실제 국제정치의 장에서 등장하였다. 긴장완화가 전후 냉전의 전개와 함께 나타난 것으로부터 보면 긴장완화의 해석은 일반적으로 냉전의 해

---

15) 당시 여러 국가들은 긴장완화의 개념을 다음과 같이 사용하였다. 예를 들면 프랑스는 자신들의 꿈이라고 할 수 있는 미국과 소련 사이에서 세력균형을 유지하기 위하여 긴장완화 개념을 사용하였으며, 유럽의 중립 국가들은 블록 간 및 이데올로기 사이의 대립구조로부터 국가 간 경쟁으로라는 '변화'의 의미에서 긴장완화의 개념을 전개하였다. 그리고 미국과 소련은 '전략적'인 의미로 긴장완화의 개념이 사용되었다. 마지막으로 다른 서유럽 국가들은 전후 유럽의 정상화를 희망하면서 넓은 의미로서의 긴장완화(군비축소와 안전보장, 평화와 분쟁, 경제협력, 인권문제와 인적교류, 주권문제)를 기대하였다.

16) Frans A. M. Alting von Geusau(edts), *Uncertain Detente*, Sijthoff & Noordhoff International Publishers B.V., Alphen aan den Rijn, The Netherlands, 1979.

17) 아르멜 보고서(Harmel Report)는 1967년 12월 14일 NATO 위원회가 내 놓은 보고서로 변화하는 국제환경에 있어서 동맹국 간 장래의 임무에 관한 것이었다. *The North Atlantic Treaty Organization: Facts and Figures*, Brussels: NATO Information Service, 1981.

석과 어떤 의미에서 공통성을 가지고 있다는 것을 알 수 있다.

그러므로 냉전사의 해석과 같이 긴장완화의 해석도 동서 관계의 역사적 문맥으로부터 설명할 수 있다. 여기서는 긴장완화의 해석을 이하 3가지로 나누어 설명한다.

먼저, 긴장완화를 반대하는 입장의 견해로, 동서 분쟁의 정통적인 해석으로부터 설명하는 것이다. 이러한 견해는 1970년대 미국의 보수 그룹들로부터 제기되었다. 그들은 긴장완화는 미국의 약함과 결정의 불충분함으로부터 오는 것이라고 생각하였다. 1970년대 초반 미국의 군사비 저하는 소련과 군사력 면에서 균등한 결과를 가져옴으로써 미국 국내에서 그와 같은 인식이 확산되었다고 생각하였다.

두 번째 해석은 수정주의자들의 견해로, 동서 분쟁을 자본주의와 사회주의 사이에 내재하는 분쟁으로 이해하고 있다. 정통파의 해석과는 달리 '분쟁의 비군사화'에 착목하여 긴장완화를 설명하고 있다. 예를 들면, 서독의 에곤 바(Egon Bahr)가 주장한 긴장완화의 개념은 '공통의 안전보장' 개념을 전면에 내세워 1970년대의 긴장완화를 촉진시키는데 성공하였다. 이러한 긴장완화는 군사적 중심의 냉전을 비군사화하는 방향으로 전개하여 어느 정도 성공을 이루었다는 점에서 분단국가들에게 관심의 대상이 되었다.

세 번째 해석은 강대국 간의 분쟁으로서 동서 분쟁을 보는 시각이다. 이것은 냉전사에 있어서 후기 수정주의의 기초를 이룬 가정이다. 이와 같은 긴장완화의 개념은 키신져와 닉슨에 의해 추진되었다. 키신져와 닉슨은 미국과 소련 사이에서 상호간 관계를 관리함으로써 외교의 역할을 강화하는데 관심을 가졌다. 이와 같은 해석으로부터 보면 긴장완화는 우정보다도 적대국가 간의 '전략'으로 정의되었다.[18]

냉전사의 문맥에서 이렇게 살펴본 긴장완화의 개념은 역시 냉전이라는 틀 속에서 가능한 것으로, 기본적으로 미소 냉전과 긴장완화의 환경 속에서 논의되었다.

그러나 미소 중심의 해석과는 달리 분단국가들의 관심은 대립을 넘어 대화를 어떻게 진행하여 분단을 어떻게 극복하는가에 관심이 집중되었다. 당시 긴장완화의 다양한 의미를 설명하면서 미소관계의 긴장완화를 분석한 스티븐슨(R.W Stevenson)에 의하면 긴장완화의 애매함은 다음과 같은 이유에 있다고 설명하고 있다. 첫째로, 그것은 매우 폭넓은 관계를 표현하기 위하여 사용되었기 때문이라고 지적한다. 예를 들면, 미국의 전 국무장관 슐레진져가 지적한 것처럼 긴장완화는 상호화해로부터 1973년 중동 전쟁 때 핵전쟁 경계태세가 취해질 정도로 긴장이 높았던 상태에 이르기까지의 전 상태를 포함하고 있다. 둘째로, 긴장완화는 여러 가지의 국가 간 국가군 사이의 현실관계나 성립 가능성이 있는 관계를 묘사하기 위하여 사용되기 때문에 애매하다는 것이다. 셋째로, 미소 양국 모두 자기 억제적 정책만이 긴장완화의 성립의 제1 요건이라고 인정하고 있지만 우리들이 관찰한 것처럼 자제의 본질이나 한계를 정의하는 공통의

18) Mary Kaldor, op.cit., pp.121-128.

룰이라든가 가이드라인에 대해 의견의 일치를 보지 못하고 있기 때문에 역시 긴장완화를 설명하기 어렵다. 마지막으로 긴장완화라는 것은 의미가 강제적으로 바뀔 수밖에 없는 운명을 체험하였기 때문에 긴장완화의 의미는 애매하게 되었다는 것이다.[19]

이러한 이유들을 지적하면서, 스티븐슨 자신은 긴장완화라는 것은 상황과 프로세스를 살펴보아야 한다고 주장한다. 그의 연구 목적은 미소의 긴장완화의 성립에 기여하였고 역으로 긴장완화를 붕괴시킨 요인[20]을 명확히 설명하였다는 점에서 연구사적으로 의미가 있다. 그러나 이러한 목적을 달성한 그의 설명은 기술적 의미에서 유효성을 지적할 수 있지만 1960년대 이후 어떤 지역에 있어서 긴장

---

19) Stevenson, The Rise and Fall of Detente(デタントの成立と変容), pp.2-8.
20) Stevenson의 설명에 의하면 미소 간에 있어서 긴장완화가 성립한 공통의 요인은 첫째로 핵전쟁에 대한 공포로 이러한 공포가 없었다면 긴장완화가 생겨나지 않았다고 생각되었다. 둘째로 미소 쌍방이 상대방에 대하여 어느 정도의 군사력과 안정성을 가지고 있었는지 냉정하게 자기인식을 하였다는 것이다. 그것은 지금까지 자국이 상대방 국가에게 대해 약하다는 입장 혹은 열세라는 관점으로부터 긴장완화를 추진 할 수 있다고 미소가 느낀 때는 한 번도 없었기 때문이다. 셋째로 긴장완화에 관계한 지도자 개인의 영향력이다. 여러 가지 요인이 국제긴장완화를 만들어 냈지만 미소 긴장완화만으로는 당시 지도자 개인이 긴장완화를 추구할 자격과 의지를 가졌을 때 가능하게 되었다. 넷째로 미소의 특수한 이해관계가 일치하였다. 반대로 붕괴요인으로서는 첫째로 긴장완화와 국익관계에 대한 인식의 변화다. 미소는 당초 긴장완화 추구를 국익의 범위 내에 있다고 인식하였지만 이러한 인식을 변화시키는 요인이 몇 가지 생겨났다. 둘째로 긴장완화 성립을 가져온 요인이었다 하더라도 지도자 개인의 영향력이었다. 긴장완화가 성공할 것인가 실패할 것인가는 그들의 정치적 운명과 깊게 관련되어 있었다. 마지막 요인으로는 미소가 긴장완화의 공통의 기준을 만들어 내는 데 실패하였다. 긴장완화가 정치적 용어로 표현되어 있지만 구체적으로 제도화가 행하여 지지 않았기 때문에 냉전시대로 회귀하기도 하였다.

완화, 특히 유럽의 긴장완화를 설명할 때는 한계가 발생한다. 왜냐하면 60년대 이후의 긴장완화 프로세스[21]는 미소 간의 긴장완화보다 국제정치의 환경의 변화로 전개되었기 때문이다. 그러므로 스티븐슨의 설명은 양극화의 권력배분과 이데올로기 우선 구조만을 전제로 한 설명이므로 한계에 직면하였다. 그러므로 여기서는 이러한 한계를 보완할 수 있는 연구의 필요성에 따라 긴장완화의 개념을 '재정의'하면서 분단국의 긴장완화 과정을 분석하였다.

여기서는 전후 역사적인 문맥을 그 기초로 이해하면서, 긴장완화를 '상황으로서의 긴장완화(Detente as condition)', '정책으로서의 긴장완화(Detente as policy)',[22] '프로세스로서의 긴장완화(Detente as process)'[23] 등 3가지로 구별하면서 각각을 새롭게 정의하고 또한 분석용어로써 '정책과 프로세스로서의 긴장완화' 개념을 사용하여 국제긴장완화의 '형성', '전개' 및 '제도화'로 이어지는 국제긴장완화 시스템의 정치사와 '재구조화'의 역사적 과정을 분석하였다.

---

21) 동서 시스템의 구조적인 여러 문제로부터 전략적 · 정치적 · 경제적인 면에서 긴장완화라는 상황이 발생하고, 특히 긴장완화는 미국과 소련의 긴장완화를 배경으로 서유럽에서 새로운 정치공간을 열었다고 이해한다.

22) 60~70년대의 국제정치에 있어서 주요한 긴장은 서로가 '위협'적이라는 인식으로부터 시작하였다. 특히 전쟁을 방지하기 위해 동서진영의 안전보장 정책면에 있어서 중점이 놓여졌다. 여기서는 군사관계만이 아니라 보다 넓은 의미에서 긴장완화 정책으로 이해한다.

23) Hassner, P. "Eurocommunism and detente", (Survival 19, 6): 251-4.; Stevenson, 앞의 책, pp.8-15; 高橋 進, "西歐のデタント-東方政策試論"(『戰後民主主義の變容』, 犬童 · 山口 · 馬場 · 高橋 編, 岩波書店, 1991), 5쪽. 긴장완화의 움직임이 제도화되는 것과 동시에 새로운 정치질서를 구축하는 과정으로서 긴장완화를 해석하고 있다.

2. 상황으로서의 긴장완화

긴장완화가 일정한 상태를 지적하는 것이라면 그것은 논리적으로 긴장이 완화된 상태를 나타내는 것이다. 또한 두 국가가 그 국가 간 관계에 있어서 일정한 긴장 수준에 위치시켜 그와 같은 상태를 유지할 때 양 국 사이에 긴장완화 상태가 존재한다고 말한다. 즉 두 국가 사이에 주어진 관계 상태를 지칭하는 '국제관계의 논리적 스펙트럼'[24]을 만들어, 각각의 긴장 수준에 있어서 독자적인 상태를 설명할 때 하나의 단계가 '상황으로서의 긴장완화'라고 정의할 수 있다.[25] 전후 국제정치의 문헌에서 상황으로서의 긴장완화는 역사적

---

24) Stevenson의 표를 참고하면,

높은 긴장	전쟁	냉전	긴장완화	협상	동맹	낮은 긴장
	평화 공존			적대적 우호관계		

두 국가 간 관계의 긴장 수준

25) Stevenson, 앞의 책, p.10, 그러나 그는 몇 가지의 문제점에 대하여 지적하였지만, 보다 조금 더 명확하게 하기 위하여 역사적으로 어느 시기, 협상(entente)으로의 '서곡'으로의 개념을 한정하면 보다 구체화가 가능할 것이다. 그와 같은 입장은 "A Chomsky, N. *Towards a New Cold War,* London: Sinclair Brown, 1982; Halliday, F., The Making of the Second War, London: Verso, 1983; Shulman M.D., *Beyond the Cold War,* New Haven, Conn.: Yale University Press, 1966; Pipes, R., *US-Soviet Relations in the Era of Detente,* Westview Press, 1981; Rosecrance, R., Detente or entente, *Foreign Affairs,* April, 1975; Clemens, W.C., The Impact of detente on Chinese and Soviet Communism, *Journal of International Studies* vol.28, No 2, 1974." 등의 연구가 있다.

으로 어떤 시기의 긴장완화와 협상(Entente)의 전주곡으로써 긴장완화라는 의미로 사용되었다.

먼저 냉전기 동안 국제정치에서 역사적으로 '어떤 시기의 긴장완화'라는 해석은 일반적으로 폭넓게 논의되었다. 그것은 냉전의 안티테제로 생각되었으며 그것에 이어 발생하는 것으로 인식되었다. 예를 들면, 쿠바 미사일 위기가 역사적으로 전환점이라고 보고 1962년 이후의 시기를 긴장완화가 시작되었다고 보는 견해이다. 그것은 동서 관계에 있어서 냉전의 분쟁해결을 의미하는 것이 아니라 긴장완화 시대가 시작되어 분쟁이 눈에 띌 정도로 적어졌다는 것이다. 또한 그것은 초강대국과 동맹국 사이가 다국 간 관계의 상황으로 접어들고 있다는 것을 암시하는 것이기도 하였다. 일시적인 국면에서 그와 같은 긴장완화의 의미가 중심적인 개념이었다고 생각되지만 그와 같은 관점으로부터 보면 긴장완화라는 것은 '힘의 균형'의 일시적인 타협의 산물로 인식되고 결국 핵무기의 봉착상태를 초래하게 되었다. 특히 60년대부터 70년대 중반까지 일련의 명시적 혹은 암묵적인 협정에 의해 긴장완화는 강화되고 협력적인 관계가 촉진되었다. 1970년대의 워싱턴, 모스크바 및 베이징 관계 이른바 3극(極) 관계의 산물로써 긴장완화를 분석한 코럴 벨(Coral Bell)은 이와 같은 '힘의 균형' 개념을 적절하게 사용한 대표적인 분석가이었다. 그녀는 역사적인 현상으로서의 긴장완화의 단명적인 성격을 강조하고 역사에 있어서 긴장완화라는 것은 소멸하기 쉽다고 설명하였다.[26] 그와 같은 가정에 의하면 폭넓게 행하여진 힘의 균형 개념이 긴장완화 시대를

보다 잘 설명하였으며 또한 그 프로세스도 '힘의 구조의 변용'으로부터 설명 가능하게 하였다.[27]

다음으로 '협상의 전주곡으로서의 긴장완화'는 구조적인 요소를 기능적인 측면에서 긴장완화와 관련시키지만 이것은 긴장완화를 넘어서 협상(entente) 혹은 우호관계의 수립(rapprochement)이라는 경향과 깊은 관계가 있다. 이와 같은 관점으로부터 긴장완화는 냉전기의 분쟁과 협상 사이에서 있었던 일련의 타협으로 생각할 수 있다.

그러나 '상황으로서의 긴장완화'는 역사의 프로세스에 있어서 하나의 측면만을 이해하는 것으로, 특히 1960~1970년대 국제적으로 진행되었던 긴장완화를 이해할 때에 한계가 있다. 그 때 행하여진 긴장완화는 미국과 소련만의 것이 아니라 지역적 차원에서의 긴장완화가 전후 경제발전과 함께 진행되었기 때문에 보다 의미 있다고 이해할 수 있다. 심각한 냉전기 미소의 위기관리가 동서 간 대규모 전쟁을 방지하기 위한 것이었다고 한다면 60~70년대 미소관계는 잠재적인 위협에 직면해 있는 상태에서 상호 행동의 룰을 만들기 위하여 컨센서스를 형성해 나가는 시기였다. 그와 같은 상황에서 전개되어진 긴장완화는 역시 기존의 해석에 영향을 끼쳐 글로벌한 상황만이 아니라 지역적인 시스템의 상황을 고려하면서 국제적으로 행하여지

---

26) Bell, Coral., *Diplomacy of Detente: The Kissinger Era,* Lodon: Martin Robertson, 1977.

27) Robert, S. Litwak, *Detente and the Nixon Doctrine: American Foreign Policy and the Pursuit of Stability, 1969- 1976,* Cambridge Univ. Press, 1984.

고 있는 변화를 보아야 하는 것으로 인식되었다.

3. 프로세스로서의 긴장완화

이와 같은 특정 상황에 있어서 긴장완화의 개념은 프로세스로서 긴장완화의 의미와 대비될 수 있다. 1974년 미국의 상원 외교위원회에서 긴장완화에 관한 청문회가 진행되었다. 당시 국무장관 딘 러스크(Dean Rusk)는 긴장완화란 어떤 상태가 아니라 프로세스라는 견해를 명확히 하였다. 키신져 국무장관도 긴장완화라는 것은 어떤 최종적 상태가 아니라 전개되고 있는 프로세스라고 말하여 러스크의 견해에 동의하였다.[28] 소련 측에서는 그로미코 외무장관이 긴장완화를 이미 구체적인 형태를 취한 완결된 현상이나 실체가 아니라 긴장완화의 프로세스라고 정의하였다.[29] 여기에서 긴장완화라는 것은 두 국가의 긴장을 감소시켜 가는 과정이었으며 그와 같은 감소의 결과 생겨난 최종적 생산물이 아니라는 것에 어느 정도 미소 간은 동의하고 있음을 이해할 수 있다.

또한 1975년 8월 헬싱키 선언은 유럽에 있어서 긴장완화를 다국간 협의라는 장에서 정식으로 국제긴장완화의 프로세스로 이해하는

---

28) Stevenson, op.cit., pp.13-14.
29) Ibid, p.14.

것이 되었으며 계속되는 긴장완화를 상징하는 것이 되었다. 헬싱키 선언에 참가한 국가들은 스스로 그 선언은 폭넓고, 깊고, 계속되면서 영속하는 긴장완화의 프로세스라는 자신들의 입장을 명확히 하였다. 그 이후 계속되어진 CSCE 재검토 회의도 지속되는 긴장완화의 프로세스를 상징하는 것으로 이해되었다. 1976년 7월 영국 총리 제임스 캘러헌(James Callaghan)은 헬싱키 선언은 "긴장완화의 프로세스의 끝이 아니라 시작이다"라고 말하며 그 중요성을 확인시켰다. 또한 1985년 바이제커 서독 대통령이 "전유럽안전보장협력회의의 프로세스가 한 발짝 한 발짝 적극적으로 전개되는 경우에만, 유럽은 자신을 발견할 수 있다"고 말한 것처럼 서독에서는 이와 같은 '긴장완화' 해석이 지배적이었다[30]고 이해 할 수 있다. 이와 같은 프로세스로서의 긴장완화라는 개념은 어느 역사적인 전환점 혹은 목표만이 아니라 특정한 협정이나 조약 관계로부터 관심을 불러일으키지 않기 때문에 주목을 끌었다.

이와 같은 개념은 전통적인 외교에 있어서 긴장완화와 핵시대에 있어서 긴장완화 해석을 구별하였다. 또한 전후 국제정치는 핵전쟁을 방지하기 위하여 외교정책과 안전보장정책을 실시하였다. 그래서 미국과 소련은 핵전략의 논리로부터 서로 긴장완화 개념을 다시 구상하였다. 그 이후 국제정치 상황의 변화에 의해 심각한 핵시대의 긴장완화는 CSCE와 같은 프로세스 쪽으로 전개되어 갔다.

---

30) 高橋 進, 앞의 책, 1991.

지금까지 '프로세스로서의 긴장완화'에 대한 견해를 정리하면, 긴
장완화를 상황이라고 보는 견해보다 설득력을 가진 것으로 보이지
만 이론적으로 보면 프로세스로서의 긴장완화라는 이해의 결함[31]은
첫째로 양국 간 관계에서 긴장이 완화하는 시기에는 언제든지 긴장
완화가 발생한다고 한다면 긴장완화를 반드시 냉전 후 협상관계 전
에 오는 현상으로 보기 어렵고 냉전과 협상관계 사이에서 발생하는
고유의 상대성을 상실하게 되어버린다. 나아가 긴장완화를 단지 긴
장의 완화 과정이라고 다루면 양국 간 관계가 밀접한지 혹은 소원한
지에 관계없이 언제든지 긴장완화는 두 국가 간 사이에서 발생할 가
능성이 있게 된다. 둘째로, 국가 간 관계는 복잡한 관계 전체의 본질
을 변화시키게 된다. 긴장을 증대시키기도 하고 감소시키기도 하는
일련의 화려한 사건이나 정책에 의해 특징 지워지는 것이다. 그러므
로 긴장완화를 긴장완화의 프로세스라고 정의하면 현실적으로 국가
간 관계는 반대 방향으로 향하고 즉 긴장을 높여 긴장완화를 방해하
는 사건도 최종적으로는 긴장완화에 공헌하여 긴장완화를 추진할지
도 모르며 그 반대의 현상도 있을지 모르므로 긴장완화 개념은 점점
복잡하게 되어버린다.[32] 그래서 스티븐슨의 설명은 극히 전통적인
2국 간 외교만을 생각한 결과라고 볼 수 있다. 특히 1960년대부터 국
제정치의 행위 주체가 상호관계의 복잡한 '질적 변화'에 의해 국제정
치의 구조 그것 자체가 변화하기 시작하였다. 그와 같은 관점으로부

---

31) Stevenson, op.cit.
32) Ibid, pp.14-15.

터 그의 설명은 한정적으로 되었다.

실제 학문적 분야에 있어서 긴장완화는 복잡하고 필요 불가결한 것으로서 오랜 기간 동안 '화해의 과정'이라고 인식되면서 그것의 성공여부는 상호 만족의 정도에 의한 것이었다. 특히 유럽 사람들은 "자제하면서, 불명확한 긴장의 완화 과정이 긴장완화"라고 인식하였다. 1970년대 초부터 안전보장 면에 있어서 동서관계의 안정화가 '4개국 조약'의 체결로 달성되었다. 그와 같은 분위기는 분단국가였던 동서독이 긴장완화의 프로세스에 보다 적극적으로 정책적 대응을 하였기 때문이다. 특히 본(Bonn) 정부는 그들의 동맹국과 관계를 긴밀히 하면서 그들의 목표를 달성하기 위하여 소련과의 관계, 동유럽 여러 나라 및 동독과의 접촉을 증가시켜 가면서 독일 민족의 실체를 유지하는데 노력하였다.[33]

긴장완화의 출발점에 대해서는 많은 논의가 있지만 프로세스로서의 긴장완화의 개념은 특히 미국의 닉슨 정권의 등장과 서독의 브란트 정권이 전개한 초강대국간의 긴장완화정책과 유럽의 긴장완화정책의 연계에 의해 시작되었다고 말하여도 좋을 것이다.

---

33) N.Edwina Moreton, *East Germany and the Warsaw Alliance: The Politics of Detente*, Boulder, Colo.: Westview Press, 1978.

4. 정책으로서의 긴장완화

전후 미소의 외교정책은 정책으로서의 긴장완화라는 개념에 의해 전개되었다. 코럴 벨에 의하면, 먼저 1953년 스탈린 사망 이후, 서방이 희망하는 정책 혹은 전략이라는 의미의 긴장완화가 시작되었다고 설명한다. 즉 미소 양 초강대국에 의해 추구된 긴장완화 정책은 적어도 50년대 초까지 거슬러 올라갈 수 있다. 미국을 살펴보면, 헨리먼은 미국의 긴장완화 정책의 시작은 아이젠하워 시대의 정책과 1955년 오스트리아 국가조약(Austrian State Treaty) 조인까지 거슬러 올라간다고 주장한다. 예를 들면 미국의 외교정책 가운데 긴장완화와 관련 있는 수사적 표현으로 케네디의 평화의 전략('Strategy of Peace'), 존슨의 평화적 관여('Peaceful Engagement')와 가교 형성('Bridge-Building'), 닉슨과 키신져의 평화의 구조('Structure of Peace') 등이 있다. 그리고 중요한 성과로 1963년 8월의 부분적 핵실험 금지조약(Partial Test Ban Treaty) 조인이 대표적이다.

또한 닉슨 시대에 접어들어 "핵무기 시대의 대결은 지나가고 교섭의 시대에 접어들었다"라는 선언은 주목을 끌었다. 이와 같은 미국의 긴장완화 정책은 닉슨 정권의 대 중국과의 외교관계 회복과 72~73년 진행된 소련과의 외교 교섭으로 최고의 전성기를 맞이하였다.[34]

---

34) Raymond L. Garthoff, op.cit.

다음으로 소련의 긴장완화 정책은 아담 울람(Adam Ulm)의 연구에 의하면 1953년 8월 새로운 총리 말렌코프의 "두 개의 시스템(체제)은 평화공존 상태에 있다"라는 연설에서 명확해졌다.[35] 또한 다른 연설 가운데서도 그와 같은 분위기가 나타났다. 예를 들면 후르시초프의 1956년 소련공산당(이하 CPUS) 제20차 당 대회 연설과 1971년 제24회 대회 CPUS에서 브레즈네프의 평화 프로그램에 관한 연설은 긴장완화 정책을 제시한 것이다. 당시 소련의 긴장완화 정책의 중요한 결과는 미국과의 관계 개선과 1970년의 모스크바 조약 체결이라고 지적할 수 있다. 그리고 소련과 프랑스와의 긴장완화 정책은 1965년부터 1966년까지 고위급 차원에서 교류가 이루어지면서, 드골의 모스크바 방문에 의해 정점에 이르게 되었다. 이와 같은 시도는 드골의 대구상(Grand Design)의 일환으로 진행되었다.[36]

정책으로서의 긴장완화의 성과로 제일 중요한 사례는 서독이 진행한 동방정책과 긴장완화 정책이라고 할 수 있다. 이 정책은 독일 재통일은 어떠한 긴장완화보다 우선하지 않으면 안 된다는 전제의 전환을 의미하는 것이었으며 동방정책이 만약 성공한다면 그것은 긴장완화의 결과라는 전제에 기초하여 실시되었다. 동독으로 향한 비타협적인 자세를 취한 아데나워 노선은 뒤를 이은 에어하르트와 키징거에 의해 완화되었다. 그리고 1969년 10월 탄생한 브란트 정권은 '1민족 2국가' 공식에 기초해 긴장완화 정책을 실시하면서 적극적

35) Adam Ulm, op.cit., pp.149~150.
36) Coral Bell, op.cit.

인 외교정책을 전개하였다. 결국 서독은 재통일의 환상을 지키면서 실체를 포기하고 1970~1972년 사이 동방정책이라는 동유럽과의 국교정상화 정책을 통하여 1945년 국경선을 받아들이고 유럽의 영토적 안정화를 가져오는 일련의 조약을 체결하고 잠정적으로 '베를린 문제'와 보다 넓은 의미의 '독일문제'를 해결하여 나갔다. 이와 같은 의미에서 미국, 소련, 서독은 전후 유용한 전략으로서 긴장완화 정책을 명확하게 주장하였다고 할 수 있다.

여기서 주의하지 않으면 안 되는 것은 정책으로서의 긴장완화라는 것이 선언적이고 또는 실제의 의미에서 '정책수단'으로 사용 되었는지? 혹은 '정책의 객관적 목적'으로 사용되었는지?에 관한 점이다. 먼저 당시 여러 국가들이 직면한 문제로부터 보면 어떤 국가는 정책의 수단으로 자국의 긴장완화정책을 실행하였다고 상정할 수 있다. 그리고 어떤 국가는 정책의 수단과 목적을 동시에 추구하기 위하여 긴장완화정책을 실행하였다고 판단할 수도 있다.

긴장완화는 무엇보다도 그것 자체가 가치 있는 국가의 목표 달성이라는 보다 정책의 수단으로 생각되었다. 긴장완화의 수단으로서 성격은 현실의 정책이라고 볼 수 있다. 특히 전후 미국과 소련은 긴장완화를 상대방의 힘을 관리하는 의미에서 도움이 되는 유효한 전략으로서 간주하였다.

먼저, 미국이 행한 긴장완화 정책은 서로 다른 시기에 서로 다른 문제를 희망하면서 그 외교정책을 전개하였다. 베를린 문제, 베트남 전쟁, 중국과 소련이라는 대결구조로부터 수단으로서 정책 등은 정말로 미국이 지향하였던 긴장완화 전략이었기 때문에 그것은 어느 정도 추측 가능하다.

다음으로, 소련의 긴장완화 정책은 중시되고 있는 경제부문과 기술부문에 있어서 서방으로부터의 협력과 유럽에 있어서 영토적·정치적인 현상유지의 정통성을 얻기 위하여 실제로 행하여졌다.

마지막으로, 서독의 긴장완화 정책은 동방정책이라는 형태를 보다 명백한 이익을 전제로 하면서 진행되었다. 서독의 관점에서 보면 아주 중요한 것은 동서독 관계에 있어서 보다 자유롭게 서로 여행과 대화가 가능한 상황으로 분위기를 호전시키는 것이었다. 또한 할슈타인 원칙을 포기하면서 서독은 정치적인 교류와 무역관계, 문화적인 관계에 있어서 보다 폭넓은 입장을 취하면서 적극적으로 긴장완화 정책을 실행하였다. 이와 같이 60~70년대의 동서관계의 문맥가운데 국제긴장완화는 어떤 면에서 정책 지향적인 측면이 눈에 띄었다. 특히 그 시기의 국제환경은 동서 긴장완화를 촉진시키려는 목적으로 정책을 담당하였던 당시의 정책결정자들에게 커다란 영향을 가져다주었을 것이다. 특히 미국과 소련 사이에 쿠바 미사일 위기 이후 그 유산으로 생긴 국제긴장완화의 분위기는 전후 국제정치의 질서를 보다 다극화시켰다.[37]

---

37) Stevenson, op.cit., p.208.

5. 분석용어로서 '정책과 과정으로서의 긴장완화'

60년대 이후 형성된 긴장완화를 설명하는 노력은 국제정치학 또는 연구에서 많이 행하여 졌지만 대체로 긴장완화를 냉전과 열전사 이에서 하나의 선택지로 생각하면서 유화적인 정책의 현상으로 간주되었다.

전후 미국은 키신져에 의해 상대방의 힘을 관리하는 하나의 양식으로써 긴장완화정책을 전개하였다. 반면 소련은 세계에서 패권적 경쟁이 계속되는 상태에서 보다 유리한 입장에 서기 위하여 하나의 전략으로써 긴장완화 정책을 전망하였다. 이와 같은 관점으로부터 보면 미소의 긴장관계는 서로 '대립적'이었다. 이처럼 대립적인 측면만을 강조하면 결과적으로 긴장완화에 관한 분석은 항상 이데올로기적인 것과 전략적인 것으로 진행되어 미소 이외의 지역과 다른 여러 나라는 언제나 초강대국의 외교정책에 '종속적'인 것으로 되어버릴 가능성이 높다.

그래서 국제정치에 있어서 긴장완화라는 주제를 보다 이론적·분석적으로 다루기 위하여 주권국가 차원과 국제정치 차원에서 전개되고 있는 긴장완화정책 그리고 그 프로세스를 유효하게 사용하는 것이 보다 중요하게 된다.

만약 상황이라는 긴장완화 개념이 분석 목적으로써 효과적으로 사용될 수 없다 하더라도 정책과 프로세스로서의 긴장완화라는 개

넘은 두 개의 분석 차원(국제시스템 차원과 주권국가 차원)에서 적용이 가능하다. 한편으로 국제시스템 차원에서 긴장완화는 보다 넓은 문맥 가운데 변화하는 국제시스템의 분석을 가능하게 하고, 또한 그 시스템에 있어서 다이내믹한 구조적인 변화에 의해 진행되는 '화해의 과정'으로 해석할 수 있다. 다른 한편으로 개별 국가 차원에서 긴장완화는 정책의 이슈로 간주되어 시스템 전체 보다 개별국가의 관점으로부터 분석이 행하여졌다. 이들 차원의 분석을 행하면 다양한 긴장완화 정책 사이에서 유사성과 차이점을 강조하기도 하고 비교할 수도 있으며 국제시스템의 '짧은 안정기'에 진행되었던 국제 긴장완화의 과정 및 제도화를 보다 상세하게 확인할 수 있을 것이다.

이와 같은 분석은 지금까지 어려운 긴장완화 해석 문제에 새로운 문제제기를 하고 있다. 시스템 차원에서의 분석 임무는 화해 프로세스와 관련하는 행위자 간의 변화를 해석하고 그 인과관계를 명확하게 하는 것이다. 다른 한편으로 주권국가 차원의 임무는 외교정책과 정책 이슈로서 긴장완화를 명확히 하는 것이다. 정책으로서 긴장완화는 국내정책과 외교정책에 있어서 정책결정자의 인식과 긴장완화의 의미를 강조하게 되며 긴장완화를 통해서 정책이 추구하는 그 목적을 파악할 수 있다. 그 결과 이 책에서는 국내정치와 국제정치적인 요소에 초점을 맞추어 설명한다.

전후 국제적인 위기 후 미국과 소련은 군비관리의 측면에서 정책조정을 신중하게 진행하였다. 특히 미국은 베트남 전쟁 이후 계속 추락하고 있는 자국의 패권과 동맹국과의 상호이익을 조정하기 위하여 새로운 외교정책을 시도하였다. 다시 말해 미국은 냉전기의 미국의 대 소련 정책의 중심이었던 봉쇄정책을 평가하면서[38] 닉슨 정권 아래서 다극화하는 세계에 대응하기 위하여 새롭게 발생하는 여러 가지 문제에 몰두하였다.[39] 그 가운데 중요 관심사는 역시 소련과의 관계였다. 미국은 소련의 체제에 대해 지금까지 전개한 정책을 평가하면서 소련에 대한 잘못된 관점을 지적하고[40] 닉슨 정권의 중요과제로 상정하였다.

60~70년대의 긴장완화는 국제적 안정화[41]를 모색하면서 주권국가 차원에서도 그러한 정책을 통하여 자국이 직면해 있는 여러 문제를 해결하려고 하였다. 서독과 소련의 관계, 서독과 동유럽 여러 국가와의 국교정상화 외교, 헬싱키에서 진행되었던 유럽안전보장회의 등은 유럽의 국제 긴장완화체제에 있어서 중요한 내용을 구성하였다.

---

38) 키신져 비록 (1), pp.88~89. 키신져는 봉쇄정책의 결함을 이하와 같이 지적하고 있다. 먼저 세력균형에 관한 과도한 군사적인 사고는 알궂게도 소련에게 그 정복의 결과를 고정하고 핵 불균형을 시정하는 시간을 가져다주었다. 둘째로 힘의 균형은 이미 획일적인 것이라고 생각하지 않게 되었다. 셋째로 봉쇄정책의 독트린은 현대 공산주의 이데올로기가 가져온 충격에 대하여 타당한 해답을 가져다주지 못하였다는 것을 지적하였다.

39) 키신져 비록, Ibid, pp.96-98.

40) Ibid, pp.154-166.

41) Kjell Goldmann, *Change and Stability in Foreign Policy: the Problems and Possibilities of Detente,* New Jersey: Princeton Univ. Press, 1988, pp.91-116. 헬싱키 프로세스를 통하여 넓은 범위의 긴장완화가 구체적으로 행하여 졌다. 70년대에 접어들어 미국과 소련의 관계 정상화나 서독과 소련의 관계 정상화 그리고 서독과 동유럽과의 관계 정상화 현상은 2국 간 관계에 머무르지 않고 다국 간 관계에 많은 영형을 미쳤다. 긴장완화는 규범적인 규정으로서 어떤 면에서 넓은 범위에 걸쳐 국가 간 관계를 규제하는 것으로 되어 갔다.

유럽에 있어서 긴장완화는 초강대국의 긴장완화에 의해 유지되었지만 부분적으로는 다른 자극으로부터 발생하였으며, 또한 서로 다른 특색을 가졌다. 다시 말해 유럽에 있어서 긴장완화를 촉진시키는 중요한 주체는 워싱턴이 아니라 본(Bonn)이었다. 실제로 그것은 브레즈네프의 서방정책과 1970년대의 국교정상화 프로세스의 중요한 열쇠를 가진 브란트의 동방정책과의 연계에 의해 진행되었다. 그와 같은 프로세스는 단지 긴장완화 정책의 결과만을 의미하는 것이 아니었다. 유럽의 정치적인 분단은 냉전의 원인과 결과였기 때문이다. 그러나 그와 같은 유럽의 분단은 동서 유럽의 무역관계와 문화적 교류와 발전을 방해한 냉전의 원인과 결과였다.[42] 유럽에 있어서 긴장완화는 어떤 의미에서 동서관계 및 유럽의 냉혹한 냉전 상황의 한계와 제약 아래서 발전하였다. 60년대부터 70년대까지 진행된 국제긴장완화는 5가지 분야로 구성되었다. 즉 (1) 군비축소와 안전보장, (2) 평화와 분쟁, (3) 경제적 협력, (4) 인권과 인적교류, (5) 주권과 자립 등 이상의 차원에서 긴장완화가 미국과 소련 및 유럽 여러 국가 사이에서 진행되었다.[43]

전후 유럽문제의 해결을 위하여 60년대부터 미국과 소련 중심의 전후 외교는 보다 협조적인 분위기를 만들었다. 그와 같은 환경 가운데 유럽의 중심이었던 서독을 시작으로 '정상화의 길'을 향해 해당 국가는 적극적인 외교공세를 전개하여 나갔다.

---

42) Ibid., pp.85-86.
43) Kjell Goldmann, op.cit., p.82.

당시 유럽의 긴장완화의 형성과 전개에 주요한 문제들을 보면 다음과 같다. 먼저, 서독과 소련 사이의 문제가 있다. 당시 소련은 서독과 무력포기에 관한 조약을 맺는 것을 전제조건으로 하고 있었다. 이러한 소련의 목표는 서독의 브란트 총리의 등장과 함께 서독과 소련과의 관계를 새로운 국면에 접어들게 하였다. 둘째로, '베를린 문제'이다. 베를린은 세계정치에 있어서 냉전시대를 상징하는 것으로, 서독에게는 동서독의 통일문제와 직접 관련되는 것으로 이해되었다. 그리고 동서의 이데올로기적인 장벽으로 상징된 베를린 장벽은 그 이후 유럽의 정치적인 발전 정도를 판단하는 것으로 작용하였다. 또한 베를린 문제는 '4개국 교섭'을 통해서 해결되고 유럽의 국제 긴장완화의 장래에 커다란 영향을 가져다주는 것이었다. 셋째로, 동서독 문제이다. 브란트 정권의 탄생과 함께 동서독의 적극적인 관계 정상화의 움직임은 동서독 정상 간 회담의 기회를 만들어 드디어 에어푸르트와 캇셀에서 정상회담을 개최하게 되었다. 두 총리의 회담 이후 동서독 관계는 유럽 긴장완화에 적극적인 역할을 연출하였고 냉전의 역사에 커다란 의미가 있었다.

마지막으로, 전후 유럽 안전보장과 긴장완화 문제에서 중요한 유럽안전보장회의(CSCE)의 문제이다. 제2차 세계대전 이후 '유럽의 분단'과 '독일 분단'이 유럽인들의 일상생활과 국내정치 및 국제정치에 깊은 영향을 끼친 것은 누구든지 아는 사실이다. 50년대부터 그와 같은 환경에 변화의 징조가 있었지만, 냉혹한 냉전구조 때문에 현실적으로 한계가 있었다. 그 이후, 동서관계의 진전과 유럽 여러 국가

의 인식의 변화와 함께 다국 간 협의가 행하여지게 되었다. 유럽안
전보장회의는 국제적으로 전개되고 있는 냉전을 극복하는 '국제적
긴장완화의 시도'로 진행된 것으로 이해할 수 있다. 또한 CSCE는 냉
전기의 분쟁과 대립이라는 구조를 완화시키는 장을 제공하면서 유
럽의 냉전구조를 종식시키는 방향으로 '압력'을 가했다.

이와 같은 문제를 둘러싸고 유럽 여러 나라가 유럽의 전통적인 외
교를 부활시키면서 그 외교적 힘을 발휘한 것은 단지 자연스럽게 되
어 가는 과정이 아니라, 그 나름대로의 각고의 외교노력의 결과였다
는 것을 잊어서는 안 될 것이다.

유럽의 긴장완화는 냉혹한 냉전기의 동서 이데올로기 대립구조에
있어서 여러 가지의 '제한과 제약' 가운데 발전하였다는 것을 알 수
있다. 만약 긴장완화에 있어서 유럽의 요소가 블록 간 장벽을 낮추
려 하지 않았더라면 정치적 상황에 있어서 어떠한 변화도 없었을 것
이다. 유럽의 긴장완화가 진행되지 않았다면 가까운 장래 동서관계
에 있어서 정치적 안전보장 면에 어떤 선택지도 없었을 것이다. 그
와 같은 것은 유럽에 있어서 '잠정적인 협정'을 받아들이는 것으로
작용하였다. 서독은 소련과 동유럽과의 관계 스스로가 놓여있는 상
황을 해결하기 위하여 그와 같은 상황에서 미국과 다른 나라보다 적
극적으로 활동하였다. 같은 시기 다른 서방 여러 국가도 서독과 함
께 '국제긴장완화'에 관심을 가졌으며, 동서관계에 포괄적인 연결이
이루어져 협조적인 환경이 진전되기를 희망하였다.

그와 같은 희망은 60년대 후반부터 실제 외교정책으로 등장하였

다. 그것은 서독에서 연립정권의 등장이며, 보다 적극적인 긴장완화 정책을 시도한 브란트 총리의 취임이었다. 특히 브란트는 서독이 냉전정책을 포기하지 않으면 서독은 '최후의 냉전전사', '변화의 대상', '파란을 일으키는 것'으로 생각하면서 염려하였다.[44] 브란트는 앞 정권과는 다른 외교정책과 통일정책을 전개하였다. 그의 정책은 미국과 소련의 양 초강대국이 행하고 있던 2국 간 관계 사이의 긴장완화와는 다른 발상을 보이면서 '혁신적'으로 전개되었다. 분위기로부터 보면 아직 미결정적인 '다국 간 긴장완화'의 사상이었지만 소련과 동유럽 여러 나라와의 국교정상화 프로세스를 보면 2국 간 교섭을 실행하면서 전체적인 관계를 중시하는 자세를 취하였다는 것을 알 수 있다. 그것은 역시 브란트 정권의 새로운 정책이 그와 같은 프로세스의 진전에 자극을 주었다고 생각할 수 있다. 또한 CSCE 회의와 그 회의 과정과 결과도 서독의 동방정책이 다국 간 관계에서 진행된 하나의 연출이라고 인식할 수도 있다. 물론 유럽의 국제긴장완화에는 여러 가지의 난관들이 있었지만 '국제 긴장완화의 제도화'는 유럽 여러 나라에 있어서 필요 불가결한 것이었다.

여기서는 1960년대 이후 유럽에서 행하여진 긴장완화 정책이나 프로세스를 분석하면서 국제긴장완화가 어떻게 진행되었는가를 설명할 것이다. 특히 중심적인 과제는 동서 냉전기 이래 분단국가였던 서독의 긴장완화정책을 통해서 어떻게 유럽의 긴장완화체제가 '재구조화'되었는가 그 과정을 분석한다.

---

44) Willy Brandt, *People and Politics*, London: Collins, 1976, p.167.

제2장
긴장완화의 형성

이 장의 목적은 전후 냉엄한 냉전구조가 서서히 완화되고 미국과 소련의 대립이 새로운 국면을 맞이하는 가운데 냉전의 전초기지였던 서독이 행한 동방정책과 서독의 국내정치에서 어떻게 정책이 변화되어갔는가를 살펴보는 것이다. 둘째로 당시 서독의 대연립 정권의 외교정책이 어떻게 진행되었는가? 전후 서독의 외교정책의 기본이었던 할슈타인 원칙에 대해 대연립 정권에 참가한 정당들이 어떻게 이해하였는가? 그리고 이러한 서독의 정책의 변화에 대해 소련이 어떻게 반응을 보이면서 대응하였는가를 설명할 것이다. 셋째로 서독의 정당 엘리트들의 외교정책과 그 딜레마에 대해 국제정치 환경의 변화에 비추어 보는 것이다. 당시 서독의 엘리트들이 냉전이라는 규범이 어떤 과정을 거치면서 새로운 규범인 긴장완화와 충돌하여 새로운 환경을 만들어 갔는가에 관심을 기울일 것이다.

제1절. 긴장완화로 향하는 국제환경

소련은 제2차 세계대전 후 독일이 지배하였던 동유럽 여러 나라-동독, 폴란드, 불가리아, 루마니아 그리고 체코슬로바키아-를 공산화하여 위성국가화 하였다. 또한 소련은 세력권을 설정하여 대전 중 적대국이었던 독일을 영구히 무력화하기 위하여 전 유럽을 사회주의화하려 하였다.

그래서 유럽인들은 소련의 적대적 감정을 팽창적인 의도를 가지고 있다고 생각하고, 명백하게 '위협'으로 인식하기 시작하였다. 그와 같은 팽창과 불안한 분위기 속에서 전후 유럽의 경제적인 부흥이라는 문제에 관한 해석은 심각해졌다. 특히 경제적인 부흥의 필요조건으로서 군사적인 안전보장문제 해석이 현안이 되었기 때문이다. 그와 같은 사정으로부터 1948년 3월 영국, 프랑스, 네덜란드, 벨기에 및 유럽 여러 나라는 소련의 공격에 대항하기 위하여 '브뤼셀 조약'을 체결하였다. 그 조약에 기초하여 브뤼셀 조약 가맹국은 미국의 원조를 필요로 하였다. 그 이후 그것과 관련하여 1949년 4월 미국을 맹주로 하는 NATO라는 군사적·정치적 조직이 창설되었다. NATO 창설의 직접적인 목적은 서유럽 여러 나라의 '집단안전보장'을 유지하기 위한 것이었다. 조약의 중심인 제5조에는 "체약국은 유럽 혹은 북미에 있어서 체약국의 한 국가 혹은 그 이상의 국가에 대한 무력공격을 체약국 전체에 대한 공격으로 간주하고 개별적 혹은 집단적 자위권을 발동하여 무력행사를 포함한 모든 조치를 개별적, 집단적으로 공격을 받은 체약국을 위하여 제공하는" 것을 규정하고 있다.

NATO의 성립으로 유럽은 미국의 방위전략의 최전선이 되었으며, 소련이 엘베 강을 건너면 미국은 유럽의 자유를 지키기 위하여 싸울 것을 결의하였다. 전후 유럽의 안전보장문제는 미국의 전후 전략에 있어서 최우선 사항이 되었다.

그리고 동서 간의 긴장은 한국전쟁을 분기점으로 새로운 국면에 접어들었기 때문에 독일 통일이라는 문제에 관한 논의는 중단되었다. 독일문제를 중심으로 언제 냉전이 열전으로 변할지 모르는 상황 아래서 서방 측은 소련의 위협에 대한 방위태세를 강화하지 않을 수 없었다. 그러므로 분단된 독일의 국경선은 서유럽 세계의 안전보장의 최전선이 되었다. 그리고 점점 격화되는 동서 대립은 분단국가 동서독에 새로운 상황을 만들어주었다. 서방진영에 있어서 미국, 영국 및 프랑스는 서독의 비군사화 보다는 소련 및 공산주의에 대한 대항조치를 중시하였고 서독의 군사적 가능성을 활용하기 위하여 방위력 강화를 하여야 한다고 인식하였다. 1950년 NATO는 한국전쟁에 대응하여 무력증강을 서두르면서 서독의 동쪽 국경인 엘베강으로부터 방어하는 전진적략(forward strategy)을 채택하였다. 그러므로 서독을 지키기 위한 전진전략은 서독이 재군비를 필요로 하였다. 거기서 서독을 포함한 유럽의 경제적, 군사적 통합 계획이 급진전되었다. 그러나 냉전에 대한 서방 측의 반응에 자극된 서독의 부흥은 서유럽 국가들에게 중대한 문제를 제기하였다. 즉 다시 말해 1950년 이래 미국은 서독의 기여가 없을 경우 소련의 공격에 대한 서독 방위가 곤란하기 때문에 그 재군비를 주장하였지만 프랑스는 서독의 재군비를 원하지 않았다. 이와 같은 사정으로부터 유럽통합의 움직임이 시작되었다. 특히 서독의 초대 총리 아데나워 정권 아래서는 '독일문제의 유럽화'[1)가 냉전기에 있어서 서독외교의 목표였다.

---

1) 말하자면 '독일문제'를 해결하기 위하여 사용된 형식적인 것이었지만 실제로는 '독일문제'는 '4개국의 책임'이라는 의견과 유럽이 주체가 되어 '독일문제'를 해결하고자 하는 두 가지 흐름이 나타났다. 특히 드골이 주장하고 구상한 것이기도 하다. 서독의 국내정치에서도 이와 같은 두 가지의 흐름이 외교정책에 나타

그러나 '할슈타인 원칙'에 기초한 아데나워 외교는 '베를린 위기'로 그 한계를 보였고 1964년 총선거에서 정부 여당인 CDU/CSU가 의석을 잃으면서 FDP와 연립하여 정책협정을 맺을 수 없게 되었다.

50년대를 정점으로 전개된 냉전시대는 냉전의 주역인 미국과 소련이라는 두 강대국의 압도적인 힘의 강력함, 즉 핵 억지력의 작용으로 양극 시스템이 고정화되는 것이 아닌가라고 생각되었다. 그러나 그것과는 반대로 내부의 다극화 요인이 '베를린 위기'와 '쿠바위기'를 계기로 전후 국제정치의 양극 시스템을 다극화시키는 계기를 만들어 나갔다.

미소 간의 대화와 교섭의 시대가 시작되면서 동시에 서독에서는 '자주적' 외교정책을 요구하는 목소리가 높아져갔다. 전후 형성된 서독의 경제력은 정치적인 교섭능력을 증대시키면서 서독 정부는 그들의 정치적인 지위를 경제적인 지위와 조화되는 곳까지 높이는 요구에 직면하였다. 그렇게 하려면 경제적인 면에서도 시장을 확대하기 위해서는 외교적인 고립으로부터 '탈각'이 그 전제가 되었다. 아데나워가 주장한 '할슈타인 원칙'과 서독의 단독대표권 및 유일 합법적인 독일정부로서의 지위 요구는 상호의존적으로 진행되는 국제정세 가운데서, 특히 동유럽의 여러 국가와 제3세계 국가와의 관계에 있어서 외교적으로 한계를 드러내기 시작하였다.

특히 1960년대에 접어들어 동독은 중동지역, 아랍 여러 국가들을

났다.

중심으로 제3세계에 대한 외교관계의 확대를 꾀하였으며, 통상관계를 주축으로 정치적으로 경제적인 기반을 구축해 갔다. 이와 같은 상황으로부터 보면 서독 외교는 유연한 태도를 취할지 않을 수 없는 상황에 직면하였다.

1966년 말 탄생한 서독의 대 연립 정권은 그때까지의 정책과는 달리 보다 적극적인 긴장완화 정책을 표방하였다. 이 정권은 시정방침 연설에서 긴장완화의 기본노선을 설명한 후, 먼저 소련과의 관계에 대해서 종래에 없었던 부분을 크게 다루면서 서독과 소련 사이에 화해가 필요하다고 설명하고 에어하르트가 먼저 '평화각서'에서 제창한 상호적인 '무력포기 선언'의 교환을 재차 제안하고 그것과 맞추어 독일 분할에 관한 미해결 문제에 대한 교섭도 이 제안에 포함시킬 용의가 있다고 주장하면서 동독과 함께 무력포기 선언 교환을 행할 의향이 있다는 것을 명백히 하였다. 이것이 바로 동방정책의 시작이다.

제2절. 아데나워 이후 외교정책

서독 성립 후, 20년 간 진행된 서독의 외교정책은 국제정치의 구조적인 변화와 함께 기로에 직면하였다. 전후 20년간 서독 외교정책의 중요한 목적의 하나는 동서독의 재통일이었다. 그러나 그 전략은 국제정치 환경과 국내정치의 급격한 변화에 의해 수정의 경험을 살려 나가게 되었다.

아데나워에게 주어진 목표는 서독경제 재건의 필요성 때문에 막 새롭게 탄생한 서독을 서방진영의 구조로 참가시키는 것이 서독 자신이 재통일이라는 문제에 돌입하는 것보다 우선적인 것이었다. 먼저 포츠담 협정에 의해 재통일이라는 것은 '4개국 책임'이라는 것이며 동시에 서독은 정치적으로, 경제적으로 회복하지 않으면 안 된다는 사실이다.[2] 당연하지만 서방과의 통합도 그러하였다. 그는 "만약 우리들이 서방진영과 협력하지 않으면 통일은 한 발짝도 나갈 수 없을 것이다. 자유 아래서의 통일은 서방진영의 절대적인 정책 틀 가운데서 가능하다"고 말하였다.[3] 그 결과 아데나워는 '힘에 의한 정책'[4]과 서방진영의 동맹정책[5]을 동시에 실행하여야 한다고 생각하였다.

2) Regina Schunck Sharif, *Ostpolitik and German Public Opinion 1964-1972: A Study of Political Attitudes and Political Change in the Federal Republic of Germany,* Ph.D., Disss., Washington, D.C.: The American University, 1974, pp.28-29.
3) Rainer Waterkamp, "Politische Optionen für Europa und Deutschland-Frage," *Aussenpolitik,* vol.XIV, January, 1968, p.24.
4) Hans-Peter Schwarz, "Das Aussenpolitische Konzept Konard Adenauers", *Adenauer Studien I,* (ed.), Rudolf Morsey and Konard Repgen. Kommission für Zeitgeschichte bei der Katholischen Akademie in Bayern, ser. B, vol.10, Mainz: Matthias Grünewald Verlag, 1971, pp.71-90.
5) 아데나워가 이끈 CDU/CSU는 자신들이 서독 외교정책의 대 변혁을 지키는 수호자라고 생각하고 서독의 운명을 서방동맹국에 결합시켰다. 국내정책에 있어서고 서방 측의 가치와 조화시켜 서독의 안정적인 민주주의의 발전을 시도하였다. Walter Hallstein, "Germany's Dual aim: Unity and Integration," Foreign Affairs, vol.31, no.1; Helga Haftendorn, Security and Detente, New York: Praeger Publishers, 1985, pp.36-47.

1. 아데나워 외교의 유산

서독 초대 총리 코나드 아데나워가 선택한 노선은 서독의 전통적인 외교와는 근본적으로 다른 노선이었다. 원래 과거 독일의 전통적인 외교방침은 프로이센 국가이성의 연장선상에 있으며 비스마르크에 의해 기초되고 승계된 것이었다. 그것은 유럽 전체의 국가체계에 있어서 고유의 그리고 적합한 지위를 독일이 확보하는 것을 내용으로 하였다. 그와 같은 독일의 전통적인 외교는 주변의 국가들로부터 '고립'을 초래하는 불행한 결과를 가져왔다. 그래서 아데나워는 전후 독일외교에 있어서 혁명적인 '전환'이라고 말할 수 있는 정책을 채택하였다.

전후 서독은 냉전의 중심이 되면서 처음으로 서방진영에 속하고 긴장의 격화에 대처하지 않으면 안 되는 운명에 직면하였다. 따라서 서독이 서유럽에서 생존과 독립을 획득하기 위해서는 먼저 서유럽 여러 나라의 신뢰를 얻어 지지를 얻을 필요가 있었으며 그러기 위해서는 스스로 서방진영의 일원으로 대 소련전략의 기초와 준비를 하여야 하는 역할을 수행하지 않으면 안 되었다.[6] 그래서 이러한 정책을 실천한 것이 아데나워였다. 그러한 의미에서 아데나워 외교[7]는

---

6) James L. Richardson, *Germany and the Atlantic Alliance: The Interaction of strategy and Politics,* Cambridge, Massachusetts: Harvard Univ. Press, 1966, Part. I.
7) 아데나워 외교의 기본 요소는 CDU/CSU의 대 서방정책과 독일민족의 단결, 독일 민족주의와 재통일, 현실정치를 극복하면서 어떻게 하여 통일을 달성하는가에 관한 CDU/CSU의 통일정책이었다.

서방 정책이 중심이었으며 동방정책은 존재하더라도 그 비중이 적었다. 또한 아데나워의 기본적인 노선으로서 유럽 통합구상은 유럽에 있어서 프랑스와의 관계를 통해 독일에 대한 서방의 불신을 제거하고 자유 세계 아래서 재무장하여 서독의 힘을 강화시키는 것을 목적으로 출발하였다. 그렇게 하기 위해서 그의 외교정책은 먼저, 냉전기 미국을 주축으로 하는 자유세계에 대한 소련권의 위협에 대응하는 전략의 일부이면서, 그리고 미국과 소련과의 두 초대국의 위기감을 가진 유럽 여러 나라와 함께 유럽통합의 실현에도 기여할 것이라고 생각되었다.

아데나워 외교정책의 성과는 일련의 연구들이 명확히 지적하고 있다.[8] 간단히 정리하면 다음과 같다. 첫째로, 서독의 외교정책의 변화라고 평가한다. 그 내용은 동서 대립과 팽창주의적 소련이라는 인식과 독일 위협론을 해소하기 위한 독일의 '유럽화', "유럽을 돕는 것은 미국에 의해서만 가능하였다"는 아데나워의 말로부터 예측할 수 있는 서독의 대미국 관계 중시 경향이었다. 둘째로, 아데나워의 유럽정책은 독일외교의 '오랜 전통'과 완전히 대립되는 것이며 구 내셔널리즘과는 달리 유럽통합이라는 형태로 체현된 국제주의를 '새로운 전통'으로 확립하였다. 거기서 독일외교는 권력정치와는 달리 자율성을 희생으로 다른 나라와 협조를 목표로 하는 새로운 정치관

---

8) 日本國際政治學會 編, 『國際統合の研究』 高橋 進 "ドイツ社会民主党とヨーロッパ: 1945－1957"(『国際政治』 第77号, 1984年 9月), pp.110~111; Hans-Peter Schwarz 위의 책; William E. Griffith, *The Ostpolitik of the Federal Republic of Germany*, Cambridge: MIT Press, 1978.

을 필요로 하였다. 마지막으로, 아데나워의 유럽정책의 목표는 어디에 있었는가? 즉 서독의 생존 확보를 위한 것이었는가 혹은 통일 독일을 위한 것이었는가? 또한 유럽을 위한 것이었는가라는 문제이다. 이러한 문제에 대해서 아데나워는 무엇보다도 서독의 자유와 복지를 위하여 유럽통합이 필요하다고 주장하였다. 그리고 독일 통일은 동서 간의 국제 긴장완화에 의해 달성되는 것이며 그때까지 서독이 경제적으로 부강한 국가로 성장할 수 있도록 노력하여야 한다고 생각하였다. 즉 몰락하는 유럽을 재부흥시키는 길은 옛 독일이 경제통합으로부터 출발하여 정치적 통일을 달성한 것 같이 통합을 통하여서만 실현 가능하다고 생각되었다. 그러나 그는 성급하게 이러한 정책들을 처리하지 않았다. 당시 국제환경은 '일종의 만화경'과 같았으므로 그는 이러한 세계 가운데서 그의 목표가 놓여있었다고 지적할 수 있다.

특히 아데나워는 소련의 위협에 대해 군사적, 경제적인 측면을 중시하면서 위협은 선전과 파괴의 양면을 가지고 있다고 인식하였다.[9] 그는 소련이 미국과 결정적인 충돌에 대비해 확고한 경제적, 군사적 기반을 구축하기 위하여, 유럽의 지배가 필요하다고 믿고 있었다.[10] 거기서 아데나워는 서독의 이익(안전보장, 자유세계로의 복

---

9) Klaus Hildebrand, *German Foreign Policy from Bismarck to Adenauer: The limits of statecraft,* Winchester, Mass.: Unwin Hyman, 1989, pp.222-233.

10) 정치적, 외교적인 측면에 있어서도 소련은 국내 및 국제적인 위기에 직면해 있다고 아데나워는 생각하고 있었다. Klaus Hildebrand, Ibid., p.230.

귀, 재통일 문제)은 서방과 동맹관계 속에서 밀접한 통합으로 보장된다고 생각하였다. 또한 아데나워는 소련과의 접근을 거부하지 않았지만[11] 그가 생각한 세계정치의 긴장의 원인은 항상 소련의 '위협'에 있었으며 독일 영토의 일부를 소련이 부당하게 관리하고 있다고 생각하였다.[12] 그렇기 때문에 아데나워는 소련의 정치가 근본적으로 변화하지 않는 한 아무리 의미 있는 긴장완화의 가능성이 전개되더라도 '회의적'이라고 생각하였다.

그러나 아데나워는 현존하는 유럽의 안전보장 틀과 소련의 외교정책의 범위 내에서 긴장완화를 통하여 현상유지(status quo)라는 상황을 받아들였다. 그것은 서독에게 있어서 재통일로 향한 공약을 위해서 불가능한 것이었지만, 군비관리가 문제가 되었다. 아데나워의 '독일정책'의 기본적인 특징은 연방공화국이 전 독일 국민을 대표한다는 '할슈타인원칙'이었다. 그 목적은 동독을 고립화시키는 것이었다. 나아가 소련은 동독과 서유럽 동맹국들이 서독과 비슷한 정도까

11) 소련은 52년 3월 10일의 스탈린 노트와 같은 것을 언제나 제공하면서 1954년부터 1955년 초에 걸쳐 그들은 이 시기 유럽에 있어서 집단안전보장의 문맥에서 독일문제를 생각하였다.
12) Christoph Bluth, "A West German View", Richard Davy(edts), European Detente: A Reappraisal, London: Sage, 1992, p.32. 아데나워의 동방정책은 기본적으로 방위적인 것으로 그는 소련은 대국이며 팽창주의적인 힘을 가지고 있다고 오랫동안 인식하였다. 또한 레이몽 아롱(Raymond Aron)의 최후의 고전적인 유럽 제국이라는 것을 인용하면서 소련은 현존하는 유일한 유럽의 대국이라고 인식하였다. 그와 같은 인식의 결과 소련의 패권에 대응하기 위해서는 서방과의 단결, 유럽에 있어서 미국의 존재는 정치적, 군사적인 세력균형을 유지하기 위하여 필요하다고 인식하고 있었다.

지 군비관리 교섭을 하도록 인정하는 것이다. 당시 부대의 철군계획(Disengagement Schemes), 핵무기실험금지(Nuclear Test Ban) 등과 같은 군비관리 협정에 관한 실행은 서독 외교정책의 근본적인 원칙을 '위협'하는 것이었다. 그리고 당시 서독의 본(Bonn) 정권은 소련과 협의된 다양한 군비관리 기준에 관해 안전보장 측면에서 염려하였다. 이와 같은 아데나워의 가세에 대해, 야당 사회민주당(SPD)의 지도부는 집단안전보장 시스템이 독일 안전보장의 보강에 기여한다고 생각하였다. 동시에 이와 같은 과정은 군축의 기준과 독일의 안전보장에 대한 위협을 삭감하는 정치적인 신뢰구축조치(Confidence building)와 관계가 있었다. 따라서 SPD는 재통일, 긴장완화 및 군축을 추진하는 외교정책을 적극적으로 지지하였다. SPD의 비전은 중립주의에 매우 흡사하였기 때문에 당시 서독의 유권자들에게 호소하기 어려웠다. 1963년까지 아데나워 노선이 계속되었지만 사회민주당의 사상적 요소가 보급되면서 아데나워의 행동의 자유가 제한되게 되었다. 또 하나의 구속요소는 동맹의 안전보장에 대한 '신뢰문제'가 있었다. 서독은 동맹국에게 손해를 끼치지 않고 완전히 소극적인 자세로 지지를 얻지 못하였다. 그 결과 아데나워도 1957~1958년 약간 유연한 태도를 보이면서, 중부 유럽에서 부분적인 군비축소에 관한 대화에 적극적인 자세를 취하였다. 그것은 1957년 프랑스, 영국, 미국, 서독에 의한 '베를린 선언'으로 확실히 주장되었다.

아데나워의 외교정책은 덜레스(John Foster Dulles)의 미국의 냉전 외교에 보조를 맞추어가면서[13] 전후 혼란과 소련의 팽창적인 의도로부터 서독을 지켰다. 그의 외교정책은 냉전이 격심해지면 격심해질수록 효과적이었지만[14] 국제체제가 다원화되고 국제관계가 점점 긴장완화의 방향으로 진전되면서 스스로 '할슈타인 원칙'에 구속되어 정책의 '유연성'을 상실하고 빛바랜 것으로 되어갔다. 아데나워 총리가 서독의 현실정치로부터 은퇴한 후, 서독의 정당 지도자들은 세계정치의 환경변화에 서독의 외교정책을 조화시키기 위하여 새로운 외교정책의 검토를 시작하였다. 특히 '본 외교'의 좌절과 동유럽 외교가 쓸모없게 되었다는 인식으로부터 동유럽과의 관계개선 외교에 관심을 기울이게 되었다. 1963년쯤부터 서독의 정치지도자들은 국내정치·국제정치의 환경변화에 의해 새로운 길을 계속 모색하기 시작하였다.[15]

---

13) 아데나워는 케네디 정권이 행한 세계적인 긴장완화정책과 강대국 정치에 서독이 종속되는 것을 반대하면서 프랑스와 독일의 동맹 강화에 관심을 가졌다. 이와 같은 그의 방침을 둘러싸고 CDU/CSU 가운데 Erhard와 Schröeder가 이끄는 Atlanticists, Adenauer와 Strauss가 선두에 서 있는 Gaullists라는 두 개의 흐름이 나타났다.

14) 그의 긴장완화 이론은 (1)실패이론(The Theory of frustration), (2)군비축소이론 (The Theory of disarmament), (3)위기이론(The Crises theory), (4)긴장완화이론 (The Theory of Relaxation of tensions), (5)중국이론(the China theory)으로 이루어 졌었지만 아데나워 이후의 긴장완화 정책에도 중요한 역할을 하였다. Hans-Peter Schwarz,op.cit., pp.129-130.

15) Regina Schunck Sharif, op.cit., pp.31-32.

2. 슈레더의 외교정책: '흔들이 정책'

아데나워의 서방정책은 성과를 올리면서 서독의 전후 기초를 이룩하였지만 동유럽 여러 국가와의 관계 개선은 미해결 상태로 남게되었다. 특히 아데나워의 외교정책은 동독으로부터 강한 반발에 부딪치고 결국 베를린을 둘러싼 동서대립의 격화로 이어졌다. 이 시기 야당 SPD로부터 동유럽과 화해를 주장하는 목소리가 제기되어 주의를 끌었다.

1953년 3월 SPD는 '독일 플랜'을 제안하고,[16] 동유럽과 화해, 독일 재통일, 정치적, 군사적, 경제적인 긴장완화 문제를 일괄하여 해결하기 위하여 서독, 폴란드, 체코 및 헝가리로 이루어지는 긴장완화 지역 설치를 제안하고 1957~1958년 라파츠키안[17]에서 유연한 주장을 하였다. 그 두 가지 제안은 단기적으로 서독 국내에서 정치적 논의를 불러일으켰지만 결과적으로 아데나워 정부의 정책에 어떠한 영향도 끼치지 못하였다. 그러나 50년대 말부터 동서분쟁에 대한 서독의 태도의 완화와 동서독 재통일을 요구하는 새로운 논의가 표면화되기 시작하였다. 또한 1961년 8월 13일 동독이 서 베를린 사이에 장벽을 설치하면서 독일 분할을 결정적인 것으로 만들었다. 그래서 서

---

16) William Griffith, The Ostpolitik of the Federal Republic of Germany, Cambridge, Massachusetts, MIT Univ. Press, 1978, p.98.
17) William Griffith, op.cit., pp.31-32; Keesing's Research Report, *Germany and Eastern Europe since 1945: From the Potsdam Agreement to Chancellor Brandt's 'Ostpolitik'*, New York: Charles Scribner's Sons, 1973, pp.144-147.

독 국내에서 '베를린 장벽은 아데나워의 '힘의 정책'의 실패[18]의 상징이다'라는 비판의 목소리가 점점 높아갔다.[19]

이와 같은 분위기 속에서 1962년 6월 4일 도르트문트에서 개최된 CDU 당 대회 연설에서 '유럽 공산주의 여러 나라에 대한 우리들의 입장'에 대한 언급을 계기로 슈뢰더 외무장관의 대 동방에 대한 입장은 주목을 끌었다. 이 슈뢰더의 연설에서 "바르샤바 조약기구의 여러 민족도 또한 유럽에 속하고 있다. 동유럽 여러 민족과 독일 민족과의 관계를 혼란시키고 있는 공산주의의 악의적인 선전이나 증오하는 감정이 없어지는 것은 좋은 일이다"라고 주장하였다. 계속해서 그는 "이와 같은 것은 동유럽 여러 정부가 이 임무를 피하려고 하지 않는다면 어디까지나 가능하다. 그 단서는 예를 들면, 연방공화국의 독일인과 동유럽 여러 국민 사이에 보다 양호한 문화적, 인간적 접촉을 만들어냄으로써 열릴 수 있을 것이다. 경제교류도 또한 적어도 우리들을 보다 가깝게 할 것이다. 우리들은 이들 분야에서

---

18) 특히 아데나워의 동방정책이 실패한 주요 요인은 역시 주권문제, 단독대표권 (Alleinvertretungsanspruch), 독일 통일과 긴장완화 사이의 문제이다. Waldemar Besson, Die Aussenpolitik der Bundesrepublik: Erfahrrungen und Massstabe (Munchen: R.Piper&Verlag), p.191.

19) 아데나워의 적극적인 서방정책과 모스크바의 비타협적인 태도 때문에 서독의 대 동방외교는 약간 폐쇄감을 느꼈다. 결국 '할슈타인 원칙'은 '본 외교'를 제약하는 요소가 되었다. 1962년 서독인들은 본의 외교정책은 시대에 뒤떨어진 것으로 국제정치에서 폭넓게 전개되고 있는 현실과 조화하지 못한다는 비판을 하기에 이르렀다. 특히 Theo Sommer, Rolf Zundel 혹은 Marion Dönhoff에 의해 아데나워의 동방정책이 비판되었다. Der Spiegel, vol. LXII, December, 1961, pp.19-21.

어떠한 가능성을 시작으로 반복해서 세심하게 검토해 나갈 것이다. 상대방의 어떠한 저항이 있더라도 가교를 구축하여 우리들의 힘이 닿는 한 유럽의 분열을 극복하는 것이 우리들의 임무다"[20]라고 말했다. 동방과의 관계를 완전히 단절한 아데나워의 생각으로 지배되었던 기독교 민주당(CDU)에서 동유럽 여러 나라와의 관계개선에 돌입한 슈뢰더의 주장은 현상을 용인하려 하는 패배주의라고 거센 비판이 있었지만 일반 여론에 커다란 공감을 불러일으켰다.

슈뢰더의 새로운 동방정책 구상은 적어도 당초 동유럽 여러 나라와 정식적인 국교정상화에 대해 언급하지 않고 정부 간 고위급 차원의 교섭을 통하여 통상관계, 문화교류, 인적교류의 길로 서서히 동유럽 여러 국가와 사실상의 관계 개선을 실현하려고 한 것이었다. 특히 중시된 것은 통상관계였으며 동유럽 여러 나라 사이에 통상대표부를 상호 설치하는 형태로 진행되었다.

이와 같은 슈뢰더의 초기 외교정책은 서독의 전독일 대표권 주장을 조금도 변경하지 않았다. 그 이유는 국교정상화가 고려되지 않았기 때문이다.[21] 슈뢰더가 동유럽으로 가교(架橋)정책을 시작하면서 커다란 문제가 된 것은 서독에 의한 단독대표권 문제 및 할슈타인 원칙이었다. 슈뢰더로서는 단독대표권 문제를 표면화시키지 않고 해결하고 싶었으며, '할슈타인 원칙'에 대해서도 외교대표의 자격을

---

20) 佐瀬昌盛, 『西ドイツの東方政策』(國際問題研究所, 1973年), p.47; Gerhard Schroeder, "Germany Looks at Eastern Europe", *Foreign Affairs* vol.44, October, 1965, p.19.
21) 佐瀬昌盛, 앞의 책, p.49.

갖지 못하는 통상대표부를 설치함으로써 동유럽 국가와 접촉하려는 기술적인 회피를 전개하였다. 그래서 1962년 바르샤바에서 폴란드에 대해 처음으로 의사 타진이 진행되었으며 1963년 3월 서독과 폴란드 사이에 3년간 장기통상협정을 맺고, 폴란드 측은 서독이 바르샤바에 통상대표부를 개설하는 데에 합의하였다. 이것은 폴란드 측이 제2차 세계대전 직후 프랑크푸르트에 개설한 통상대표부에 대응하기 위한 것으로 대표부의 임무는 단지 양국 간의 물자교류를 촉진하는 것에 있었으며, 그 결과 서독은 지금까지의 대 동독정책인 단독 대표권에도 또한 폴란드와의 관계에서 '할슈타인 원칙'에도 어떠한 변경을 가하지 않고 폴란드와 직접 길을 여는 데에 성공하였다고 말할 수 있다. 슈뢰더로서는 동서 긴장완화의 분위기를 배경으로 서독과 동독 사이의 화해를 바라는 미국의 희망에 응하면서 나아가 서독에 대한 폴란드의 경제적 관심에 따르는 형태로 스스로 동방정책의 첫발을 밟은 것이다.

슈뢰더의 적극적인 동방정책이 시작되면서 기독교 민주당(CDU)의 주류를 이루었던, 말하자면 드골주의자(Gaullist)들로부터 정면으로 비판이 제기되었다. 그 중심인물은 브렌타노였다. 브렌타노 등은 서독이 단독으로 동유럽에서 무역이익 내기를 바라는 것을 그만두고 EEC의 구조 속에서 공통의 동유럽 무역정책을 촉진하여야만 한다고 주장하였다. 그는 서독이 동유럽과의 관계를 고려하지 않고 서방 국가에게 서독의 위협감을 갖지 않게 하였지만 서독의 대 서방정책의 부동의 전제라는 입장에서 서독은 독자적인 동방정책을 전개할 것이 아니라 유럽통합으로 EEC가 진행되어야 한다고 주장하였다. 이것은 확실히 아데나워의 서방정책을 뒷받침하는 구상이었다.

이것에 대해 슈뢰더는 유럽에 동서를 포함한 '평화질서'를 만들어야 하며 서독도 적극적으로 이것에 협력하여야 한다는 입장을 취했다. 또한 그는 "먼저, 동유럽 국가들에게 있어서 호전적으로 복수심에 불타고 있다는 독일에 대한 잘못된 이미지를 바꿔 새로운 신뢰를 얻고, 전후 단절된 경제적, 문화적 연결을 재현하여야 한다"고 주장하였다. 나아가 이 정책은 똑같은 행동을 취하고 있는 유럽 여러 나라와 미국 및 프랑스의 동의를 얻고 있다고 말하였다. 이러한 주장에 대해 '할슈타인 원칙'에 모순된다는 비판과 '할슈타인 원칙'과 새로운 동방정책과의 관계에 대해 설명을 바라는 목소리가, 특히 여당세력 내에서 반복하여 제기되었다. 그래서 1963년 가을 슈뢰더 외무장관은 예전에 일반적으로 통용되었던 할슈타인 원칙에 대한 이해를 수정할 필요에 직면하였다.[22] 이와 같은 분위기 속에서 1963년 11월 라디오 인터뷰에서 다음과 같은 그 입장을 명확히 하였다. "동유럽 블록 여러 국가들에게 알려진 서독의 정책, 즉 할슈타인 원칙은 이들 여러 국가들과의 관계에서 일정한 한계와 곤란을 가져오게 되었다. 이 원칙은 공산주의의 기본구조로부터 이미 동독과 외교관계를 맺고 있는 공산주의 여러 국가에 대한 자세를 포함하는 것은 아니었다. 원래 다른 의미의 명제가 시간이 경과함에 따라 확장 해

---

22) 佐瀬昌盛, 앞의 책, p.49.

석되었다는 의미이다. 서독과 동유럽의 관계는 아직 모든 것을 변화, 달성할 수 있는 상태가 아니었으므로 통상 사절단에 의한 방법이나 양자의 문화적, 인간적인 관계를 깊게 하는 방법이 당장은 필요하며 유효하다고 생각한다고" 말했다. 이와 같이 슈뢰더에 의해 추구된 대서양 주의자들(Atlanticist)의 외교정책은 1963년 10월 이후 에어하르트의 지지를 받고 '할슈타인 원칙'으로부터 이탈하는 신호를 보이기 시작하였다. 슈뢰더는 동유럽에 문호를 개방하는 것이 서독 외교의 침체를 타개할 수 있는 것으로 이어진다고 생각하고 보다 다양한 외교정책을 전개하였다.

3. 동유럽과 소련과의 관계

슈뢰더의 동방정책에 대해 소련과 동독은 즉각적인 반응을 보이고 서독이 동유럽 국가들과 교섭하는 중 빠르게 소련의 대 서독에 대한 감정은 악화되었다. 소련과 동독은 슈뢰더의 동방정책이 동유럽 여러 국가와의 관계 정상화와 동독과의 정상화를 구별하고 동독을 동유럽 여러 국가로부터 고립시켜 그 결과 동독과 동유럽 여러 국가 사이에 쐐기를 박으려는 정책이라고 생각하여 강하게 비판하는 태도를 보였다. 이 점에 관해서 미국의 브레진스키는 서유럽, 특히 서독의 동유럽에 대한 관계 개선은 독일 분할을 극복하기 위한 지렛대가 된다고 설명하면서 "서유럽은 동유럽 여러 국가의 동독에 대한 관심을 잃게 하기 위하여 동독과 다른 동유럽 여러 나라에 대한 태도를 준별하여야 한다. 동독에 대해 고립정책을 취하고 다른 동유럽 여러 국가에 대해 경제, 문화 및 정치 등 전면에 걸쳐 평화우호의 정책을 전개하면 동독은 유럽에 있어서 정치적으로 시대착오 국가로 되고 소련에게 있어서 고뇌의 씨가 될 것이다"라고 말하였다. 그리고 "서독정부가 취하고 있는 동유럽 여러 국가와의 관계 개선 노력은 이미 매우 고립화에 도움이 된다"[23]고 말하였다.

슈뢰더는 동독을 동방정책으로부터 배제한 이유에 대해 "동유럽 여러 정부는 국제법상 일반적으로 승인된 국가를 대표하는 것이며 소련의 강제가 없더라도 존재하지만 동독 정권은 단지 소련의 군사적 지배와 관련되며 그렇기 때문에 비공산주의 정부는 모두 지금까지 동독을 국가로 국제법상 승인하지 않았다. 서독이 동독을 거부한 것은 독일분단을 고정화시키기도 하고, 전 세계 국가와 서독은 현상을 인정하고 있다는 인상을 주지 않기 때문이다"라고 말하였다. 다른 한편 동유럽의 변화를 바란다는 점에서 슈뢰더의 발언은 극히 신중하였으며, 그리고 "동유럽에 있어서 새로운 교섭 상대는 신념을 가진 공산주의자이며, 일단 크렘린의 독일정책에 대한 따라가기를 거부하지 않지만 그럼에도 불구하고 현재 진행하고 있는 가능성의 정책에 인내심을 가지고 계속할 근거가 있다"고 말하면서 그의 기대를 명확히 표명하였다.

---

23) Z.K.Brzezinski, *Alternative to Partition*, 1965, pp.139~140.

서독의 동유럽 여러 나라에 대한 접근과 동독 고립화 정책에 대해 소련은 1964년 6월 12일 동독과 장기에 걸친 우호원조협력조약[24]을 체결하고 동유럽 블록에 있어서 동독의 입장에 지렛대 역할을 하면서 동시에 서독에 대해서는 독일의 현상을 '고정화'하는 결의를 새롭게 보였다.[25] 또한 그 조약은 조약의 타이밍만이 아니라 소련의 4개국의 의무로서의 역할을 재확인하고 서 베를린을 정치적으로 독립된 정치단위로 자리매김 하였다는 점에서 의의가 있었다.[26]

에어하르트 내각은 1963년 10월 18일 연방의회에서 처음으로 연설을 실시하고 아데나워 전 총리의 내외정책을 기초로 하기로 하고 특히 '중도와 대화하는 정치'의 필요성을 강조하였다. 그러나 아데나워가 서독과 프랑스와의 관계 협력을 중시하고 드골 구상에 협력적이었던 것과 비교하면 에어하르트는 영국의 EEC 가맹교섭에 계속 적극적이었으며[27] NATO에서 프랑스가 미국에 대해 방패역할을 하는

---

24) 그 조약은 울브리히트보다도 후르시초프의 견해에 가까운 것으로 되었지만 구체적으로 동서독 관계에 관한 언급은 없었다. 특히 울브리히트는 소련과 동독과의 평화조약은 모든 보호조치를 포함하고 있다고 주장하였다. Michael J. Sodaro, *Moscow, Germany, and the West: from Khrushchev to Gorbachev,* Ithaca: Cornell Univ., Press, 1990, p.60; Peter H. Merkel, German Foreign Politics, West & East: On the Threshold of a New European Era(Santa Barbara, California: Clio, Press, Inc., 1974), pp.118-119.
25) 그와 같은 소련의 행위는 1963년 12월 31일 후르시초프가 에어하르트에게 국경선 분쟁 때 무력을 사용하지 않는다는 교섭을 제안하였지만 서독으로부터 거절된 것에 기인하였다.
26) Karl Cordell, *The Origins and development of Deutschlandpolitik 1969-1974,* University of W arwick Ph.D., 1988, p.64.
27) 에어하르트는 서독의 장기적인 목적인 동서통일을 위해 새로운 이니셔티브로

것에 비판적이었지만 그러나 뉘앙스에서는 상당한 차이가 있었다.

특히 에어하르트 총리는 시정연설에서 독일 통일과 긴장완화 문제에 언급하면서 독일문제는 세계에 있어서 긴장의 주 요인의 하나이며 독일문제 해결 없이 긴장완화는 있을 수 없다는 입장을 명확히 하였다. 그러나 에어하르트와 슈뢰더는 두 번에 걸친 존슨 미국 대통령과의 회담에서 긴장완화가 독일 통일에 이르는 길로 이어진다고 생각하는 미국의 긴장완화에 대한 태도를 미리 알고 독일 통일 우선이라는 지금까지의 생각을 재검토하지 않으면 안 되었다. 그때 존슨 대통령은 종래와 같이 독일 전체 및 베를린에 대한 '4개국의 책임'을 강조하였지만 유럽의 국경이나 경계선의 현상을 적극적으로 변경할 의향이 없어졌다는 점을 확실히 하였다.[28]

그래서 두 나라가 실제로 존재하는 독일을 어떻게 통일로 이끌 것인가에 대한 검토는 서독 자신에게 맡겨졌다. 슈뢰더는 독일문제의 다른 당사자인 소련과 긴장완화를 통해 통일에 이르는 첫발을 시작하려고 결의하였다. 미국, 영국, 프랑스 3개국 대사 및 서독 대사는 소련과 동독과의 조약이 조인된 다음 날 6월 13일 소련 측에 항의를 하였지만 서독 대사는 이것과 때맞추어 후르시초프 총리의 서독 방문을 초청하였다. 슈뢰더 외무장관은 7월 14일 라디오 인터뷰에서

서 그 정책을 시도하였다. 선임자인 아데나워 보다 적극적인 동방정책을 행하였다. William E. Griffith, *The Ostpolitik of the Federal Republic of Germany*, Cambridge: MIT Press, 1978, pp.108-125; Michael J. Sodaro, op.cit., pp.43-44.

28) 佐瀬 昌盛 "ベルリン交渉の波紋"(『國際問題』 1972, 1月호).

"긴장 상태에서 독일 통일이라는 국민들의 목적을 이룩할 수 없다. 그러한 의미에서 긴장완화의 움직임은 환영할 만하다. 소련은 독일 문제나 베를린 문제에서 지금까지 양보를 보이지 않았지만, 긴장완화가 진행됨으로써 독일통일은 소련에게 확실히 유리할 것이라고 확신하였음에 틀림없다"고 말하였다. 후르시초프의 서독 방문은 소련에서 권력교체로 결국 실현되지 못하였지만 서독과 소련관계를 개선하려고 노력하는 슈뢰더의 의향은 어떠한 변화도 보이지 않았다.

4. 슈뢰더 외교의 한계와 평가

슈뢰더의 외교정책은 '흔들이 정책'이라고 부른다. 그는 '흔들이 정책'이라고 불리는 이유를 1963년 11월 4일 라디오 인터뷰에서 "자신은 전적으로 확실하다고 생각되어지는 위치에서 동유럽 관계를 개선하기 위해 노력하기도 하고, 단지 기다리기만 하면 쉽게 확보할 수 없다는 신념을 가지고 있다. 기회가 어디에서 나타나더라도 그것을 포착하기 위해 모든 새로운 기회를 주의 깊게 검토하지 않으면 안 된다"고 설명하였다. 이러한 점에서 그의 외교는 '탐색외교' 혹은 '모색의 외교'라고도 불리었다. 그리고 슈뢰더는 그 방법으로 동유럽 사이에 무역관계를 모색하면서 또한 소련에 대해서도 개선의 길을 모색하려고 노력하였다.

슈뢰더가 전개한 동방외교의 구체적인 성과를 보면 먼저 동유럽 여러 나라와 통상협정을 맺으며 통상사무소를 개설하고, 다음으로 동독을 제외한 동유럽 여러 나라에 대해서 상호 무력포기선언의 교환을 제안하였다는 점, 마지막으로 서독 국내에서 '할슈타인 원칙'에 대한 의문을 제기하였다는 점 등의 결과를 가지고 왔다. 그러나 그의 동방정책의 특징은 오히려 그때까지 서독이 전개한 외교정책의 기조를 무너뜨리지 않고 동유럽과 관계 개선을 하려고 노력하였다는 점에 있으며 그 이후 대연립 내각 및 브란트·쉘 내각의 동방정책보다 앞선 생각을 진행하였다는 점에서 의의가 크다고 말할 수 있다.

그러나 그의 의욕과 노력에도 불구하고 그의 동방정책이 이렇다 할 정도의 진전을 보이지 못한 이유[29]는 그의 정책으로부터 동독이 완전히 제외 되었다는 점에 있었다. 그가 서독의 단독대표권을 주장하고 동독 불승인의 태도를 관철시키고 또한 제3국의 개입에 의한 동독의 국제적 지위를 고정시키려 하지 않으려고 노력한 점에서 그의 동독에 대한 생각은 새로운 의미로 인정되었지만 그는 동독문제의 곤란함을 잘 알고 있었기 때문에 그것을 피하고 먼저 쉽다고 생각되었던 동유럽 여러 나라로부터 손을 먼저 쓰려고 생각하였다. 그러나 서독이 동방문제의 핵심인 동독에 대해 전혀 언급하지 않고 동유럽과의 관계를 개선하려 하여도 거기에는 한계가 있다고 말하지 않을 수 없었다. 여기에 슈뢰더의 모순이 있었다고 지적할 수 있다. 또한 오데르·나이세 선을 승인하지 않으려는 태도를 가지고 있었

---

29) William E. Griffith, op.cit., p.129.

던 점에서도 똑같은 지적을 할 수 있다. 나아가 슈뢰더에게 불행했던 것은 그의 여당인 CDU 주류의 외교관은 아데나워 시대의 냉전의 고정관념으로부터 한발도 전진하지 못하였으며 진전되고 있는 동서 긴장완화의 국제적 환경을 이해하려고도 하지 않았다는 점에 있었다. 그러나 다른 한편으로 50년대부터 FDP와 SPD는 동방문제의 새로운 타개를 목표로 거듭 노력하였다. FDP는 외교관계 개설을 전제로 유동적인 무역경제관계의 확대에 찬성하고 또한 SPD도 외교정책을 차차 명확히 하면서 부분적으로는 슈뢰더의 외교정책을 지지하는 자세를 보인 반면, CDU는 쓸데없이 과거의 노선을 따라가기만 하면서 새로운 방향을 선택하는 시기를 놓친 것은 CDU가 앞으로 여론의 지지를 잃고 정권으로부터 탈락하는 원인을 만들었기 때문이다.

5. 국제시스템에 대한 인식

당시 서독에서 주목되었던 것은 세계정치의 변화 속에서 외교정책을 어떻게 전개할 것인가에 관한 것이었다. 1960년 6월 SPD의 베너(Herbert Wehner)는 아데나워의 외교정책의 기본사항에 동의한다고 발표하였다. SPD는 서독 정부가 서방의 동맹 통합에 참가하는 것과 소련에 대항하는 강력한 서방 중심의 군사방위시스템이 필요하다는 국제시스템에 대한 인식을 받아들이면서 정당의 노선전환을 시도하였다. 서독 정당대표자들은 미국의 아이젠하워 대통령 퇴임

후 국제시스템에 대한 서독의 위치에 관한 보다 폭넓은 함의를 형성하기 시작하였다. 물론 정당 간에 있어서 기본적인 정책 부분은 상당히 달랐지만 국제정치의 변화가 당내에서 논쟁을 촉진시킨 것은 확실하였다.

국제상황 가운데 중요한 변화는 1961년과 1962년 발생하였다. 그와 같은 급격한 변화는 정당 간의 합의를 유지시키기 위한 '구속요인'이 되었을런지 모른다. 당시 복잡한 국제상황 가운데 1963년 7월 모스크바에서 커다란 2개의 사건이 발생하였다. 그것은 미국 · 소련 · 영국의 '부분적인 핵실험 금지조약'의 조인과 중국과 소련의 교섭 결렬이 있었다. 이 두 가지 사건은 1971년 이후 중국과 미국의 화해, 미국과 소련 간의 긴장완화의 강화 및 독일 안정화에 어느 정도 공헌하였다고 말할 수 있다. 그러나 처음부터 소련의 정책은 서독에 대해 적대적인 상태를 그대로 유지하였다. 쿠바 미사일 위기 이후 미국과 프랑스 관계는 소련은 더 이상 위험하지 않을 것이라는 드골의 인식이 있었기 때문에 그 이후 긴장 관계가 계속되었다. 존슨 정권기에는 미국과 서독관계는 잘 진전되었지만 그 이후 독일 재통일에 관한 군비제한 문제 때문에 그의 인기는 급속하게 떨어지게 되었다.[30]

늦어도 1963년 혹은 1964년쯤 서독의 정당 엘리트들은 위에서 설명한 것처럼 국제환경의 변화에 의해 국제시스템에 대한 다양한 인

---

30) Ibid., p.107.

식을 갖게 되었으며 그러한 구조 가운데서 '독일의 위기'라는 문제를 생각하게 되었다.

당시 서독의 정당엘리트들 가운데 변화하는 국제시스템에 대한 인식을 설명하는 두 개의 중요한 흐름이 있었다고 지적할 수 있다. 국제정치에 있어서 양극 구조는 서독 성립 후 10년간 독일의 이익에 유해한 것이라고 인식하지 않았다. 그 이유는 서독의 힘에 의해 긴장완화 및 군축이 진행되지 않으면 안 된다고 전제되었고, 또한 그것은 독일 재통일로 향한 과정이라고 인식하였기 때문이었다.

그러나 미국의 케네디 정권은 군사적·정치적 현상유지에 기초한 긴장완화의 개념을 수락하는 방향으로 외교정책을 전환하기 시작하였다. 그와 같은 상황에 직면한 서독의 엘리트들은 그와 같은 새로운 상황에 대해 그들 나름대로 의견을 달리하는 평가를 내렸다. 당시 서독의 정치적인 중요성에 비추어 보면 당연할지 모른다. 그와 같은 반응은 현상유지에 기반을 둔 상태에서 긴장완화와 양극 구조를 받아들이는 입장(말하자면 대서양주의자, Atlanticist)과 그것에 대항하여 반대하든가 혹은 다른 선택지를 선택하려고 고민하면서 신중한 입장을 취한 드골주의자(Gaullist, 아데나워)들로 나누어져 현실 국내정치의 장에서 나타났다. 일반적으로 사회민주당(SPD)의 지도자들은 그와 같은 문제에 대해서 대서양주의자들의 노선을 따랐다. 1963년 SPD는 특히 통일정책에 관하여 독자적의 입장을 명확히 하였지만 결국 중요한 흐름은 동독과의 관계를 어떻게 다루어 나갈 것인가를 둘러싸고 논의하였다.31)

모든 대서양주의자들에게 있어서 공통된 특징은 미국의 군사적인 힘과 외교적인 지도력을 신뢰하고 있었다는 점을 그들은 강조하고 있었다. 그들은 미국의 지도력에 따라 초강대국 사이에서 평화를 유지시키는 것을 무엇보다도 우선시하였다. 그로부터 그들은 그러한 방법이 재통일에 의한 독일의 이익보다 중요하다고 인식하였다. 그와 같은 사실은 게하르트 슈뢰더(Gerhard Schroeder)에 의해 "동독에 대한 정책의 수정은 없다"라고 보다 명확하게 언급되었다.[32] 슈뢰더는 긴장완화와 군축에 관한 미국의 제안을 모두 받아들이고 다각적 핵전략(Multilateral Nuclear Forces, MLF)과 같은 불행한 제안을 지지하였다. 그러나 그는 통상대표부의 설치, 1964년 후르시초프를 본으로 초청하고, 마지막으로 1966년 '평화노트'[33]의 발표 등을 통하여 그 당시 주목받았다. 슈뢰더는 다른 대서양주의자나 사회민주당의 지도자들과 함께, 만약 서독이 동서 국제긴장완화의 움직임에 동조하지 않으면 서독이 동맹국으로부터 고립화하게 된다는 위기감을 가지고 있었다. 요컨대, 대서양주의자들은 동서 긴장완화의 새로운 국제환경 아래서도 양극 구조의 중요성을 받아들였던 것이다. 또한 그들은 그와 같은 상황을 인정하면서 그들의 외교정책에 있어서 어

---

31) Arnulf Baring, "Die Westdeutsche Aussenpolitik in der Ära Adeauer," *Politische Vierteljahresschrift*, 9.jg., Heft 1, 1968, März; Thomas Paul Koppel, *Sources of Change in West German Ostpolitik: The Grand Coalition, 1966-1969*, The University of Wisconsin, Ph.D., 1972, pp.362-363

32) Thomas Paul Koppel, Ibid., p.363.

33) *Europa Archiv*, vol.VII, 1966, pp.171-175; William E. Griffith, op.cit., pp.127-128.

느 정도의 '행동의 자유'를 계속 향유하면서 서독의 장기적인 목표인 동서독 재통일을 달성하려고 하였다. 슈뢰더는 굳게 통제되어 있던 소련 블록에 있어서도 '변화'가 있다고 인식하면서 동시에 그것에 희망을 가지고 있었다. 특히 그는 동유럽 여러 나라와 보다 좋은 관계 구축은 동서독 재통일의 기회를 가져다 줄 것이라고 인식하였다.

반면, 서독의 드골주의자들은 케네디, 존슨 정권에 의해 진행된 긴장완화 정책에 부정적인 입장을 표시하였다. 그들은 미국과 소련의 화해는 서독의 희생이라고 생각하며 두려워하였다. 실제로 그 당시 미국 측이 채택한 전략에 있어서 '독일문제'의 자리매김은 정책 순위에서 낮았기 때문에 유럽에 있어서 미국의 방위정책의 신뢰성에 대한 의문과 핵억지를 둘러싸고 NATO 내부에서 위기가 발생할 가능성도 있었다고 생각할 수 있다.

제3절. 대연립 정권의 동방정책

1966년 12월 1일 CDU/CSU와 SPD로 구성된 대연립 정권이 정식으로 탄생하였다. 키징거(Kurt Georg Kiesinger)가 총리로 지명되고 국내개혁을 추진하는 한편 대담한 외교정책을 전개하였다. 특히 대연립 정권의 구상은 "긴장완화 정책은 독일문제를 진전시키는 전제 조건이다"라는 원칙에 의거하고 있었다. 브란트의 입장이 그것을 나타내고 있었다. 그는 "우리 민족의 내부적 안정의 전제조건은 설득력 있는 외교정책이기 때문이다. 그러므로 대연립은 그와 같은 목적을 가지고 구성되었다. 그리고 대연립은 국제문제의 영역에 있어서 어느 정도의 목적을 달성하기 위하여 스스로 충분한 …… 제시하지 않으면 안 된다"고 말하고 연립에 대한 기본적인 이유를 설명하였다.[34]

1. 에어하르트의 퇴진과 대연립 정권의 성립

서독의 경제정세가 호전되지 않는 가운데 에어하르트 정권을 훨씬 궁지로 몰아넣은 사건이 1966년 여름 이후 계속 발생하였다. 먼저 7월 10일 실시된 노르트라인 웨스트팔렌 주 의회선거에서 CDU는 SPD에 참패를 당하였다. 이 주는 루르 공업지대를 포함해 서독의 최대 주인만큼 각 당이 전력을 다해 선거전을 전개하였지만 뚜껑을 열고 보니 획득 의석수가 SPD가 99석, CDU가 86석, FDP가 15석이었으며 SPD가 종래보다 9석을 더 얻은 반면 CDU는 10석을 잃었다.[35] 이러한 결과는 여러 가지 원인이 있었겠지만 경제문제, 특히 루르 지

---

34) Bulletin, 1966.

35) 『國際問題』 66년, pp.582-583; 에어하르트의 사임은 주로 경기 후퇴와 선거에서 부진했다는 국내적인 이유에 의한 것이었다.(William E. Griffith, *The Ostpolitik of the Federal Republic of Germany*, Cambridge: MIT Press, 1978), p.31.

방의 곤란한 상황에 대해 정부가 어떠한 근본적인 대책을 강구하지 않았던 것이 최대의 원인이었다고 생각할 수 있다.

이어서 9월 26일부터 27일까지 진행된 에어하르트의 미국 방문도 정권의 기반을 흔드는 결과를 초래하게 되었다. 존슨 대통령을 비롯하여 미국 정부의 정상들과의 일련의 회담에서 에어하르트의 최대의 목적은 미군의 서독주둔비의 분담금 삭감 및 서독의 지불부담금 가운데 분납의 연기를 요청하기에 이르렀다. 미국 측의 반발은 예상 외로 강했으며 에어하르트는 1967년 6월 3일을 기한으로 분담금 총액 54억 마르크 가운데 미 지불액인 36억 마르크를 4년간 분할 지급하고 현행협정이 끝난 후에는 분담금액을 현재의 총액의 50%로 할 것을 제안하였지만 미국 측은 서독의 경제 악화는 서독의 국내문제이며 어디까지나 기한 내 지불을 요구하였다.[36]

결국 에어하르트는 서독의 경제정세는 미국으로부터 무기구입 비용을 가지고 서독 주둔 미국군의 주둔비용 전액 지출을 하지 않는다는 상황을 상대방에게 확인시키는 한편, 서독 정부가 1967년 6월 30일까지 지불하지 않으면 안 되는 54억 마르크에 대해서는 최선의 노력을 기울인다는 약속을 하지 않으면 안 되었다.[37] 귀국 후 의회에 출석하여 이와 같은 사실을 보고한 에어하르트에 대해 SPD 의원들은 미국방문은 지나치게 저자세였다고 비판하였다. 그러나 에어하르트 및 서독 정부에게 있어서 문제는 1967년에 예상되는 재정적자를 어

36) 『國際問題』, 앞의 책, pp.583-584.
37) 위의 책, p.584.

떻게 보충해 나갈 것인가의 문제가 있었다. 이 점에 관하여 CDU와 FDP는 1965년 말부터 다시 논의되게 되었다고 보아도 좋을 것이다. 그러나 CDU는 증세에 의지하려고 하였으며 FDP는 어디까지나 증세에 반대하였다. 예상되는 739억 마르크의 총지출도, 특히 방위비 지출의 삭감에 의해 조달될 수 있다는 것이 각료를 통해 제시된 FDP의 명분이었다. 그러나 FDP의 주장은 통하지 않았다. 10월 27일 이 각료는 현재의 정치세력 아래서 장기적인 안정을 촉진하는데 도움이 되는 예산결정을 기대하기 어렵다고 사직하기에 이르렀다.[38]

이러한 상황은 에어하르트 정권의 위기의 시작이었다. 벌써 SPD는 10월 31일 에어하르트에 대해 의회가 사임을 요구하기 시작하였다. 11월 2일 에어하르트는 CDU/CSU 간부회의에서 만약 자신이 정치위기 해결에 방해가 된다면 사임하여도 좋다고 문제제기하였지만 실제로 정권에 아직 미련을 가지고 있었다. 그러나 FDP는 에어하르트 총리 아래서 복귀할 의사가 없었다. CDU/CSU 내부에서 조차도 에어하르트를 총리로 재임시키는 것에 반대하는 의견이 있었다. 11월 8일 SPD에 의해 에어하르트에 대한 신임투표 실시 요구가 의회에 제출되고 표결 한 결과 찬성 255표 반대 244표가 되었다. 그것을 받아들여 CDU/CSU 의원총회는 키징거(Kurt Georg Kiesinger)를 연방 총리 후보로 선출하였다.

그때 실시된 헷센주 의회선거 결과, 어떤 당도 단독 과반수를 획

---

38) 위의 책, p.584.

득하지 못하였기 때문에, 에어하르트는 다른 당과 어쩔 수 없이 연립하여야 했다. 연립의 가능성에 대해 SPD는 CDU와 SPD, CDU와 FDP 및 SPD와 FDP라는 3가지 조합을 예상하였다. 이미 SPD는 11월 13일 '신연방정부의 과제'라는 연방 강령을 결정하였다. 11월 15일 FDP도 강령을 결정하였다. 이 두 강령은 미국, 프랑스와의 관계 개선, 동유럽 여러 국가와의 관계 정상화를 포함하여, 경제 · 재정정책을 제외하고는 거의 다르지 않다는 것을 보여주었다. 각 정당 간의 연립교섭 과정에서 당초 브란트가 총리가 될 가능성이 있었기 때문에 SPD 내에서는 FDP와의 연립을 희망하는 목소리가 있었음에도 불구하고 SPD의 대세가 CDU와의 연립에 관심이 쏠리고 있었기 때문에 11월 30일 CDU/CSU와 SPD 사이 연립을 향해서 완전한 동의가 이루어졌다. 그 결과 에어하르트 총리가 경제정책의 파탄과 대 미국과의 관계의 불협화음을 원인으로 정권으로부터 퇴진함과 동시에 동유럽과의 외교관계를 타개한 슈뢰더도 외무장관 자리에서 물러났다.

2. 국제시스템에 대한 인식

대연립 정권에게 동방정책에 대한 공식적인 동의가 있었음에도 불구하고 여전히 정권 내부에 정당 간 긴장이 잠재적으로 존재하였고 서독의 외교정책의 전개를 방해하려 하였다. 이 점을 이해하기 위하여 에어하르트 정권기 한층 표면화한 두 가지 외교정책의 개념을 파악할 필요가 있다. 그것들은 대연립 정권 아래서도 인정되었기 때문이다.

첫째, 전통적인 견해로 유럽의 연방제를 실현하려는 시도로 연방제를 지지하는 모네 · 할슈타인의 시나리오에 해당한다. 이 견해에 따르면 서독의 동방정책은 프랑스의 독일정책과 보다 협조적이지 않으면 안 되었다. 당연히 서유럽 전체도 협조적인 동방정책을 전개할 필요가 있었다. 스트라우스(Franz Josef Strauss)의 지적에 의하면 동방정책은 프랑스와 협조하여 진행하는 것이 서독 독자적으로 행하는 경우보다도 신뢰를 얻을 수 있다고 생각되었다. 따라서 유럽의 실체를 지지하는 이익효과를 가져올 수 있다고 이해되었다.

두 번째 개념은 서독의 독자적인 동방정책인 슈뢰더의 외교정책에 커다란 영향을 가져다주었다. 이 개념은 독일의 역사적 경험을 기초로 한 것으로 중부 유럽에 있어서 독일이 독자적인 역할을 하여야만 하는 것을 전제로 하였다. 이 견해의 지지자는 유럽은 두 개로 분단되어 있지 않다는 것을 주장하였다.[39]

대연립 정권의 외무장관이 된 브란트는 동독과 화해의 길은 험난하며 동시에 먼 길이라는 것을 강조하였다. 대결로부터 화해로 향하는 전진이 그의 목적이었다. 브란트 외무장관은 유럽에 있어서 서독의 위치를 보여주었음에도 불구하고 실제로는 유럽에 대해서 어떠한 계획도 가지지 못하였다고 주장하면서 그의 역할을 소극적으로

---

39) Cordell, op. cit., pp.130-132.

평가하는 입장도 있다. 그러나 브란트는 적어도 1938년 이래 유럽의 여러 국가 간 협력문제에 대하여 일관되게 생각하고 관심을 기울이고 있었다. 브란트는 동서 독일이 서로 화해하고 보다 가까운 관계로 되는 것은 역사의 과정이며, 또한 그 과정은 유럽의 문제라고 인식하고 있었다. 당시 유럽 사람들은 그와 같은 과정의 시작을 바랐다. 확실히 그것은 독일의 이익이 된다고 브란트는 말했다.[40] 왜냐하면 브란트 스스로가 오랜 기간 동안 신중한 계획 위에 그러한 프로세스를 구상하였기 때문이라고 이해할 수 있다. 어쨌든 간에 서독 국민은 그 계획이 성공할지 여부를 지켜보았다. 분단국가라는 상황으로부터 보면 서독 국민 스스로가 그와 같은 희망을 가지고 노력하면서 브란트와 똑같이 유럽의 질서에 대해 책임을 졌을 런지 모른다.

대연립 정권의 외무장관에 취임한 브란트는 안정으로 향하는 전략의 일환으로 보다 포괄적인 유럽문제의 해결을 구상한 외교정책을 전개하였다. 그의 사상은 유럽의 평화질서 구축을 목표로 한 것이었으며 유럽의 평화질서에 의해 지역 내의 이데올로기적인 장벽과 한계가 극복되고 나아가 독일국민에게도 커다란 의미를 부여할 것이라고 기대하였다. 특히 동서독의 통일정책도 유럽의 화해로 향한 하나의 단계였으며 동서독 통일은 그와 같은 화해정책이 가져온 결과의 일부라고 자리매김 하였다.

그러나 정당 엘리트들 가운데 국제시스템의 변화에 대해 서로 다

---

40) Reiff Klaus (edt.) Frieden by Willy Brandt(friedrich Ebert Stiftung, 1971, 『平和のための戦い』(直井武夫 訳, 東京: 読売新聞社, 1973), p.104.

른 인식을 가진 사람들도 있었으며 그들은 대연립 정권 성립 당초부
터 자기의 인식에 기초한 변화에 대응하였다. 특히 1962~1966년 사
이 전개된 미국과 소련 사이의 긴장완화에 대해서도 외견상으로 안
정적인 상태가 계속되고 있다고 그들은 이해하였다. 동서독일의 통
일정책이나 동독의 역할에 관해서도 사회민주당은 내부에서 다양한
입장을 가졌지만 1966년 중반부터 당 지도부에 의해 확실히 조직화
되고 받아들여지게 되었다.

그러나 실제로 대연립 정권의 동방정책으로 상징된 정책의 변화
가 국제시스템의 변화에 적극적으로 대응하는 데는 한계가 있었다.
왜냐하면 새로운 동방정책도 SPD와 대서양주의자들의 견해를 통합
하는 역할에 도움이 되지 못했기 때문이다. 다른 관점에서 보면 대
연립 정권에서는 말하자면 드골주의자들의 영향력이 증가한 반면,
CDU/ CSU 내의 대서양주의자들의 영향력이 저하되었다고 지적할
수 있다. 그러나 이 기간 중 보다 유연한 동방정책에 대한 노력이
나타난 것은 국제긴장완화의 전개라는 점에서 보면 중요한 의미를
가지고 있었다. 또한 정당 엘리트들이 국제시스템이 가진 의미의 다
양성에 대해서 너그럽게 받아들이고 이해하고 있었다는 것은 이전
과 비교해 커다란 변화라고 지적할 수 있다.

3. 대연립 정권의 외교정책

CDU/CSU와 SPD가 전후 20년 이상 대립을 극복하고 정책협조를 구상하면서 연립정권을 성립시켰을 때, 주목을 끈 것은 새로운 정권에 등장한 SPD 각료들이었다. 그 가운데서도 외무장관에 사회민주당(SPD) 당수 브란트 전독일 문제 담당 장관에 허버트 뵈너(Herbert Wehner)의 취임은 전후 독일 외교전개에 중요한 의미를 갖게 되었다. 동방정책과 관련해서 기독교민주당 · 기독교사회당(CDU/CSU)과 사회민주당(SPD)은 특히 독일 민족의 단독대표권 문제에 대해서 확실히 단념하겠다는 의사를 표명하지 않은 상태로 연립정권의 정책을 명확히 내세웠다. 그것은 슈뢰더 외교와는 상당히 다른 내용이었다. 정책협조의 중심이 된 것은 SPD 측으로부터 제안된 8개 항이었으며, 그 가운데 4개 항이 외교관계와 관련된다고 지적하였다.[41]

먼저 제1항은 에어하르트 정권의 실각의 원인이 되었던 미국, 프랑스 관계의 재조정의 필요성을 지적하였다. 그리고 제2항은 본의 핵 공동 보유를 단념할 필요성을 주장하였다. 제3항은 동유럽 여러 국가와의 관계 정상화와 화해의 진전을 요구하였다. 이것은 어느 면에서 보면 슈뢰더에 의한 동방 외교의 승계를 의미하는 동시에 화해의 필요성이 강조되었다는 점에서 슈뢰더 외교를 극복하는 측면도 가지고 있었다. 그럼에도 불구하고 "동유럽에 대한 우리나라의 관계

---

41) 佐瀬昌盛, 앞의 책, pp.66-67.

를 정상화하기 위하여 연방정부는 국제적인 군비제한 및 군비관리를 한층 더 발전시킬 것을 목표로, 또한 법적 구속성을 가진 '무력불행사 선언'의 교섭을 목표로 주도권을 갖지 않으면 안 된다. 이와 같은 것은 독일의 다른 부분에 있어서도 타당하다"고 설명 된 것으로 보아 확실히 제3항에서는 슈뢰더 외교 이념과는 이질적인 주장도 포함되었다. 즉 동유럽 여러 국가들과의 관계 정상화를 목표로 하는 정책에 있어서 동독을 대상 외로 하는 것은 이미 허용될 수 없다고 명기된 것이다. 이것은 슈뢰더 류의 동방정책에 대한 중대한 수정이 가해질 가능성이 예시되었다고 볼 수 있다.[42] 제4항은 직접적으로 대 동독관계에 대한 언급으로 본이 동독 정권에 대하여 어디까지의 행동의 여지를 취하고 있는지 명확한 기준을 수립하도록 요구하였다. SPD의 주장에 의하면 경제, 문화, 기술, 교통, 스포츠 등의 분야에서 동독과 접촉 및 교섭 등이 필요하다고 생각되었다. 확실히 이것은 동독을 항상 배제하였던 슈뢰더 외교와는 배치되는 것이었다.

이상과 같이 SPD의 정책 협조 프로그램 전체를 통해서 지적할 수 있는 특징은 독일 재통일 정책의 필요성에 대한 언급이 완전히 실종되고 대신 긴장완화 정책에 대한 언급이 강화되었다는 점이다. 특히 연방정부는 유럽 내부의 정상화와 화해를 통해서 평화를 안전하게 하고 그러한 틀 속에서 독일의 분열을 극복할 수 있도록 역할을 하지 않으면 안 된다고 생각되었다는 점에 주목하여야 한다. 여기서는

---

42) William E. Griffith, op.cit., p.135.

독일분열의 극복은 유럽의 평화질서의 안정화, 즉 유럽의 긴장완화라는 틀에서 고려되어야 한다는 사실을 알 수 있다. 달리 말하면 유럽의 긴장완화 없이는 독일문제 해결은 있을 수 없다는 인식이 정책결정자와 서독 국민사이에서 생겨나기 시작하였다.

중요한 것은 동서독 재통일과 서유럽 동맹의 긴밀화, 소련의 위협으로부터 안전보장과 같은 전후 독일외교, 특히 아데나워와 슈뢰더 시기의 외교목표인 여러 가지 문제 관심을 비교하면서 보다 '현실적인 길'이 외교 목표로서 채택되었던 것이다. 슈뢰더 외교는 독일문제 해결 없이 유럽의 긴장완화는 기대할 수 없다는 인식[43] 아래 동방정책을 계승하였지만, 대연립 정권의 외교정책은 위에서 설명한 것처럼 일보 전진한 입장을 추가하였다는 점에서 커다란 의미가 있었다.

1966년 12월 13일 시정연설[44]에서 긴장완화의 기본노선이 설명된 후 종래 없었던 소련과의 관계가 크게 다루어졌다. 구체적으로 서독과 소련사이 화해가 필요하다는 이유가 제시되었다. 그리고 에어하르트가 앞서 '평화각서'에서 제창한 무력포기선언 교환이 재차 제안되었다. 나아가 독일 분단의 미해결 문제도 이 제안에 포함시킬 용의가 있다는 취지를 제시하였다. 결국 이것을 받아들여 동독도 무력포기선언 교환을 실시할 의향이 있다는 것을 확실히 하였다.

43) 佐瀬昌盛, 앞의 책, pp.67-68.
44) Boris Meissner(edts), *Die Deutsche Ostpolitik*, 1961-1970: *Kontinuität und Wande*, Köln: Verlag Wissenschaft und Politik, 1970, pp.161-163.

서독은 그 이외 국가들과의 관계에서 폴란드와 국경문제 해결의 필요성을 가지고 있었다. 그러나 통일독일과 국경은 전 독일정부와 합의하여 결정하여야 한다고 말하였다. 그리고 서독정부는 체코와 무력위협 아래서 맺어진 '뮌헨조약'은 적절하지 않다는 생각을 전달하였다. 나아가 동독에 대해서 동서독 국민이 분열 속에서 서로 다른 삶의 방식을 하고 있기 때문에 양쪽의 분단의 벽이 깊어지지 않도록 전력을 기울여 두 독일 사이에 인적, 경제적, 정신적인 교류를 촉진하여야 하고 그 필요성이 있다면 동서 정부 간의 교류도 생각될 수 있다는 것이었다. 이 시정방침 가운데 특히 동방정책에 해당하는 부분은 키징거 와 브란트의 타협에 기초한 것으로[45] 서독의 기본적인 입장을 명확히 하고 가능한 한 동방에 접근하는 방법으로 '화해'를 달성하려고 하였다는 점에서 특징이 있다고 말할 수 있다.

따라서 이것은 확실히 슈뢰더 구상을 발전시킨 것으로 그가 아데나워, 에어하르트 두 정권 시대에 여당 내의 강한 반대를 받으면서도 노력하여 구축한 토대가 대연립의 전진에 큰 역할을 하였다는 것을 보여주고 있다. 다른 한편으로 아데나워 이래 동방에 대한 배려를 계속 거부해 왔던 CDU도 SPD로부터 추격당해 시대의 변화를 무시할 수 없게 되었다. 이렇게 하여 대연립 내각은 의회에 있어서 압도적인 다수를 배경으로 곤란한 과제를 안고 있는 동방정책을 비교적으로 용이하게 진전 가능하게 하는 상황에 있었다.

---

45) William E. Griffith, op.cit., p.133.

(1) 외교정책의 전제와 그 수단

대연립 정권의 외교정책은 기본적으로 강대국 간의 긴장완화의 분위기를 고려하면서 독자적인 긴장완화 정책을 진행하는 것이었다. 당시 서독에게 있어서 외교정책을 전개하는 전제조건으로 동서독 통일문제는 필수라고 인식되지 않았다. 서독은 유럽의 긴장완화의 연장선에서 동서독 통일문제를 생각하면서 브란트의 '접근에 의한 변화' 노선을 수행하였다.

그 전제는 먼저 동서독은 오랜 역사의 프로세스의 결과라고 인식하고, 모스크바가 유럽의 정치변화에 있어서 중요한 행위자라는 것을 고려하는 입장이었다. 브란트는 국민 차원에 이르기까지 동서독일의 통일을 달성하기 위하여 외교정책을 보다 현실적 · 전략적으로 생각하고 여러 가지 문제에서 긴장완화의 프로세스를 효과적으로 이용하려고 하였다. 따라서 '접근에 의한 변화'라는 정책은 유럽의 '화해'를 전제로 시도되었다. 구체적으로 강대국의 긴장완화를 중시하면서 서독의 통일정책을 다른 외교정책과 조화시키는 전략이 채택되었다. 또한 서방과의 관계에서는 아데나워 정권 이래 중시되었던 대 서방정책이 동방정책과 같이 중요시되었다는 것이 또 하나의 전제가 되었다. 브란트는 동유럽 국가들과의 관계 개선은 서방 진영과의 관계의 연장선에서 생각하면서 서방과의 외교정책을 신중하게 전개하였다.

그와 같은 인식 아래서 브란트는 유럽의 안전보장과 유럽의 평화질서라는 수단을 가지고 서방·동유럽 쌍방으로 외교정책을 적극적으로 전개하였다. 당시 서독이 행한 서방 진영과의 동맹정책은 서독에게 있어서 유럽의 안전보장정책의 일환으로 진행되었다. 이것은 50년대의 동서대결이라는 유럽의 안전보장 개념이 국제정치 환경의 변화에 의해 60년대에 접어들어 보다 넓은 의미로서의 안전보장 개념으로 사용되기에 이르렀다. 초강대국의 긴장완화의 유지가 브란트 정권의 하나의 전제였으며 초강대국이 긴장완화를 향해 그들이 추진력을 유지하면 브란트는 그들의 움직임을 보완하는 정책을 통하여 적극적으로 실시하였다. 브란트는 장래의 가능성에 대해 과대평가 하지 않는 입장에서 자신의 정책을 전개하였다. 그는 CDU/CSU의 대 서방정책에 한계가 있다고 인식하면서 자신의 정권은 민족적인 감정을 촉진시킬 수 있다고 생각하였다. 이와 같은 정책적인 목표를 달성하기 위하여 긴장완화 외교가 도움이 된다고 이해하였다.

(2) 동유럽 여러 국가와의 관계

대연립 정권이 처음으로 외교 관계의 합의[46]에 도달한 상대는 루마니아였었다. 이 합의는 새 정권이 동방정책에 열심이라는 것을 내

---

46) Boris Meissner(edts), op.cit., pp.179-181; William E. Griffith, op.cit., p.149. 1967년 2월 11일 서독과 루마니아의 외교관계 수립은 소련의 동맹내부에 있어서 분수령이었다. 그와 같은 관계 수립에 대해서 동독의 울브리히트는 서독의 대연립 정권을 비판하고, 또한 동독의 고립을 염두에 두면서 동맹국에게 주요관심을 기울였다. 그는 서독정권에 대해서 최근의 시도는 일련의 '로카르노 협정'이 아닌가 경고하였다.

외에 알리는 하나의 신호였지만 서독과 루마니아와 사이에는 폴란드나 체코 사이에서 보이는 것과 같은 곤란한 문제가 존재하지 않았다. 그리고 양자 모두 동독에 관한 문제점에 대하여 언급하지 않았다는 것이 그것을 가능하게 하였다고 알려졌다. 루마니아와 서독의 갑작스러운 합의 성립에 대해 소련, 폴란드 그리고 특히 동독은 서독이 루마니아를 선동하여 동유럽 내부를 분열시키는 것이 아닌지 우려 하였다. 그 결과 바르샤바 조약국들의 외무장관들이 바르샤바에 모여[47] 루마니아 문제에 대하여 토의하고 서독과 교섭을 진행하려는 동유럽 각 국에 대해 행동의 자유를 제한하는 결정을 하였다고 알려졌다. 이것은 보다 서독과의 관계개선을 적극적으로 검토하고 있던 헝가리나 불가리아가 갑자기 태도를 후퇴시켜 결국 서독의 동유럽 관계 개선 정책은 어려운 국면에 빠지게 되었다.

유고슬라비아의 코뮬카(W.Gomulka)는 67년 키징거 정권이 진실로 전 정권의 동방정책을 발전시키려 한다면 먼저 유고와의 외교관계를 개설하는 것이 중요하다고 말하였다. 그러나 그는 서독과의 외교관계 성립에 관심을 표명하였지만, 실제로 외교를 재개하는 문제는 복잡하였다. 52년 서독은 당시 모스크바의 영향 아래서 멀어진 티토 정권과 외교관계를 맺었지만 유고가 동독을 승인하면서 아데나워는 할슈타인 원칙에 기초해 유고와 외교관계를 단교하게 되었다. 그 이후 유고는 동독에 접근하고 티토와 울브리히트의 상호방문

---

47) Michael J. Sodaro,op.cit., p.94.

등에서 볼 수 있었던 것처럼 친선관계를 유지할 수 있는 경위가 있었다. 그러나 루마니아가 동독과 외교관계가 있음에도 불구하고 서독과 국교정상화를 진전시킨 사실은 서독에게 있어서 문제였다. 특히 티토가 대연립 정권의 동방정책에 대해 관심을 보이기 시작하면서 외교관계가 재개되었다.

다른 한편 체코와의 관계에서도 변화의 움직임이 보였다. 에어하르트 정권의 '평화노트'[48]는 뮌헨조약을 무효라고 판단하고 영토요구는 하지 않는다는 뜻을 명확히 하고 있었다. 그리고 키징거의 시정방침도 또한 동 조약을 무효로 한다는 입장을 보였다. 그래서 체코는 차차 대 서독과 화해를 위하여 움직임을 보이기 시작하였다. 그리고 67년 초부터 서독과의 대화를 개시하였다. 그러나 이러한 분위기도 유럽 공산당 대회에서 보여진 것처럼 소련 이하 동독, 폴란드의 새로운 압력에 눌려 다시 후퇴하고. 8월 1일 겨우 통상협정을 맺는데 머물렀다. 서독과 체코 사이의 최대의 문제는 뮌헨조약을 언제부터 무효로 보는가에 관한 것이었다. 키징거는 시정연설 가운데 '이미 유효하지 않다'고 언급하였지만 67년 1월 16일 기자회견에서 체코가 주장하고 있는 처음부터 무효라는 입장과는 다르다고 설명하였다. 이후 서독과 체코 는 통상협정 체결에 즈음하여서도 뮌헨조약은 해결되지 않은 상태로 문제로 남게 되었다.

1967년 4월 26일 체코의 칼로비 베리(Karlovy Vary)에서 루마니아

---

48) 그 주요 목적은 상호무력포기의 제안이었지만 애매한 상태였다. 佐瀬昌盛, 앞의 책, p.68; Sharif, p.40.

와 유고를 제외하고 동유럽 여러 국가 및 유럽의 공산당이 참가하는 전 유럽 공산당 대회[49]가 열려 회의에서 서독의 동방정책이라는 주제가 다루어 졌다. 서독은 동유럽 여러 국가들과의 관계 개선에 적극적인 태도를 보이며 현실적으로 루마니아와의 사이에서 외교관계를 설립한 서독의 일련의 동향을 중시하는 소련, 동독 및 폴란드는 회의에서 항상 서독을 군국주의, 보복주의로 비판하였지만 그 가운데서도 동독의 울브리히트는 동유럽 여러 국가들을 향해서도 서독은 유화정책을 취하고 있다고 강하게 경고하였다. 회의는 유럽의 현상유지를 주장하고 서독의 대연립 정권의 목적이 1937년 독일국경의 재현에 있다고 비난하였다. 이러한 서독을 비판하는 흐름은 그 이후 대연립 정권이 동방정책을 전개하는 과정에서 장애요인이 되었다.

대연립 정권의 브란트 외무장관은 1967년 11월 30일 에베르트 연구소 정책자문위원회 연차 대회의 강연에서 먼저 긴장완화와 상호협력을 목표로 하는 유럽의 정책에 대해 "독일의 외교정책은 항구적인 평화 확보를 그 주요 목적으로 하므로 변함이 없다. 지금도 1년 전도 그대로다. 그것은 무엇보다도 먼저 긴장의 완화, 상호협력 및 통일을 목표로 하는 것이 유럽의 정책을 의미하고 있다. 이것도 또한 변함이 없다. 그리고 내가 외무장관으로 재임하는 한 이 정책은

49) Ibid, p.98; Timothy W. Stanley & Darnell M. Whitt, *Detente Diplomacy: United States and European Security in the 1970s,* New York: The Dunellen Company., Inc., 1970, pp.30-32.

변함이 없을 것이다"[50]고 말한 뒤 "우리들의 정책이 정의를 수반하는 항구적인 유럽 전체의 평화이지 않으면 안 된다는 점에서 모든 동맹국이 실제로 동의하고 있다. 나의 생각으로서 이것은 유럽의 긴장과 분열의 근원을 완전히 끊는 결정을 의미하고 있다. 독일은 이 긴장과 분열의 매우 뚜렷한 실례였으며 결정은 그 극복을 목표로 하는 것이지 않으면 안 된다"[51]고 말하였다. 이것은 SPD의 현실주의 노선에 기초한 이념이면서 동서 독일의 재통일보다는 유럽의 평화질서를 우선하는 새로운 유럽의 긴장완화로 향한 서독의 외교정책을 새롭게 제기하였다는 것을 의미하는 것이었다.

　동유럽 여러 나라와의 협력관계에 대한 브란트의 제안은 아데나워, 슈뢰더 외교 보다 현실적이었다. "우리들은 소련, 동유럽 그리고 동남유럽 여러 나라와 문화적 뿐만 아니라 경제적 관계에서 한층 발전된 뜻과 마음을 갖지 않으면 안 된다. 이들 여러 나라에 그 용의가 있는 한 여러 가지 형태의 협력이 고려되고 실현될 것이다. 여러 가지 곤란이 있더라도 이미 유망한 가능성이 열려있다. 군비축소와 안전보장, 무기의 사찰 및 무기제한의 분야에서 앞으로 많은 발전이 있을 가능성이 있다는 것을 여기서 강조하고 싶다"[52]고 말했다. 강연 내용도 유럽에 있어서 긴장완화의 틀을 통해 소련이나 동유럽 여

---

50) Klaus Reiff, edt., *Frieden by Willy Brandt*(Friedrich-Ebert-Stiftung, 1971), 『平和のための戦い』(直井武夫 訳, 東京: 読売新聞社, 1973), p.68.
51) Ibid, p.81.
52) Ibid, p.83.

러 나라와의 관계를 정상화시키려고 하는 희망을 표시하였다고 잠 정적으로 해석할 수 있다.

결론적으로 말하면 대연립 정권이 적극적으로 외교정책을 전개하는 가운데 서독과 유고슬라비아와 정식적인 외교관계 수립을 계기로 동유럽 국가들의 동맹을 통합 정리하였던 소련의 구심력을 대신해 서독과의 관계를 모색하기 시작한 각 국의 원심력이 동유럽 동맹 내부에 현재화하고 있었다고 말할 수 있다.

(3) 소련과의 관계

독일문제를 해결하는 열쇠를 쥐고 있었던 것은 역시 소련[53]이었다. 그래서 대연립 정권은 소련과 화해하는 길을 모색하고 있었다.[54] 1967년 1월 본 정부는 소련과 함께 14개의 포괄적인 계획안을 제안하였다. 모스크바는 본의 제안을 받아들일 의사를 가지고 있었지만, 동시에 (1) 서독은 핵무기 접근을 포기할 것, (2) 서베를린을 특별한 정치적 실체로 간주할 것, (3) 뮌헨협정이 처음부터 무효라는 것을 인정할 것, (4) 현재의 유럽 국경선의 불가침을 인정할 것, (5)

---

53) 당시 소련의 공식적인 입장은 1967년 1월 13일 브레지네프에 의해 명확히 주장되었다. 그는 동독문제에 대해서 "불행하게도 서독 제국주의의 목표는 아직 변하지 않고 있다"고 말했다. 소련의 정책결정자들의 관심사는 미국과 서독과의 관계이며, 또한 동유럽을 둘러싼 모스크바의 대 독일정책이었다. 소련의 새로운 대 서방정책에 대해서는 William E. Griffith, op.cit., pp.163-164.
54) 1968년 12월 29일 브란트는 헷센 방송 라디오 네트워크와의 인터뷰에서 서독의 동방정책에 매우 중요한 열쇠를 가지고 있는 것은 모스크바라고 말했다. Boris Meissner(edts), op.cit., p.329.

동독의 국경선을 포함해 동서독 관계를 정상화하는 것 등 5가지를 요구하였다.[55]

키징거는 연방의회에서 서독의 공식적인 외교정책을 설명하는 가운데 지속적이며 동시에 효과적인 평화정책을 강조하였다. 그것은 소련 관계를 의식한 것이었다. 키징거 자신은 개인적으로 1956년 모스크바에서 서독 대표단의 구성원으로 현실정치를 경험하였다. 그래서 당시 대표단 가운데 키징거는 소련과 외교관계 수립을 매우 신중히 지지하였다고 알려져 있었다. 총리 취임 후 키징거는 서독의 동방정책은 소련과 동유럽 사이에서 문제를 틀어지게 하는 것이 아니라 오히려 소련과의 관계를 직접 다루는 것이라는 신념을 계속 지켜왔다. 노르트라인베스트팔렌 주(Nordrhein-Westfalen, NRW)의 오버하우젠(Oberhausen)에서 진행된 CDU 당 대회 연설에서도 루마니아와 새로운 외교관계 구축에 대하여 계속 언급하면서 보다 현실적인 긴장완화의 프로세스 가운데 소련과 문제를 해결하려는 그 중요성을 강조하였다.[56] 외무장관 브란트도 소련과의 긴장완화를 강조하면서 자신의 외교정책을 수행하였다. 그는 잡지 포린 어페어즈(Foreign Affairs)에 기고한 논문에서 "우리들과의 관계에서 제일 중요한 것은 사회주의 국가 가운데 지도국인 소련과의 관계이다. 이것은

55) Josef Korbel, West Germany's Ostpolitik, Ⅱ, pp.336-337; William E. Griffith, *The Ostpolitik of the Federal Republic of Germany*, Cambridge: MIT Press, 1978, p.141. 대연립 정권의 동방정책에 대해서 모스크바의 태도는 울브리히트나 코뮬카와 같이 적대적이지는 않았다.

56) Bulletin, 2/15, 1967.

세계의 현실(동유럽에 있어서 힘의 관계나 이익의 형태)을 판단하면 자명하다 ……"[57]고 주장하였다. 전후 서독의 국가목표인 동서독 통일의 실현은 유럽질서의 변화를 의미하고 소련에게는 서방의 '위협'의 문제이었다. 다른 한편으로 유럽의 긴장완화는 유럽 영토의 현상유지를 기초로 하고 있으며 특히 소련은 동독을 포함하여 동유럽 세력권을 끝까지 유지하는 것을 목표로 삼았다. 서독을 둘러싼 유럽의 국제환경이 긴장완화를 통하여 유럽의 평화 질서의 실현을 향해 진행되고 있는 중, 이러한 움직임에 협력하겠다고 주장하는 서독도 결과 전후 유럽의 현상을 인정하지 않으면 안 되는 상황에 놓이게 되었다.

당시 서독·소련 사이의 관계를 개선하는 아주 중요한 수단이라고 생각되었던 것은 상호무력 포기선언[58]이었다. 서독 측의 무력 포기선언에 기초해 독소 교섭은 67년 2월 7일 본에서 서류교환에 의해 시작되었으며 봄부터 여름에 걸쳐 여러 차례 비공식 회의를 거친 후 11월 21일 소련 측으로부터 자국의 생각을 표시하는 각서가 서독 측에 전달되었다. 이 각서에 제시된 소련의 강경한 태도는 서독을 자극하였으며 교섭 결렬을 주장하는 목소리도 나왔지만[59] 브란트 외무장관은 연방의회 국방위원회에서 선의와 강한 인내력을 가지고

---

57) Willy Brandt, "Germany Policy toward the East," *Foreign Affairs*, vol.46, no.3, April.1968, pp.476-486.
58) 『國際問題』, 앞의 책.
59) William E. Griffith, op.cit., pp.143~144.

교섭을 계속하여야 한다고 주장하였다. 소련은 각서에서 서독을 심하게 비난하는데 머무르지 않고 양 국 사이에서 교환된 무력포기에 대한 문서의 일부를 갑자기 일방적으로 공표하기에 이르렀다. 이것에 대항하여 서독도 즉각 똑같은 조치를 취하므로 그 결과 교섭은 중단되게 되었다.

서독 측에서는 소련에 의한 갑작스러운 교섭 중단은 그 이후 진행된 바르샤바 조약군에 의한 체코슬로바키아 침공과 관계가 있다고 추측되었다. 1968년 초부터 급격하게 진행된 자유화의 물결이 동유럽의 결속을 파탄시킬 우려가 있다고 염려하여 소련과 바르샤바 조약 여러 국가들은 체코슬로바키아를 비난하는 서한을 보냈다. 그 이후 바르샤바 조약군이 침공을 개시하자 이러한 상황에서 서독이 교섭에서 강경한 태도를 취하였다. 그러자 소련 측은 서독을 비판하였다. 그 이유는 서독은 평화질서 구상을 주장하는 한편, 그 실현을 위하여 몰두하여야 하는 유럽의 주요 문제를 전혀 해결하지 않은 상태에서 소련과 동유럽 여러 국가에게 무력포기 선언을 제안한 것은 이치에 맞지 않다고 생각하였기 때문이다.

체코 침공은 서독을 긴장시켜[60] 바르샤바 조약군이 서독의 국경선 근처까지 이동하였기 때문에 키징거는 나토군의 증강을 요청하였다. 나토 여러 나라에게 있어서 이번 사건은 각국의 안전보장에 중대한 영향을 미쳤으며, 특히 서독 정부로서는 자국이 소속해 있지

---

60) Ibid, pp.160-163.

않은 유엔보다도 나토의 대응에 주의를 집중하는 것은 당연하다고 생각하였지만 나토 여러 나라들의 소극적인 반응에 직면하자 키징거 총리도 이것 이상으로 이 문제에 집착하는 것은 피해야 한다는 태도를 보이기 시작했다.

(4) 베를린 문제와 동독과의 관계

대연립 정권의 시정방침 연설은 에어하르트 전 정권과 비교해 보면 변화가 엿보였다. 시정방침은 "동독을 포함한 서독에 의한 단독 대표권 주장을 기본방침으로 하고 우리들은 독일의 다른 부분에 살고 있는 동포를 후견할 의도는 없다. 그렇지만 국민의 분단된 부분이 분열되므로 발생하는 격차와 생활양식을 줄이고 방지하기 위하여 동독과 인적, 경제적, 정신적 관계의 촉진에 전력을 기울이고 싶다"고 주장하였다.

나아가 대연립 정권의 시정방침은 동독과 현실적인 문제가 존재한다는 것을 처음으로 인정하고 그 배려를 보여주었다는 점에서 주목할 가치가 있었다. 이것은 외무장관 브란트가 유럽의회에서 "우리들은 독일문제의 광범위한 해결을 준비하기 위하여 병존 상황의 '제도화'에 노력하고 있다"고 말한 것에서도 잘 나타나 있었다. 즉 유럽에 있어서 긴장완화를 말하는 이상, 독일 공산주의자가 지배하는 부분이 존재하지 않는 것처럼 행동하는 것은 허락되지 않았고 현재 존재하는 동독을 인정할 필요가 있다는 것이다. 또한 브란트는 그것을 전제한 위에 유럽의 분단을 극복하고 통일독일을 포함한 항구적인 '유럽의 평화질서'의 기초를 구축하는 정책에 전력을 기울여야 한다는 의사를 분명히 하였다.

1967년 4월 12일 키징거 정부의 성명은 서독의 긴장완화 정책의 목적이 '유럽의 평화질서'의 형성에 있다는 것을 근거로 하고 두 독일의 긴장완화가 그 목적 달성을 위하여 구성부분이라고 자리매김하였다.[61] 키징거 정부에서 독일 내의 긴장완화를 위하여 무엇이 가능한가를 검토하는 것은 정치 활동의 사명이라고 간주되었다. 그리고 긴장완화를 위한 노력은 두 독일인들의 일상생활의 차이를 줄이고 경제 · 교통 협력 및 과학기술 문화교류를 촉진하여 이러한 기초 위에 독일통일의 기반을 쌓아가는 방향을 표시하였다.

이상의 제안을 구체화시키기 위하여 대연립 정권은 동서독의 정부 간 접촉을 생각하였지만 어디까지나 동독을 승인할 의도는 없었고 그러기 위해서 접촉은 먼저 하부 기구부터 시작하여야 한다는 입장을 가지고 있었다. 즉 접촉은 비교적 대립이 적은 기술적인 것부터 시작하여 점차 정치적, 구조적인 것으로 확대해 나가는 말하자면 '아래로부터 위로의 방법'이 고려되었다. 이것과 대조적으로 동독은 '위로부터 아래로 접촉하는 방법'을 고집하였다.[62] 앞에서 설명한 키

---

61) 서독은 동독과의 관계에 대해서 'Geregeltes Nenenneinander'의 방향으로 가까이 하려는 의사를 보였다. 그와 같은 의사는 동독에 대한 보다 적극적인 정상화를 하려고 한 것을 의미하였다.
62) 佐瀬昌盛, 앞의 책, p.75.

징거 총리에 의한 성명에 대해서 동독의 반응은 부정적이었다. SED 당 대회는 '키징거 서독 총리의 성명에 대한 제7차 당 대회의 태도' 라는 결의문을 발표하고[63] 본의 독일 단독대표권 주장은 성명 속에서 여전히 취소되지 않았다는 점에 대해 동독에 대한 잠재적인 선전포고에 해당한다고 극단적인 논의를 전개하였다.

그 이후 1967년 5월 10일 슈토프 동독 총리는 '두 독일 국가 간의 정상적인 관계 수립'을 제창하는 서한을 키징거 총리에게 보냈다. 본 정부는 이 서한을 받은 직후 키징거 총리의 6월 13일 총리 서한에서 그것에 대한 답을 전달했다. 이후 두 독일 총리 간 같은 해 11월까지 각각 2통, 계 4통의 서신교환이 이루어졌다. 두 독일 총리간의 서신 왕복 그것 자체는 그때까지 본 정부가 이런 종류의 서신을 접수조차 거부하였던 관행으로부터 비추어 보면 획기적인 사건이었다. 그러나 실질적으로 동독이 일관되게 동서독 사이의 정상적인 관계 수립을 교섭 의제로 하자고 요구한 것에 대해 서독이 그것을 문제 외로 하고 계속 진행하였던 것이었으며 무엇인가 실질적인 교섭까지는 진행이 없었다.[64]

두 독일 총리의 서신 왕복이후 베를린을 둘러싼 동서독 간의 대립이 다시 표면화되기 시작하였다. 그 발단이 된 것은 슈츠 베를린 시장이 페히너 동베를린 앞으로 보낸 서신이었다. 슈츠 시장은 "쌍방 우리들의 생활을 곤란하게 하는 긴장을 완화하는 문제"에 관한 두

63) 위의 책, p.75.
64) 위의 책, p.75.

시장의 회담개최 제안이었다. 동베를린 시 측은 교섭 권한이 없다고 그것을 거부하고, 동독 외무성은 슈츠 서신에 답하지 않고, 서베를린이 서독의 일부가 아님에도 불구하고 슈츠 시장이 서독의 참의원 의장에 취임하려는 것은 서독이 국제법을 무시하는 증거라고 비난하고 위법행위의 책임은 서독 정부가 책임져야 한다고 주장하였다.

그것과 동시에 동독 측은 서독의 지방선거에서 계속 힘을 얻고 있었던 극우정당인 NPD(독일민족민주당)의 움직임에 대해 서독정부가 이것을 조장하고 있다고 주장하였다. 특히 서독은 베를린에서 반동독 운동을 점점 강하게 전개하고 공격하였다. 동시에 동독은 서베를린 및 서독 각지에서 학생을 중심으로 움직임을 강화시켰던 그룹을 선동하고 베를린 통행을 다시 제한하면서 보다 동독의 주권을 내외에 과시하기에 이르렀다.

1968년 3월 10일 동독은 스스로 서독 및 서 베를린의 네오 나찌 세력으로부터 지키기 위한 명목으로 NPD 당원의 베를린 통행을 금지시켰다. 계속해서 4월 13일 벤더 서독 내무장관의 베를린 파견은 서베를린의 민주세력에 대해 경찰행동을 취하기 위하여 이루어졌다. 그리고 동독은 독립된 정치단위인 서베를린의 내정에 대한 도발적인 개입이라고 주장하며 베를린의 통행을 금지하는 조치를 취하였다. 미국, 영국, 프랑스 3국은 4월 19일 소련 측에 항의하였지만 소련은 동독의 조치를 지지하는 태도를 보였다.

동독 측은 베를린을 둘러싼 긴장을 배경으로 6월 21일 동독 국가평의회의 이름으로 성명을 냈다. 그 성명의 내용은 "동서독이 핵확산 방지 조약에 참가하는 의무를 질 것, 각각의 영역에 핵탄두를 저장하지 않는다는 것과 상호관계에 무력행사를 하지 않는다는 것에 합의할 것, 그리고 유럽에 있어서 현상유지와 현재의 국경선의 승인을 합의할 것"을 서독에 제안하였다. 울브리히트도 8월 9일 동독 인민회의 연설에서 서독이 단독대표권이나 할슈타인 원칙의 여러 조건을 포기하고 상호관계에 있어서 무력행사의 포기나 국경 승인에 대한 조약 체결을 전제로 교섭준비를 위하여 차관 회담 개최를 제안하였다.

서독 측이 서베를린에 있어서 연방의회 소집과 대통령 선거의 실시를 3월 5일 예정한 것은 베를린 통행문제를 한층 악화시켰다. 동독은 2월 8일 연방의회에 참가하는 의원의 베를린 통행을 금지하는 조치를 취했다. 또한 서베를린에서 예정되어 있는 서독 대통령 선거를 중지한다면 통행증에 대해서 교섭할 용의가 있다고 전하자 서독은 이것을 거부하였다.

이러한 사태 가운데 2월 23일부터 유럽 방문을 시작한 신임 닉슨 대통령은 26일 본에 들어가 서독 총리와 회담하고 다음날 27일 서베를린을 방문하였다. 서베를린의 지멘스 공장에서 연설한 닉슨 대통령은 "내가 영국 총리와 회담한 후 베를린에 온 것은 서베를린 시민에 대한 우리들의 장기적인 공약을 이행하기 위해서이다"[65]라고 말하였다. 한편으로 3월 초 동독 중부와 서부지구에서 소련군과 동독

---

65) 『國際問題』, 앞의 책.

군의 대규모 연습이 실시된 것에 대응하기 위하여 '볼드 벤처'라고 불리는 나토(NATO) 군의 새로운 연습이 2월 27일부터 3월 10일까지 예정대로 시작되었다.

대통령 선거 개최 장소를 둘러싸고 동서 교섭은 시행 전날까지 서독 총리와 소련 대사 및 동독 정부와 서베를린 시장 사이에 반복해서 행하여졌지만 결국 결렬되고 동서 쌍방의 군대가 경계태세를 취한 상황에서 대의원들은 항공편으로 서베를린으로 들어가 선거를 진행하였다.

4. 동방정책을 둘러싼 대립과 평가

1968년 7월 소련은 본 정부에게 각서를 보내고 서독과 무력행사 포기에 관한 협정 체결을 전제로 오데르·나이세 국경선을 포함한 당시 유럽의 국경선 승인, 동독 승인, 슈테텐 지방에 관한 뮌헨협정의 정식포기, 핵무장 포기, 서베를린의 정치적 독립을 요구하였다. 그로부터 1년이 지난 1969년 7월 3일 서독 외교부는 동독의 승인이나 베를린에 관한 태도 변화를 신중히 피하면서 무력행사 포기 문제에 대한 정부의 회답을 본 주재 소련 대사에게 전달하고 접촉을 재개하였다. 이것에 대한 소련의 반응은 민첩하게 7월 10일 소련의 최고회의에서 그로미코(Andrei A. Gromyko) 외무장관의 외교보고[66]는 이때 동독 경제대표단이 소련에 있음에도 불구하고 동서의 경제적

연대를 인식하면서 서독과 경제적·기술적 협력관계에 있어서 소련의 이익은 정치적 협력 아래에서 중요하다고 강조하였다. 특히 그로미코는 동서 유럽 안전보장회의의 조기실현을 강조하고 서독과 무력행사포기 문제에 대해서 대화할 용의가 있다고 주장하여 주목을 끌었다.

SPD는 대연립 정권에 참가한 이래 소련과의 대화를 계속 노력한 결과라는 입장에서 이 연설을 적극적으로 평가하는 입장을 보였다. 이것과는 반대로 CDU/CSU는 소련의 세계 전략은 본질적으로 변함이 없으며, 다만 소련이 중국과의 대결에서 긴박하므로 유럽과 아시아 두 지역에서 동시에 적을 갖는 것을 피하기 위한 전술에 불과하다고 경계적인 태도를 무너뜨리지 않았다.

소련의 서독 접근정책은 1968년 체코 침공 사건 이후 대 서독 비난이 강하게 반복되었다는 것만으로도 그 의도를 추측할 수 있었다. 7월 23일 코시긴(Alexei N. Kosygin) 총리는 모스크바 주재 아라르트(Helmut Allardt) 대사를 불러 무력행사 포기 선언을 교환하는 문제에 대해서 1시간 반 이상 대화하였는데, 그 다음날 대사를 모스크바에 초대했다. FDP에 대해서도 쉘(Walter Scheel) 당수와 겐셔(Hans-Dietrich Genscher)를 포함해 미슈닉(Wolfgang Mischnick) 이하 간부 3명과 회담을 하였으며, 나아가 8월 21~22일 이틀간 모스크바에 초청된 SPD의 슈미트(Helmut Schmidt) 간사장 등 간부 3명과 소련

---

66) Michael J.Sodaro, op. cit., p.150.

간부들이 오랜 시간 회담을 하였다. FDP와는 오로지 유럽 안전보장 회의에 대해서 의견을 교환하였다고 전해졌지만 SPD 간부들과의 회담에서는 베를린과 독일문제, 유럽안전보장회의, 핵확산방지조약, 경제협력 등 양국 간의 현안이 모두 다루어졌다. 또한 9월 13일 크렘린은 서독에게(선거에서 승리한 정권도 포함하여) 무력행사 포기 협정에 관한 대화 준비를 알리는 노트를 보냈다.[67] 이와 같은 움직임에 대해 CDU/ CSU는 9월 총선거에서 소련이 영향력을 미치려고 이러한 초청을 이용하고 있다고 비난하고, 또한 체코 사건 1주년에 연립정권의 대표가 소련을 방문하는 것은 이해할 수 없다고 비판하였다.

대연립 정권 말기 서독 국내정치에서 눈에 띄는 것은 연방의회 내에서 유일한 야당 FDP가 68년 2월 당 대회에서 보수적인 멘데 당수를 대신하여 쉘을 새로운 당수로 선출함과 동시에 외교정책 면에서 새로운 변화를 보이기 시작하였다. 쉘은 새로운 당수에 선출된 시점에서 이미 동독을 청산하는 목표를 내걸면서 동유럽 여러 국가 등과 외교관계를 수립하는 것은 어려운 논의라고 분명히 하고 동독 우회의 동방정책을 비판하였지만 그 후에도 신문 인터뷰에서 극히 대담한 동방정책 구상을 발표하여 주목을 끌었다. 즉 그가 주장한 새로운 동방정책은 소련을 파트너로 간주하여야 한다는 것, 동독을 우회하지 않으면 안 된다는 것, 본이 주장해온 독일 단독대표권은(그 위임이 발생하지 않은 이상) 근거가 없다는 것, 그 결과 폴란드와 직접

67) Arnulf Baring, Machtwechsel: Die Ära Brandt-Scheel, Stuttgart: Deutsche Verlags-Anstalt, 1982, p.243.

적으로 국경을 접하지 않고 있는 분단국가 서독이 폴란드와 관계개선을 교섭하는 데도 오데르·나이세 경계선 문제가 장애가 되어서는 안 된다는 것을 주장하였다. 이러한 새로운 변화가운데 주목을 끈 것은 본의 독일 단독대표권 포기를 권유한 것과 관련하여 두 독일 관계를 '조약의 기초 위에서 규제한다'고 제창한 것에 있었다. 이와 같이 FDP의 동방정책 구상에서 동유럽 여러 국가와의 관계 개선의 의지가 확실히 나타났다. 폴란드와 관련된 발언에서는 이미 오데르·나이세 경계선의 '승인 및 존중'을 주장한 SPD에 한발 양보하였지만 독일 통일정책에 관한 신 구상에서 CDU/CSU와 연립이라는 제약아래 있었던 SPD 보다도 앞서갔다. FDP는 이와 같은 입장으로부터 69년 가을 총선거를 향해 활발한 발걸음으로 활동을 진행해 나갔다.

대연립 정권의 동방정책은 어떤 의미에서 서독외교에게 있어서 하나의 실험이었으며 SPD에게 있어서 '학습'[68]이었다고 말할 수 있다. 이 시기의 동방정책에 대해 앞 시대의 외교정책과 비교하면 두 가지 새로운 점을 지적할 수 있다.[69] 첫 번째 새로운 점은 정치적 긴장을 제거하고 군비경쟁을 억제하는 수미일관된 실효적인 평화정책을 채용함으로써 긴장완화를 전면에 내세웠다는 것이다. 나아가 그것만이 아니라 긴장완화를 지탱하는 구체적인 구상도 각론적으로 명확히 하였다는 점이다. 두 번째 새로운 점은 유럽의 긴장완화와 불가분한 것으로서 두 독일간의 긴장완화를 자리매김하였다는 것이

---

68) 高橋 進, 앞의 책, pp.23~24.
69) 위의 책.

다. 동시에 이러한 분석은 동방정책의 새로움에도 불구하고 소련 동유럽 여러 국가들의 자세가 경직된 원인은 다음과 같다. 첫째 소련과 대립관계에 있는 국가와 관계를 정상화하였기 때문에 소련을 자극하였다는 점이 지적될 수 있다. 두 번째 원인으로 대연립 정권의 동방정책은 유연한 자세를 보였기 때문에, 기본원칙에서 양보하는 것이 없었다. 그러므로, 오데르·나이세 국경선 승인을 원칙으로 하는 폴란드와 국가승인을 요구하는 동독은 소련과 다른 동유럽 국가들이 서독에게 양보하는 것을 경계하고 강하게 반발하였다는 것을 그 사례로 들 수 있다.

60년부터 70년대의 긴장완화에 있어서 두 가지의 중요한 기둥이었던 유럽의 현상유지와 군비관리 문제는 동서 지역에 있어서 중요한 쟁점이기도 하였다. 이 두 가지는 유럽의 정치질서의 안정화를 의미하는 것이었다. 이와 같은 국제상황 가운데 진행된 대연립 정권의 외교정책은 긴장완화 프로세스와 정책이라는 측면에서 시기상조였으며 국내정치의 영향을 받음으로써 과감한 정책 전개가 어려웠다.

5. 대연립 정권에 대한 여론의 반응

소련이 체코를 침공한 날 키징거는 대연립 정권에 의해 채택된 긴장완화 정책에는 어떠한 변화의 이유도 없다고 의사를 표시하였다. 또한 그는 본에서 소련의 S.K. Z(Ts)arapkin 대사로부터 서독의 동방정책은 소련의 협력을 기초로 하고 있다는 것을 재확인하였다. 체코 침공에 의해 모스크바와 본 사이에 어떤 의미에서 보면 긴장이 발생하였지만 양국은 긴장완화를 추구하기 위하여 접촉과 교섭의 의사를 다시 표시하였다.

당시 서독의 여론은 소련의 침공을 비판하였지만 그와 같은 비판은 예상 보다 심각하지 않았다. 여론 조사에서 52%의 사람들이 침공에 대해 강하게 비판하였지만 24%의 사람들은 기정사실을 받아들이고 있었다. 동시에 54%의 사람들은 본은 소련이 체코에서 적대적인 행위를 행하였음에도 불구하고 긴장완화 정책을 계속 진행하지 않으면 안 된다는 의견을 지지하였다.

서독은 그와 같은 심각한 상황에 놓였지만, 공세적인 외교정책을 계속 살려 나갔다.[70] 그것은 브란트의 주도 아래 외교정책을 유럽의 질서라는 개념 아래서 정리하면서 전개하는 것이었다.

1969년 1월 Z(Ts)arapkin 대사는 브란트 총리에게 소련은 무력행사 포기 조약에 관한 교섭 재개에 관심을 가지고 있다는 입장을 표명하였다.[71] 동시에 모스크바·프랑크푸르트 사이에 직항로 개설문제, 천연가스 공급에 관한 문제 등의 교섭을 진행시켜 나갔다.

이렇게 보면 대연립 정권의 외교정책은 외교와 경제라는 수단을 가지고 동유럽 여러 국가들에 접근하면서, 동독에 대해서는 우호관

---

70) David Calleo, *The German Problem Reconsidered: Germany and the World Order, 1870 to the Present,* Cambridge University Press, 1978.

71) Die Welt, Jan 11. 1969.

계 구축을 전개하는 것이었다. 그것은 서독이 당시 긴장완화를 '정책과 프로세스'로 이해하면서, 변화하는 국제환경에 대응하고 있었음을 알 수 있다.

제4절. 대연립 정권의 통일정책

1966년 12월 1일 서독에 새로운 정권이 성립하였다. 그 정권에서 브란트가 부총리 겸 외무장관에 임명되었다. 또한 그의 SPD 동료인 헤르베르트 붸너는 전(全)독일문제 장관이 되었다. 당시 대연립 정권의 인사에서 특히 주목을 끌었던 것은 브란트와 붸너였다. 그들은 각각의 자리에 적합한 인사였으며, 그들은 외교정책의 전문가이며 에어하르트 정권 때 슈뢰더와 정상적인 관계를 가지기도 하였다. 이와 같은 의미에서 특색 있는 인사였다고 말할 수 있다. 대연립 정권은 기본적으로 동서독의 분단을 극복하기 위하여 지금까지 행하였던 외교정책과는 다른 측면을 주장하였다. 특히 외무장관이 된 브란트의 적극적인 정책전환은 유럽의 긴장완화와 동서독의 분단을 극복하기 위하여 공헌하였다. 그러므로 그동안 동서독 관계에 있어서 중요한 문제였던 동독 고립화 정책을 포함하여 서독의 통일정책이 수정되지 않으면 안 되게 되었다.

1. 유연한 통일정책으로

서독의 외교정책에는 독일분단의 극복이라는 최우선 목적이 있었다. 그와 같은 외교 목표는 대연립 정권 아래서도 커다란 변화가 없었다. 그러나 전술적인 측면에서 새롭게 등장한 대연립 정권은 변화를 가져 왔는지 또는 변화가 있었다고 한다면 어떠한 것이었는지의 문제는 매우 흥미로운 것이다.

동서독 관계에 있어서 중요한 문제의 하나는 동독을 하나의 국가로 인정할 것인지의 문제이었다. 그때까지의 정권은 동독을 주권국가로 인정하지 않았다. 키징거 정권은 그와 같은 원칙을 지키면서, 그러나 실제로 그 원칙의 해석과 운용을 수정하였다. 동독을 전면적으로 부정하였던 그때까지의 정책전환은 이후의 대 동독관계를 변화시키는 것이었다. 특히 신뢰할 수 있는 평화정책을 수행하기 위하여, 키징거 정권은 소련, 동유럽 국가들과 무력행사포기 선언을 교환하려고 제안을 진행하였다. 그때까지의 정권에 의해 전개되었던 통일정책에 대하여 수정을 가한 것이다. 그때까지의 정권에 의해 진행된 동독의 고립화 정책은 이렇다 할 성과를 거두지 못하였다. 왜냐하면 동독이 동유럽 블록 가운데 어느 정도의 영향력을 가지고 있었기 때문이었다.

대연립 정권 발족 후 브란트의 인터뷰에서 이러한 사실들이 잘 나타나 있다. "우리들은 스스로 거짓말을 믿기를 원하지 않는다. 동유럽 각국에 있어서 동베를린의 영향력은 상당하다. 그와 같은 것은

우리들에게 공포를 가져다주는 것이 아닐 것이다"라고 말하였다.[72]

그 당시 동독은 사회주의 진영에 있어서 제2의 산업국가가 되었다. 국제공산주의의 단결에 의해 소련으로부터 이익이나 원조를 받으면서 울브리히트 정권은 서독과 루마니아의 외교관계 수립(67년 1월 31일)에 반발하고 동유럽과의 관계 정상화를 위하여 노력하는 본의 시도를 방해하여 왔다. 예를 들면 폴란드·동독 간 우호조약은 철의 3각형(Moscow, Pankow, Warsaw)[73]을 형성하여 폴란드를 동독으로부터 떨어져 나가지 못하도록 하는 것이었다. 나아가 동독정부는 체코슬로바키아, 헝가리, 또한 불가리아와 함께 2국 간 조약을 체결하였다. 당시 부카레스트나 모스크바에서 진행된 바르샤바 조약기구의 회의에서 주장된 규칙과 조약의 내용은 상대하기 어려운 포괄적 안이 되어 있었으며, 바르샤바 동맹국은 그것에 많은 관심을 기울이고 있었다. 그와 같은 점에서 보면 서독의 외교정책의 변화는 사회주의 진영을 단결시키는 것처럼 보였다.

그때 바르샤바 조약기구의 요구는 동독을 주권국가로 인정할 것, 폴란드와 국경선은 오데르·나이세 선이라고 인정할 것, 뮌헨 조약은 처음부터 무효라는 것에 동의 할 것, 서베를린을 다른 정치적 실체로 다룰 것, 어떠한 형태든 간에 핵무기 소유를 포기하는 것 등등이었다. 그와 같은 요구는 서독으로부터 어떤 종류의 양보를 얻기

---

72) Bulletin, Feb 9, 1967.

73) Timothy Garton Ash, *In Europe's Name: Germany and the divided continent*, New York: Random House, Inc., 1993.

위하여 이루어졌다.[74]

당시 독일로부터 양보를 얻어내려는 바르샤바 국가들의 요구는 서독의 키징거 정권에게 놀라운 것은 아니었다.[75] 왜냐하면 키징거는 "우리들은 우리들의 법률상의 위치를 변화시켜 세계에 새로운 인상을 가져다주고 쉽지 않다"고 말했기 때문이다. 그리고 심지어 그는 우리들은 그 법률의 입장을 지킬 것이라고 잘라 말했다.[76]

2. 브란트의 관점과 그 전략

브란트는 대연립 정권의 외무장관이 되어 그때까지 자신이 구상하였던 것을 실제로 실현하고자 하였다. 먼저 그는 자신의 정책으로 '접근에 의한 변화'를 구상하였다. 그 정책은 에곤 바가 1963년 7월 15일 튜징(Tutzing)에서 통일 전략으로 행한 연설이 기본이 되었다. 우선 그것은 서독의 통일전략이었지만 당시 서독에 있어서는 대담한 전략이었다. 둘째로, 바의 연설은 SPD의 통일정책으로 실제로 자리매김 되었다. 셋째로 바의 '접근에 의한 변화'라는 정책은 브란트 정권의 탄생을 예상한 것이었다. 마지막으로 그 연설은 동독과의 화

---

74) Zeit, March 3, 1970.
75) 평화협정이 체결되기까지는 1937년 국경을 승인한다는 등등 구 법률을 주장하였기 때문이다.
76) Bulletin, Feb.15, 1967.

해를 염두에 둔 것으로 당시 서독의 통일정책을 어느 정도 판단하는 것이었다.

　다음으로 브란트에게 있어서 중요한 개념은 유럽의 평화질서였다. 이 개념은 연방주의자로서 브란트에게 있어서 연방주의만이 유럽의 국경분쟁을 정치적으로 해결할 수 있다는 인식을 가져다주었다. 특히 독일과 폴란드 국경문제에 있어서 긴장이 완화되기를 그는 기대하고 있었다.

　1960년대 소련은 긴장완화 전략을 인식하기 시작하였으며 50년대 이후 행한 스탈린적인 노선을 수정하는 것으로 사용되었다. 브란트는 대 유럽정책과 세계적인 긴장완화 정책을 교묘히 연계시켜 독일문제를 해결하기 위한 개념으로 유럽의 평화질서를 자신의 이상으로 생각하였다. 그 가운데 독일만으로 머무는 것이 아니라 유럽 전체의 분단이라는 문제를 해결하는 수단으로, 여러 국가 간 협력관계를 형성하여 국가 간 관계를 정상화시키려는 의도도 포함되어 있었다. 분단국가 서독이 보다 넓은 의미에서 복잡한 유럽 문제를 해결하려는 정책을 수행함으로써 독일통일의 전제조건을 만들어 내려고 한 것이었다.

　'유럽의 평화질서'라는 개념은 외견상으로 애매한 개념이지만 1960년대 말부터 서독의 동방정책의 공통의 공식으로 다수의 정치가들이 사용하였다. 그러한 의미에서 57년 7월 서독과 서방 동맹국들 사이에서 베를린 선언으로 나타났고 1960년대를 통하여 빈번하게 사용되었다. 특히 대연립 정권은 그것을 공식적으로 사용하여 처음으로 정책으로 조화시키려고 노력하였다. 또한 그 개념은 1968년 12월 나토(NATO)의 아르멜 보고서에도 반영되었다. 그 이후 서독의 정책결정자들도 그 개념을 인용하게 되었다.[77] 그 개념의 이해에 대하여 서독에서는 유럽문제를 어떻게 하여 해결할 것인가라는 관점으로부터 보통 두 가지로 나뉘어져 있다고 갈퉁 애쉬(Garton Ash)는 설명하고 있다. 한편으로 1970년 연방의회의 논쟁에서 발터 쉘(Walter Scheel)에 의해 지적되었다. 쉘에 의하면 새로운 동방정책의 객관적인 목표는 정치적 질서와 사회적 시스템이 다른 유럽 여러 국가들 사이에 있어서 유럽의 질서를 명확히 하는 것이었다. 그 구체적인 목표는 자유주의와 공산주의 질서 사이에 있어서 타협이 아니라 사회적·정치적 질서가 다른 여러 국가, 여러 기관 혹은 여러 공동체 사이에서 협력관계를 수립하는 것이었다. 쉘이 말하는 그와 같은 의미는 모든 유럽의 여러 국가를 고려한 유럽의 평화질서가 바로 그것이었다. 다른 한편으로 그것은 쉘의 후임자였던 겐셔(Hans-Dietrich Genscher)의 외교정책의 신념으로 제기되었다고 애쉬(Ash)는 지적하고 있다. 당시 유럽의 평화질서로 향하는 흐름은 바뀌지 않았고 사람들은 서로 다른 사회 및 국가질서 가운데 평화적인 경쟁을 하지 않으면 안 된다고 겐셔는 생각하였다.[78]

그와 같이 서독에 있어서 유럽의 평화질서 개념은 에곤 바(Bahr)에 의해 보다 구체적으로 진행되었다. 브란트 정권의 동방정책의 목

---

77) Timothy Garton Ash, op.cit., p.17.
78) Ibid.

표의 하나였던 유럽의 평화질서의 시도는 집단안전보장 시스템 형성에 의해 구체적으로 전개되었다. 결과적으로 보면 서독이 제안한 유럽평화질서 구상은 전후 유럽의 분단을 극복하고 유럽인들이 기본적으로 자유스러운 상황아래서 생활이 가능하도록 하였다.

세 번째로 브란트의 정책은 안정화 전략이었다. SPD에 의해 전개된 통일정책의 전략과 그 성격은 기본적으로 서독이 보다 적극적으로 안정화를 실시하려고 노력한 전략이었다. 외교정책과 동서독 통일정책에도 그와 같은 현상이 나타났다. 역사적으로 보아 독일의 주요한 정책은 주변국과의 관계의 역사였으며 전후 유럽의 분단도 그 예외는 아니었다. 독일의 통일정책은 국내정치에 있어서CDU/CSU와 SPD 사이에 대연립정권을 탄생시켰다. 대연립 정권의 외무장관이 된 브란트는 먼저 유럽의 긴장완화는 보다 폭넓게 글로벌한 범위에 걸쳐서 전개되고 있는 강대국의 긴장완화에 좌우되면서도 몇 가지 점에서 그것과 다르다는 것을 인식하였다. 독일통일은 확실히 보다 넓은 의미에서 유럽의 목적에 따르지 않으면 안 된다고 생각하였다.[79] 그와 같은 것은 유럽의 안전보장과 유럽의 평화질서에 있어서도 중요하였기 때문이었다.[80]

79) Karl Birnbaum, *Peace in Europe,* London: Oxford Univ. Press, 1970.
80) Griffith, op.cit., pp.133-138; Cordell, p.78.

3. 사회민주당의 변화

전후 SPD(사회민주당)는 1949년 무렵 그 동안 반대하고 있던 국민 정당이라는 개념을 고데스 베르그(Godesberg) 대회[81]를 통해 채택하여 큰 전환을 하였다. 역대 SPD 지도자가 좌파적인 성향을 가지고 있었던 것은 전후 국내정치에서 커다란 부담으로 작용하였다. 이러한 상황에서 SPD의 변화는 국내정치에 새로운 자극이 되었다. 특히 정권을 담당하기 위한 준비로 기본적으로 노선을 변화시키면서 새로운 정책을 제안하고 있었다. 아데나워 정권이 진행하고 있던 정책에 대해서도 일부 인정하면서 SPD는 독일문제를 해결하기 위한 전제조건은 유럽의 긴장완화라고 간주하고 있었다.

SPD는 국제환경의 변화에 서독이 반응하는 길을 모색하고 있었다. 1963년 7월 15일 투찡(Tutzing)에서 행한 에곤 바의 연설은 혹독한 냉전구조 속에서 서독의 정책 방향을 제시하려고 하는 큰 의미를 가진 것이었다. 먼저 에곤 바의 연설은 장래의 서독통일 정책이면서 새로운 형태의 정책의 출발점으로 생각되었다. 다음으로 그의 연설은 1969~1974년의 브란트 정권의 동방정책과 통일정책에 이론을 제

---

81) 고데스 베르그 대회가 1959년 11월 15일 개최되었을 때, SPD는 국내정치에서 어려운 상황에 직면하였다. 위원단은 서독을 위해 새로운 시도를 제안하면서 마르크스주의에 대한 간섭을 하지 않겠다고 결정하였다. 계속해서 1960년 6월 30일 서독의 연방의회에서 뷔너가 CDU/CSU 측의 외교정책을 정식으로 받아들이면서 종래 반대했던 아데나워의 대 서방정책과 통일정책에도 새로운 자세를 취했다.

공했다. 마지막으로 에곤 바의 연설은 동서독 관계를 개선하기 위해서는 상호 화해가 그 전제라는 것을 나타내고 있다. 이처럼 SPD의 변화는 전후 서독의 외교정책에 영향을 주었다.

1966년 8월 도르트문트(Dortmund)에서 개최된 SPD 당 대회에서 통일정책에 관한 논의가 진행되고 대연립 정권을 향한 학습이 이루어졌다. 이 대회에서 SPD의 안전보장 전문가 프리츠 에어러(Fritz Erler)도 폴란드와 국경선에 대해 교섭할 때 서독은 보다 넓은 의미의 동방정책을 취해야한다고 주장하고[82] 베너와 헬무트 슈미트(Helmut Schmidt) 등이 영향력을 가지고 있었다. 왜냐하면 통일정책을 진행하는 방법은 동독과 경제관계를 촉진시키지 않으면 안 되었기 때문이었다. 국제환경의 변화로부터 SPD는 도르트문트 대회에서 냉전기의 여러 정책은 변경하지 않으면 안 된다고 생각하기 시작했다.[83] 그리고 SPD는 대연립 정권에서 CDU/CSU의 정책을 받아들으면서 정권에 참가하고 국제긴장완화 정책을 우선하면서 서방 측의 통합, 새로운 통일정책 및 동방정책을 촉진하고 있었다. 그 결과 소련과의 대화와 동유럽 각국과의 정상화 교섭에 징조가 보이게 시작했다.

동독과의 관계에 있어서 1966년 2월 7일 동독의 SED(사회주의 통

---

82) Fritz Erler, "The Alliance and the future of Germany", *Foreign Affairs*, April, 1965, p.436.

83) 특히 헬무트 슈미트는 아데나워기의 '힘의 정책'의 실패가 전형적인 것이라고 인식하고 소련의 외교정책이 기본적으로 방위적이기 때문에 SPD는 모스크바와 대화를 해야만 한다고 강조하고 있었다.

일당)는 SPD의 도르트문트 대회의 위원들에게 공개 서한을 보냈다. 이 서한의 내용은 SPD와 SED가 전독일 노동자 계급을 위해 공통의 의견을 공통으로 만들어낸 제안이었으나, 양당의 관점의 차이로 대화는 중단되고 분단의 극복은 여전히 환상이었다. 그렇지만 SPD는 유럽의 현상유지를 우선 받아들이면서 보다 넓은 관계를 만들어 내려는 의사를 사회주의 측에 전하고, 서방 측에게는 서유럽의 통합에 대해 비슷한 의사를 가지고 있었다.

4. 소련의 침공

1968년 내내 체코의 정세는 소련과 동독의 주의를 끌고 있었다. 체코에서 자유화와 개혁의 움직임이 있자, 특히 소련과 동독은 그러한 움직임을 이데올로기적인 도전이라 생각하였다. 그리고 바르샤바 조약기구를 통하여 해결하려고 하였다. 그들은 자신들의 동유럽 관리에 대한 이의 신청이라고 인식한 것이다. 이러한 점에서 소련과 동독의 지도자들은 어느 정도 일치하고 있었다.[84]

당시 체코는 경제적인 이유로 서독과 국교정상화를 시도하고 있었다. 그것은 체코에게 있어서 긴급한 과제였다. 체코의 드부체크 정권의 개혁정책이 사회주의 진영의 내부에 커다란 반응을 불러일

---

84) Michael J.Sodaro, op.cit., p.108.

으켰던 것은 불가피한 것이었다. 특히 서독과 대치하고 있는 동독에게 있어서 그러한 변화는 사활의 문제였으며, 동독은 체코의 움직임에 보다 심각한 비판을 가했다. 1968년 1월 30일 동독의 SED의 이데올로기 감시자였던 구르트 헤거(Kurt Hager)는 서방 측의 수렴(Convergence) 이론을 공격하면서 체코슬로바키아의 개혁을 제안한 사람들을 간접적으로 비판하였다. 또한 그 이후 울브리히트는 다른 소비에트 블록의 지도자들과 함께 프라하를 방문하고 사회주의 국가를 서독에 경제적으로 종속시키려는 것이라고 경계하면서 체코에게 경고했다.[85) 당시 에리히 호네커(Erich Honecker)도 그러한 분위기를 따라 서독의 외교정책을 격렬하게 비난하면서 부다페스트의 공산주의자 회의에 참가하고 있는 SPD 대표에게도 같은 자세를 취했다. 그때 체코 대표는 이 회의를 이용해서 서독과의 관계 개선을 희망하고 있었다. 그러한 노력을 계속하면서 체코 대표는 SPD의 사람들에게 어느 정도의 기대를 하고 있었다. 체코의 사람들이 본과 우호관계를 가지고 싶다고 관심을 표시했을 때 SED의 기관지 『노이에스 도이치란트(Neues Deutschland)』는 체코 국내문제에 대한 서독의 침투에 대해 간접적으로 언급하였다.[86)

1968년 3월 말 바르샤바 조약기구의 정치지도자들은 드레스덴[87)

---

85) Ibid, p.109. 그 전날 동독의 노이에스 도이치란드(Neues Deutschland)는 논설에서 소련과 동독간의 군사적인 협력을 강조하면서 이것은 유럽의 안전보장을 위해서 구현하는 것이라고 논평했다.

86) Ibid. p.110.

87) Dresden회의에 대해서는, Karen Dawisha, *The Kremlin and the Prague Spring,*

에 모여 최근의 체코의 정세에 대해 토론한 후 사회주의 계획경제의 지속적인 발전을 칭찬하면서도 경제문제에 관심을 보였다. 이러한 그들의 관심은 이 시기 미묘한 분위기 속에서 나타났다. 소련으로부터의 경제적인 지원을 희망하는 체코슬로바키아와 프라하가 본과 경제적·외교적인 관계를 확대하려고 하는 움직임을 걱정하는 동독과의 사이에서 경제문제가 이슈화되었기 때문이다.

드레스덴 정상회담 이후 동독은 쿠르트 헤거(Kurt Hager)가 프라하의 외교정책과 국내정책을 비난한 것처럼 체코의 개혁자들에 대해 공격을 강화했다. 그 이후 프라하와 동베를린과의 관계는 점점 냉각되었다.

소련의 체코 침공은[88] 소련과 동독의 의도를 생각하게 하였다. 그 당시 동독은 체코위기를 이용해서 서독과 다른 바르샤바 조약국가 간 예상되는 우호관계를 파괴하려고 기획하고 있었다. 특히 동독은 1968년 7월 중순 쯤 베를린 문제로 보다 강경해지고 서독과 서베를린의 연계에 강하게 반대하는 입장을 보이고 있었다. 이러한 상황으로 볼 때 동독의 목적은 명확하였으며 당시 소련이 그러한 자세를 지지하고 있었던 것으로부터도 입증되었다.[89]

Berkeley: University of California Press, 1984, pp.15-46.

88) Michael J.Sodaro, Ibid., chap.4; Jiri Valenta, *Soviet Intervention in Czechoslovakia, 1968,* Baltimore: Johns Hopkins University Press, 1979; Karen Dawisha, *The Kremlin and the Prague Spring,* Berkeley: University of California Press, 1984.

89) 1967년부터 1969년 가을 대연합정권이 해소될 때까지 소련의 태도는 점점 냉엄하게 되었다. 1967년 처음으로 서독과 소련간의 상호무력포기에 관한 교섭이 시작되었으나 1968년 여름쯤 교섭은 결렬되었다.

8월 1일 치에르나나트티소우(Cierna nad Tisou, 슬로바키아 남동부 코시체 주에 있는 도시)에서 충돌의 위험을 제거하기 위하여 소련과 체코간의 교섭이 이루어졌다. 그 이후 소련과 동독은 체코에 직접적으로 간여하게 되었고 그들에 의한 체코 침공이 이루어졌다.

체코 침공은 동방정책을 전개하면서 통일정책을 시도하려고 했던 서독에게 있어서 갑작스러운 것이었다. 충격을 받은 서독은 기본적인 정책을 변화시키지 않았지만 대소련 관계가 보다 중요하다는 것을 실감했다. 소련은 동유럽의 자유화와 개혁노선에 반대하는 의사를 가지면서, 반면 서독과의 관계는 냉담한 관계에서 좋은 관계로 발전시키려고 하였다. 소련의 그로미코는 1968년 6월 27일 서독 정부에 동독의 존재를 인정하라고 요구하면서 법률적인 승인에 대해서는 한 마디도 하지 않았다. 체코위기에 관해서도 소련은 사회주의 여러 국가의 단결을 방해하려 한다고 서독을 비판하고, 나중에 서독이 적절한 조치를 취하는 노력을 하지 않으면 안 된다는 입장을 보였다. 그러나 이러한 비판을 하는 한편 그로미코는 서독에 무력포기 조약에 관한 교섭을 제안했다. 그것은 유럽에 있어서 현존하는 국경선에 대해 명확한 승인을 얻기 위한 것이라고 생각된다. 또한 그로미코는 서독의 키징거에 대해 비판적이었으나 브란트에 대해서 명확한 언급을 하지 않았다. 그리고 소련은 체코와 동·서 긴장완화에 심각한 입장을 취하면서 대 서독 관계에 대해서 새로운 접근을 시작하려고 했다.[90] 소련의 7월 11일 이즈베스챠가 모스크바와 본 사이에 무력포기 조약에 관한 비밀 대화가 시작되었다고 발표한[91] 것을 보면, 당시 소련의 정황을 잘 알 수 있다. 당시 소련은 개혁의 움직임으로 사회주의 국가의 이익이 방해될 가능성에 대해 냉엄한 입장을 보이면서도 서독과의 관계는 보다 유리한 입장에 서서 소련이 생각하고 있는 유럽의 안전보장을 확보하려고 했던 것이다.

체코 위기를 통해 냉엄한 태도를 취했던 동독은 그 문제를 처리하면서 소련에게 일종의 압력을 가해 바르샤바 조약 내부의 단결을 강화하려고 했다. 체코 침공 후 동독의 신문과 공식발표는 군사적 간섭의 정당화에 노력을 기울이고 있었다. 또한 그 무렵 체코 내부에 있어서 개혁의 제안자를 비판하고 있었으나, 보다 강하게 강조되었던 것은 프라하의 국내정치와 외교정책을 급격하게 전환시키는 서독에 대한 비난이었다.[92] 특히 소련이 NATO와 바르샤바 조약 기구의 정치·군사적인 면에서 서독을 비판했던 것에 대해, 동독은 경제적인 주제에 그 중점을 두는 경향이었다. 그 이유를 예상해보면 동독은 체코와 서독간의 경제적인 교류와 협력에 주요한 관심이 있었기 때문이다. 동독은 서방 측의 경제적인 힘으로부터 자신을 지키기 위해서 소련과 다른 바르샤바 조약 여러 국가의 경제적인 발전이 불가결하다고 생각하고 있었다. 동독의 관점으로부터 보면 동독의 승

---

90) 서독과 소련 간 상호무력포기 조약에 관한 교섭이 중단된 후 소련은 냉엄한 태도를 취했다. 그 이유는 여러 가지 있으나 기본적으로 1964년 가을 이후 소련은 후르시초프의 권력 강화 과정에 들어간 시기 새로운 이니셔티브에는 편승하지 않았지만 국제환경의 변화와 함께 여러 상황에 대응하게 되었다.

91) Michael J.Sodaro, Ibid. p.118.

92) Ibid., p.123.

인이 없는 상태에서 서독과 체코슬로바키아간의 경제적 교류가 활발해진다면 나중에 자연적으로 외교적인 국교정상화의 길이 열린다고 생각했을지도 모른다. 동독에게 있어서 그러한 현상은 하나의 '위협'으로 생각되었을 것이다.

1968년 말 키징거 · 브란트의 통일정책에 있어서 확실한 성공은 1968년 12월 6일 동독과 무역관계를 수립한 것이었다. 그러나 동서독의 무역관계는 당시의 정치적 분위기에 의지한 것은 아니었다. 무엇보다도 1968년 말부터 베를린 문제를 둘러싼 새로운 긴장이 시작되었던 것이다.

5. 대연립 정권의 통일정책의 평가

서베를린 문제가 벽에 부딪친 것은 대연립 정권의 정책의 한계를 보여준 것이었다. 그러나 그것은 앞 정권과 비교해 보면 어떤 의미에서는 중요한 출발점이었다. 간단히 말하면 동서독이 상호 대화를 진행했다는 것이 그 사례다. 예를 들면 서신 교환은 분단 이래 예상하지 못했던 것으로 특히 중요한 변화였다. 그리고 대연립 정권은 동독의 어떤 지도자에 대해서도 정통성을 인정하면서도 SED 정권을 사실상 승인한 것도 변화였다. 나아가 대연립 정권의 새로운 관점은 통일 정책에서 나타났다. 아데나워 · 에어하르트 두 정권과는 달리 대연립 정권은 적극적인 동방정책과 함께 적극적인 통일정책을 전개하였다.

　서독은 보다 넓은 의미에서의 긴장완화 정책을 촉진시키기 위하여 직접적으로 그 목적을 달성하기 위한 재통일 정책을 보류해가면서 동독과 함께 화해의 길을 선택하였다.[93]

　이러한 행동은 서독의 긴장완화 정책을 동맹국의 긴장완화 정책에 조화시키기 위해서 필요한 분위기 형성이었다. 그러나 대연립 정권의 이성적인 정책의 형성은 보다 적극적인 통일정책을 촉진시키는 계기는 되지 못했다고 생각된다. 그 이유는 국내 경제의 위기를 극복하기 위해서 만들어진 연립정권이라는 색채가 강하게 작용하고 영향을 미쳤기 때문이다. 그와 같은 염려는 1969년이 되어서야 비로소 해소되게 되었다.

---

93) Philip Windsor, op.cit., p.119; Cordell, op.cit., p.90.

제3장
긴장완화의 전개

제1절. 새로운 시작

1969년 선거 이후 서독의 정치 환경은 SPD/FDP에 의해 연립정권이 형성[1]되고 국내 정치상의 장애가 제거되면서 긴장완화가 촉진되게 되었다. 1969년 10월 28일 행하여진 새로운 정부의 시정방침[2] 연설에서 빌리 브란트 총리가 제시한 외교정책은 전후 유럽에 형성된 현실과 동독을 포함한 유럽 각국의 영토의 완전한 상태에 기초한 것이었다. 그 요점은[3] 다음과 같다. (1) 서독은 동독에게 정부 간 교섭의 재개를 제안한다. (2) 서독에 의한 동독의 국제법상의 승인은 문제가 되지 않는다. 그리고 동·서독의 관계는 '특수한 것'이다. (3) 서독 정부와 무력행사 혹은 무력에 의한 위협을 상호 중지하기 위한

---

1) 선거결과 CDU/CSU의 의석은 242석, SPD가 224석, FDP가 30석이 되어, 3개의 연립형태가 예측되었으나 외교정책에 협력하는 것으로 SPD/FDP 연립정권이 탄생했다. 이것에 의해 CDU/CSU와 SPD/FDP의 의석수는 242대 254라는 근소한 차이로 브란트 정권의 부담이 되었다.

2) *Die Deutsche Ostpolitik 1961-1970*, (Dokumentation hrsg.von Boris Meissner, Kln, 1970), SS.380-383.

3) 브란트의 정책은 넓은 의미에서 동서의 긴장완화, 기본적으로는 민족자결과 자유에 의한 통일 독일을 그 목적으로 하고 있었다. 그 중심이었던 동방정책은 독일 문제를 극복하기 위한 화해의 정책으로 이루어졌다. 따라서 브란트 정권의 동방정책은 본래 동유럽을 향해 구상된 다이내믹한 대외정책이었던 동시에 국내정치에 있어서는 연립정권의 성립기반이 되었다. Arnulf Baring, *Machtwechsel, Die Ära Brandt-Scheel*, Stuttgart: Deutsche Verlags-Anstalt, 1982; Dennis L.Bark and David R.Gress, *Democracy and its Discontents 1963-1988*, Oxford: Basil Blackwell, 1989, pp.166-172.

잠정협정을 동독과 체결할 용의가 있다. (4) 미국, 영국, 프랑스 3국에 대해 베를린의 정세를 개선하기 위한 소련과의 교섭을 보다 적극적으로 진행하도록 조언한다. 그리고 서베를린은 독일의 2개의 부분의 정치적, 경제적, 문화적인 관계 개선에 도움이 되는 것으로 그 위상을 평가하지 않으면 안 된다. (5) 기타 동유럽 각국과 관계 개선을 위해 소련, 폴란드와 교섭의 시작을 제안한다. (6) 전 정부가 설명을 요구하고 있던 여러 문제가 회답 되는대로, 조속히 '핵확산 방지조약'에 조인한다.

이러한 시정연설을 접하면서, 이미 그 전날, 정부 대변인은 기자회견에서 "새로운 서독 정부는 2개의 독일국가가 존재한다는 입장으로부터 출발한다"라고 말해 현실적인 외교정책을 시사하고 있음을 확인할 수 있었다.

이상의 움직임은 6일 동독 건국 20주년 기념식 행사에서 브레지네프 소련 공산당서기장이 "모든 바르샤바 조약기구의 국가들은 서독을 포함하여 모든 국가들과 긴장완화와 우호관계의 발전을 희망하고 있다"고 말하는 분위기를 만들었다. 소련의 이러한 화답은 서독이 희망의 메시지를 바라던 취지를 말한 것으로, 두 독일 관계를 포함하여 동유럽 각국과 서독의 관계가 갑작스럽게 새로운 단계에 접어들고 있음을 예상할 수 있도록 하였다.

브란트 총리의 연설에 덧붙여 쉘 외무장관은 10월 29일 연방의회에서 야당의 질문에 대한 답변에서 "제3국에 의한 동독 승인은 서독의 이해의 본질에 해당하는 문제이고 앞으로 무관심하게 지나칠 수 있는 문제가 아니다. 그러나 제3국이 동독을 승인한다고 해도 이것과 외교관계를 단절하는 계기는 되지 않을 것이다."라고 말한 것은 서독 정부 책임자가 공식적으로 처음 할슈타인 원칙의 포기를 언급[4]한 것으로 받아들여졌다. 그리고 이러한 입장은 69년 전반에 계속되었던 비공산권 각국에 의한 동독 승인 문제에 대한 대응의 방향성을 제시함과 동시에 동유럽 각국과 국교정상화에 있어서 요구되고 있었던 전제 조건을 정비하는 것이 되었다.

신정권의 동방외교는 구체적으로 소련, 폴란드에 대한 무력행사의 상호포기에 관한 교섭을 제기하는 것으로 시작되었다. 그리고 이것과 병행하여, 핵확산 방지 조약 조인에 대한 기본적인 입장이 검토되었다. 조약 조인의 시비를 둘러싸고 전 정권의 여·야당 간 날카롭게 의견이 대립되었고 최종적인 태도 결정이 늦어졌으나 새로운 정권은 이것의 처리와 다른 외교상의 성과를 연결시키려고 노력하였다. 즉 새로운 정권은 외교부를 통해 먼저 미국과 소련 양국 정부에게 동 조약의 조인으로 서독의 안전보장에 불안이 없을까 미리 확인하는 질문서를 제출하고 다음으로 원자력의 평화적 이용 면에서 차별 대우가 발생할 가능성에 대해서도 질문을 한 후 조인을 단행하였다.

브란트 정권은 2개의 독일국가가 존재한다는 입장을 인정했기 때문에[5] 동독을 포함한 동유럽 전체에 반향을 불러일으켰다. 브란트

---

4) Boris Meissner, op.cit., SS.389-390.
5) 법률상의 문제가 아니라 사실상의 방식으로서 이해된 '할슈타인 원칙'의 수정문

의 시정방침 연설 후 10월 30일 바르샤바 조약기구 7개국 외교부 장관 회의는 유럽안전보장 회의의 조기 개최를 호소하는 커뮤니케(공동선언)를 발표했다. 아마 그것은 서독의 신정권의 움직임에 긍정적으로 화답한 것으로 볼 수 있다. 이 '프라하 선언'의 의도는 '무력포기 협정'을 통한 안전보장의 확보와 유럽 각국과의 경제협력의 확대였으며 그리고 이들 논쟁점에 대해 양자간(Bilateral)과 다자간(Multilateral) 협정을 지지하는 것이었다.[6] 소련, 동유럽을 비롯하여 각 국은 서독의 신정권의 정책에 기대하면서 동시에 블록 내 각국 간의 보조(步調)의 혼란을 막기 위한 것으로 볼 수 있다. 브란트의 시정연설에 대한 동독 정부 관계자의 반응은 동독 외무차관 숄츠(Erast Scholz)의 기자회견에서 처음으로 밝혀졌다. 동독은 서독과의 관계 정상화를 위해서 서독이 동독을 평등한 주권국가로 국제법적으로 승인하는 길 이외에 없다는 태도를 표명하였으며 여전히 동독은 종래와 마찬가지로 원칙에 따라 강경한 자세를 유지하고 있었음을 볼 수 있었다.

12월 1일부터 모스크바에서 개최되었던 소련, 동유럽의 바르샤바

제와 연관되어 있었다. Clemens Clays, *Reluctant Realists: the CDU/CSU and Wset Germany Ostpolitik 1969-1982*, Duke University Press, 1989, p.67.

6) Michael J. Sodaro, *Moscow, Germany, and the West: from Khrushchev to Gorbachev*, Ithaca: Cornell Univ. Press, 1990, p.152. 그러나 '프라하 선언'은 동독에 또 하나의 타격을 주었다. 외무장관 Otto Winzer는 모든 바르샤바 조약국과 서독과의 2국간 교섭과 협정에는 반대하고 있었다. 그 이후 Winzer와 동독의 언론은 모든 국가와 함께 평등하게 유럽안전보장에 참가하지 않으면 안 된다고 반복하여 주장하였다.

조약국 정상회의7)에서는 계속 강경한 태도를 취하는 동독과 동서독 간의 접촉을 촉진시키려는 국가 간의 의견 조정이 중요한 의제가 되었다고 볼 수 있다. 전후 유럽의 현상유지를 중요한 동기로 생각하는 논조로 발표된 커뮤니케에서 서독의 핵확산방지조약 서명은 적극적인 계기라고 계속 평가되면서도 모든 국가가 국제법을 기초로 동독과 평등한 관계를 구축하고, 현재의 유럽의 국경을 최종적 또는 불변의 것으로 인정하는 것이 필요하다고 인식되어 동독의 주장이 옹호되는 형태가 되었다. 이처럼 서독의 동방외교의 진전 및 국제긴장완화의 전개는 대 소련 관계, 동유럽과의 국교정상화, 동서독 관계와 '베를린 문제'의 해결 등과 불가분의 관계에 있는 것으로 브란트 정권의 중요 과제가 되었다고 볼 수 있다. 이하에서는 이러한 문제를 미국, 소련, 영국, 프랑스와 동서독 간의 '다국간' 문제라는 인식에 기초하여 설명할 것이다. 특히, 이 장에서는 국제 긴장완화의 실제의 모습을 새로운 외교정책의 형태를 통해 전개되는 모습을 분석한 후 유럽 긴장완화의 전개를 국제긴장완화 체제의 '제도화'라는 장래의 상황을 설명하고자 한다.

---

7) Michael J.Sodaro, Ibid., p.153.

제2절. 전환점이 된 1969년

1. '계속'과 '변화'

1969년은 서독에서 중요한 의미를 가진 해였다. 전후 서독의 정권으로부터 배제되어 왔던 사회민주당(SPD)이 정권을 잡았다는 것과 브란트·쉘 정권이 보다 적극적인 동방정책을 전개한 것은 이전의 대연립 정권의 외교정책으로부터 커다란 '변화'를 이루었다는 점이다. 사회민주당 정권은 국내 정치에서 어려운 입장에 처해 있었으나, 동독, 소련, 동유럽 관계에 있어서는 앞 정권보다 적극적인 자세를 보이기 시작했다. 이러한 입장은 특히 브란트·쉘 정권이 연방의회에서 발표한 '계속'과 '변화'라는 시정방침[8])에서 잘 나타났다.

또한 1969년은 국제정치에 있어서 혁명적인 외교가 전개되었던 해이기도 하다. 구체적으로 미국과 중국의 화해, 미국과 소련 간의 긴장완화가 한층 진전됨에 따라 제2차 세계대전 이후 처음으로 유럽의 정치와 아시아의 정치가 연계되었다는 점을 역사의 문맥에서 확인할 수 있다.

브란트 정권의 외교정책은 동서 긴장완화를 목표로[9)] 하고, 현실

---

8) Boris Meissner, op.cit., S.380.
9) 브란트의 외교정책에 대해서는 Willy Brandt, *A Peace Policy for Europe,* New York: Holt, Rinehart & Winston, 1969; Peter Bender, *Die Ostpolitik Willy Brandts,*

에 있어서 동서 대화를 주장하였다. 대화의 기초로 제2차 세계대전 이후 유럽의 '현상유지' 문제에 초점을 맞추면서 동서독의 국가로서의 승인과 오데르·나이세 국경선의 승인문제가 제기되었다.

제2차 세계대전 후 서독을 지도해왔던 아데나워, 에어하르트, 키징거의 3대 기독교민주 동맹 정권은 일관되게 동독의 존재를 인정하지 않았으며 1945년 결정된 오데르·나이세의 폴란드 국경선 승인을 거부하고 있었다.[10] 서독의 여론전체도 같은 견해가 지배적이었다는 것을 생각해보면 브란트 정권이 시정연설에서 제기한 새로운 정책은 정말로 획기적인 의미를 가지고 있음을 확인할 수 있다.

뿐만 아니라 브란트 정권은 동서 두 블록, 즉 NATO 체제와 바르샤바 조약기구의 변경을 일체 동반하지 않는다는 보증 아래 동방정책을 전개하는 신중함도 보여주었다. 그리고 그 정책의 중심은 (1) 핵확산 방지조약의 조인 (2) 소련과 폴란드와 관계정상화 교섭에 대한 강한 의욕 (3) 동서독의 정상회담 개최 등이었다. 거듭 강조하고 싶은 것은 1970년 4월 미국 방문, 6월의 프랑스 방문에서 볼 수 있듯이 브란트 총리가 서방 진영과의 결속에 더욱더 적극적이었으며 닉슨 대통령 및 퐁피두 대통령과의 회견을 통해 동방정책에 대한 협력과 이해를 확보하는 성과를 얻었다.

또한 브란트 외교의 기조는 '유럽평화질서'의 형성이었고, 이것은

Reinbek bei Hamburg: Rowohlt, 1972.

10) CDU/CSU의 전통주의자는 서독의 국익을 위해서 SPD가 추진한 정책을 비판하는 한편, 독일민족의 단결을 중요시했다.

이미 대연립 정권 시대부터 기본적인 사고가 명쾌하게 전달되고 있었다. 특히 서독의 정책은 동유럽 각국과의 관계 가운데 소련과의 관계 개선을 최우선시 하였다. 왜냐하면 소련과의 관계 수립이 불가분하였기 때문이다. 그러므로 긴장완화 정책에 대한 서독의 적극적인 태도는 동독을 배제하는 것은 아니었고, 그렇다고 반드시 서독의 기본적 입장을 포기하는 것을 의미하는 것도 아니었다.

이상의 사실로부터 보면 국경문제, 대동방·대서방 관계의 균형, 평화질서의 구축이라는 세 가지 점에서 브란트·쉘 정권의 외교정책은 방법론적으로 이전의 정권과 다른 면을 제시하였다고 말할 수 있다.

2. 브란트 정권에 대한 소련의 반응

브란트 정권은 발족 후 곧바로 핵확산 방지 조약에 조인하였다. 분명히 이것은 소련과의 관계개선을 노린 것이었다. 주지하다시피 핵확산 방지 조약은 현재 핵을 보유하고 있는 국가에게 유리하고, 그 이외의 국가들에게는 그야말로 불평등 조약으로 초강대국을 제외한 각 국은 불만의 소리가 매우 높았으나 브란트 정권은 과감히 조인하였다. 아마도 소련과의 합의를 위한 필수불가결한 조치로 생각했었기 때문이었을 것이다.

그 후 12월 초 열린 바르샤바 조약기구 정상회담의 커뮤니케는 서독의 핵확산 방지 조약 조인을 '현실주의적인 경향'이라고 긍정적으로 평가하고 회담 종료 후 소련과 서독간의 무력 불사용 선언 교섭이 시작되었다. 더욱이 2주 후 폴란드가 서독의 요청에 대해 교섭에 응하겠다는 답을 하였고 다음해 2월 교섭이 시작되는 단계에 이르렀다.

이러한 경과는 브란트 정권이 동방정책을 진행하는데 있어서 소련이 동유럽 및 세계의 국제정치의 장에서 중요한 역할을 하고 있다는 것을 입증하는 것이었다. 그 때 서독은 영토문제뿐만 아니라 외교정책 전반에 있어서 다시 제2차 세계대전 이전의 독일로 돌아가지 않겠다고 약속하였다. 이것에 대해 동유럽 및 소련은 서독이 성의를 가지고 적극적으로 행동하였다고 받아들였다. 이것은 중요한 계기였으므로 소련으로서는 놓쳐서는 안 되었다. 그동안 서독에 대해서 항상 부여되었던 '복수주의자'라는 부정적인 이미지는 그 이후 1년 안에 빠르게 불식되었던 것이다.

물론 이러한 이미지 개선은 소련 측의 사정에도 큰 영향을 미쳤다고 생각된다. 무엇보다도 소련은 동아시아에 있어서 중·소의 대립의 고민을 안고 있었으며, 특히 1969년 중·소 국경에서 3월부터 8월 사이 무력 충돌까지 일어났던 상황이었다. 그렇기 때문에 소련에게는 대 서방정책에 있어서 국제관계의 안정화, 이른바 긴장완화의 분위기에 편승하는 것이 가장 용이한 대응이었다는 것을 부정하기 어려울 것이다. 덧붙여 말하면 소련과 동유럽의 각국에게는 서독의 강한 경제력이 이데올로기적 입장을 넘어 커다란 매력이었다는 것도 사실이다. 이러한 의미에서 서독의 경제력은 브란트의 동방정책을 진행하는 데 있어서 중요하고도 기초적인 힘의 혜택을 입었다고 할 수 있을지 모른다.

서독에서 SPD/FDB 정권 탄생을 맞이한 소련의 브레지네프 서기장은 1969년 10월 27일 크렘린에서 이루어진 소련 · 체코 우호회의에서 다음과 같이 말했다. 즉, "20년간 정권을 담당했던 거대한 독점자본 정권인 기독교 민주동맹은 보복주의와 군국주의로 인해 정권을 잃었다. 사회민주당이 결정적인 역할을 하고 있는 새로운 연합정권은 국제문제에서 보다 현실적인 태도를 취할 의향을 강조하는 성명을 발표하며 출발하였다. 우리는 이 의향이 진심으로 이루어지고 있다고 믿고 싶다. 서독의 지배층은 그것을 실현할 가능성을 갖고 있다. 서독과 동독의 국경을 포함한 유럽의 현재의 국경선은 서독 정부가 공식적으로 인정할 것, 기독교민주동맹의 의해 제기되었던 서독이 전독일의 국민을 대표한다는 부당한 요구를 포기하는 것 등이 어떤 의미를 가지고 있는지를 이해하는 것은 어렵지 않다". 또한 브레지네프 서기장은 10월 6일 동독 건국 20주년 기념식에서 10월 3일 서독의 선거결과에 대해 말하면서, "서독에서 의심할 여지가 없는 민주세력의 승리"[11]라고 말했다. 이러한 반응으로부터 판단해 보면, 소련이 보인 서독과의 교섭에 대한 열의는 당연한 것이었을 것이다.

또한 소련의 브레지네프 서기장은 '유럽집단안전보장'에 대해서

---

11) Michael J.Sodaro, op.cit., p.151.

"사회주의 각국의 외교정책에 있어서 중심적 과제의 하나는 유럽의 항구적 평화보장과 유럽 전체 국가 간의 협력문제이다. 우리들이 집단안전보장체제 문제를 이처럼 끈질기고 반복해서 들고 나온 것은 결코 우연이 아니다. 우리들에게 있어서 이것은 단순히 사람을 끌어들이기 위한 슬로건이 아니다."라고 말했다.[12] 이러한 소련의 입장은 10월 31일 프라하 선언[13] 에서 밝혀졌다. 특히, 소련은 서독의 선거 전에 더욱 적극적인 반응을 표명하였다.[14]

　서독과 소련 사이 협의의 중요한 목적 부분에서 커다란 차이가 있었지만 크렘린은 브란트 · 쉘 정권이 기독교 민주동맹과 비교해 보다 적극적으로 유럽의 안전보장회담을 받아들이는 자세를 보이고 있다는 것에 약간의 만족을 얻었다.[15]

　1969년 이후 소련의 지도자들은 유럽의 긴장완화를 통해 동서 유럽의 상호관계가 복잡하게 발전하고 있다는 것을 명확하게 인식하고 있었다. 동 · 서 블록 간의 접촉과 교류의 증가는 모스크바가 서유럽에서 보다 많은 영향력을 행사할 수 있는 가능성을 보여주는 동시에 서방 측의 사상이 사회주의 진영에서 영향력을 발휘될 우려가 있다고 생각하여 불안감을 표시하기도 하였다. 이러한 상황아래서

---

12) Ibid., p.152.

13) Ibid., p.152.

14) 브란트와 그러한 조치가 유럽의 군비삭감에 영향을 줄 경우, 그것은 '유용하다'고 인식하고 있었다.

15) "소련의 신문"(Pravda, Nov.11, 1969; Ibid., Dec.8, 1969; Izvestiya, Dec.8)에 당시 주장되고 있었다. Michael J.Sodaro, op.cit., p.152, (注).63에서 재인용.

소련지도자들은 사회주의 동맹국에서 자신들의 지배력이 약화될 위험에 처하지 않는 범위 내에서 서유럽 국가들에게 영향력을 미칠 수 있도록 노력하고 있었다. 어떤 의미에서 이러한 상황은 사회주의 진영과 서유럽 간의 상호작용의 분위기를 만들어 서방 측 동맹의 결속을 느슨하게 하였다. 동시에 그리고 소련 지도자들은 동유럽에서 경제발전을 통해 공산주의 체제를 강화하는 목적16)을 동반할 수 있다고 생각하였다.

소련 지도자들 전체의 입장에서는 서독과의 대화를 재개하고 양국관계를 개선하는 방향으로 진행하고 싶었으나, 지도자들 개개인의 생각은 다소 차이를 보였다. 예를 들면 브레지네프는 자신의 경제적 이론적 해석에 서로 자본주의의 모순을 덧붙였다. 그리고 스슬로프(Suslov)는 동·서 무역에 대해서는 소극적이었으나, SPD와 협력함으로써 얻을 수 있는 이익이 있다는 점을 생각하고 있었다. 코시긴의 경우는 경제를 어느 정도 고려하면서 군비관리협정의 체결을 희망하고 있었다. 또한 프드고르니(Podgorny)는 군비 관리 면에 강한 관심을 보이고 있었다.17)

브란트 정권의 탄생 후 유럽에 있어서 긴장완화의 흐름은 국제적으로 보면, 미국과 소련의 연계관계가 형성되면서 새로운 국제정치의 환경을 만들어냈다. 국내적으로는 동서독의 통일정책이 이미 전개되고 있었던 긴장완화 전략에 통합되게 되었다.

16) Karl Barnbaum, *East and West Germany: A Modus vivendi,* Saxon House, 1973, pp.3-4.
17) Michiel J.Sodaro, op. cit., pp.164-5.

3. 동독의 반응

서독과 동독의 접촉은 1967년 봄부터 활발해졌다. 그리고 같은 해 4월 12일 서독정부는 성명을 발표하고 두 독일 간의 긴장완화를 희망하였다. 여기에 두 독일 간의 긴장완화는 유럽의 긴장완화의 구성부분이며 활동 요소로 (1) 두 독일 주민 간 일상 활동이 쉽게 가능하도록 하고 (2) 경제·통행 정책의 협력 (3) 경제·기술·문화 교류 등, 3개항 16개조에 이르는 제안[18]이 제시되었다. 서독이 성명을 발표하자 동독 측의 울브리히트 국가평의회 의장은 성명을 내고 "키징거 및 슈토프 두 독일 총리 사이에서 동서독 간의 의사소통을 위한 첫걸음을 협의하고 조약을 맺자."고 제안했다. 그러나 베를린 통행금지문제 때문에 이후의 교섭 과정은 난항을 겪고 두 독일 관계는 점차 악화되었다. 그리고 바르샤바 조약 기구군의 체코 침공사건이 동서관계를 냉각시켜 교섭은 1969년 브란트 정권 등장까지 2년이라는 긴 공백 기간을 경험하였다.

그러나 1969년 접어들어 미국과 소련의 접근을 배경으로 유럽의 안정과 긴장완화의 현실은 급속하게 구체화되었다. 특히 같은 해 3월 17일 부다페스트에 있어서 바르샤바 조약기구 정치자문위원회는 '부다페스트 선언'[19]을 발표하였다. 그것은 그 이후 유럽의 냉전을

---

18) Miβ trauische Nachbarn, *Deutsche Ostpolitik 1919-1970*, von Hans-Adolf Jacobsen, 1970. SS.402-404.

19) Michael J.Sodaro, op.cit., pp.141-144; Karl Birnbaum, op.cit., pp.5-6.

긴장완화로 향하게 하는 움직임을 가속화 시켰다. 이 선언에 대한 미국·서독에 대한 논조는 그동안 동방 측에 대한 태도에 비교해 지극히 부드러워졌다는 점이 주목되었다. 그리고 브란트도 고테스 베르그에 있어서 SPD 당 대회 연설[20]에서 이 점을 지적하였다. 다음으로 7월 3일 먼저 브란트 외무장관 측은 소련에게 1968년 7월 11일 이후 중단되었던 무력사용에 대한 서독과 소련과의 교섭의 재개를 제안하였다. 7월 10일 그로미코 외무장관도 계속 교섭 이행을 소련 최고회의에서 표명하고[21] 갑자기 동서 교섭의 길이 열리기 시작했다. 그러나 서독에서는 총선거가 예정되어 있었고, 구체적인 교섭은 선거결과를 기다리는 상황이었다.

서독의 총선거 결과 브란트 정권이 탄생하고 동서독의 교섭은 이전 정권보다 다각적인 방향에서 진전을 보이기 시작하였다. 그 출발점은 이미 브란트 정권의 시정연설 중에 인정된 "독일에는 2개의 국가가 존재하고 있지만 양국은 서로 외국이 아니다. 양국은 상호관계와 특수한 성격을 가지고 있다."고 말해 동독을 사실상 승인[22]한다는 입장을 분명히 하였다.

그 이후 동서독의 교류는 1969년 12월 17일 울브리히트 동독 국가평의회 의장이 하이네만(Gustav W.Heinemann) 서독 대통령에게 보

20) Boris Meissner, *Die Deutsche Ostpolitik 1961-1970*, S.341.
21) *Europa Archiv*, Folge 19/1969. SS.485-459.
22) 서독정부의 외교 정책이 냉전정책으로부터 긴장완화 정책으로 대전환 하였다는 것으로 이해한다.

낸 편지에 의해 재개되었다. 울브리히트 의장은 "두 독일 간의 우호적인 공존과 선린관계의 형성을 합법적으로 국제법에 의해 승인된 규범에 기초한 형태로 촉진하자."고 서두를 말하고 교섭대표로서 슈토프 총리와 빈저(Otto Winzer) 외무장관을 임명하면서 동시에 9개 조로 된 조약 초안을 제안했다.[23]

동독이 서독과의 관계정상화에 적극적이었던 배경에는 서독의 동방외교에 중점을 둔 브란트 정권이 탄생하였다는 것, 그리고 이 정권이 1969년 11월 28일 핵확산 방지 조약에 조인하였다는 것 등을 들 수 있을 것이다. 사실 1969년 12월 3~4일 모스크바에서 열린 바르샤바 조약기구의 정상회담에서도 서독의 핵확산 방지 조약 조인이 높게 평가되었으며 사회주의 측의 대독일 정책이 결정되었다고 알려졌다. 그래서 울브리히트는 사회주의 측이 자국에 대한 지원을 서방 측에 어필하려고 적극적으로 움직였다. 그 회의에서 모스크바 측은 이미 본과 함께 양국 정상화를 위해 신중하게 대화하기 시작했다고 발표했다. 12월 말부터 서독과 폴란드 사이 같은 형태의 대화가 시작되었다.[24] 그 결과 모스크바 회의 직후 울브리히트는 사회주의 통일당의 제12회 중앙위원회 보고 중에 동서독 관계를 규정하는 조약은 국제법에 기초할 필요가 있다고 종래의 입장을 반복하면서도 서독의 사회민주주의와 선린관계는 가능하다고 말하면서 동서 관계의 새로운 전망을 보여주었다.[25]

---

23) *Europa Archiv*, Folge 8/1970. D., SS.190-193.
24) 서독과 폴란드의 교섭은 1963년 이후 중단되었다.

다음으로 12월 17일 동독 인민회의에서 '서독과의 관계를 규정하기 위한 교섭을 국가평의회와 각료회의에 일임하는 결의'가 채택된 후, 울브리히트는 하이네만에게 편지를 보냈다. 이것에 대해 하이네만은 "제안을 환영한다. 다만 조약안에 대해 검토 중이다."라고 회답하였다. 그리고 동서독의 관계정상화 교섭은 몇 개의 문제점을 보이면서도 성공이 예상되었다. 울브리히트 제안은 동서독 관계의 정상화를 목표로 했던 것이었으나 내용은 종래 동독의 주장과 별로 달라지지 않았다. 예를 들면, 완전한 외교관계의 수립, 대상의 교환, 서베를린의 독립된 지위의 승인 등을 들 수 있다. 한편, 1967년 슈토프 · 키징거 간의 노트 교환과는 다르게 GDR의 승인을 두 개의 국가간 대화보다 우선시킨다는 전제조건을 버렸다.[26)

1969년의 국제적인 긴장완화의 프로세스 중에서 서독의 SPD/FDP 연립정권은 브란트 총리 아래서 평화를 확보하기 위해 두 동서독간의 관계 개선도 필요하다고 판단하고 외교적으로도 의사를 확실히 표시했다. 그러나 동독 지도부는 초기 이러한 서독의 접근에 반대하고 서로를 외국으로 인정하는 '국제법상의 관계'를 맺는 것에 집착하고 있었다.

25) *Europa Archiv*, Folge 8/1970. D., SS.187-190.
26) McAdams, op.cit., pp.100-101.

4. 서방 측과의 관계

　브란트의 신정권은 '계속과 쇄신', '외교와 안정보책', '독일정책'을 주제로 시정연설을 실시하였다. 외교정책에서 특히 동방정책에 대한 구체적인 목표를 제시했다. 그러나 그 실행 방법에 대해서는 서방 측과 동방 측의 중간에 서 있는 것이 아니라 서방 측과 협력관계 속에서 전개해야만 했다. 안전보장 면에 있어서는 "NATO는 20년간에 걸쳐 그 존재를 유지하고 있지만 유럽의 긴장완화에 이르는 연대적인 노력에 있어서 전제가 되었다."고 설명하면서 NATO 안전보장 시스템을 기본으로 했다.[27] 유럽의 긴장완화의 중요한 중심축인 군비관리에 대해서 "동시에 우리들은 군비제한과 군비관리를 향해 우리들의 신중하고 지속적인 노력에 관한 면이든 독일연방공화국의 충분한 방위보장에 관한 것이든 동등한 가치를 가지고 있다. 그리고 우리들이 안전보장의 두 가지 측면의 어느 쪽을 관찰해보더라도 연방정부는 안전보장정책이라는 것은 균형과 평화보장 정책이라고 이해하고 있다"고 말했다.[28] 또한 브란트는 시정연설에서 ECC의 확대·강화를 위하여 주도권을 잡겠다고 명확히 하였듯이, 드골이 은퇴한 후 유럽에 있어서 마르크의 지위가 보여주듯 서독의 발언력의

---

27) Boris Meissner(hrsg.), *Moskau Bonn: Die Beziehungen zwischen der Sowjetunion und der Bundesrepublik Deutschland 1955-1973. Dokumentation*(Kln: Verlag Wissenschaft und Politik, 1975) SS.1187-1189.

28) Ibid, SS.1187-1189.

무게는 한층 증가하리라고 어느 정도 예상되었다.

브란트의 동방정책은 서독의 전통적인 외교정책상의 부담을 가볍게 하면서 서방세계를 향한 발언력을 강화하지 않으면 안 되었다. 명확히 말하면 유럽에 새로운 국제정치의 역학관계가 작동하기 시작했다고 말할 수 있다. 브란트의 대 서방정책은 이미 서베를린 시장을 지낼 때 '서독과 동유럽 관계의 정상화', 즉 동방정책은 현상유지의 인식과 함께 시작해야 한다고 명확하게 주장하였다. 또한 맥키 (George McGhee)에 따르면[29] 브란트는 유럽통합과 대서양 동맹관계 (Atlantic Partnership)를 향한 현재의 국가의 움직임에 실망을 표시하면서도 SPD는 활기 있는 진보를 이룸으로써 적극적인 역할을 할 예정이었으며 모네(Jean Monnet)의 실행위원회(Action Committee)와도 협력하였다는 사실을 지적할 수 있다. 이상과 같이 브란트의 동방정책은 전후 서독의 대서방 정책을 기초로 추진하게 되었다. 그것은 '독일문제'의 해결이라는 서방 측으로부터 보면 의미 있는 것이었다.

1969년 11월 17~18일 개최하기로 예정되었던 헤이그 EEC 정상회담에서 퐁피두 정권은 예상과는 반대로 국내사정으로부터 여전히 'ECC의 확대보다 통합이 우선'이라는 방침을 견지하였다. 또한 공통의 농업정책을 둘러싼 대립에서 타협의 태도를 보이지 않았기 때문에 난항이 예상되었다. 일단 연기되어 12월 1~2일 개최되었던 ECC 정상회담은 역내의 농업문제와 밀접하게 얽혀있는 상태에서 영국의

---

29) George McGhee, *At the Creation of a New Germany: from Adenauer to Brandt*, Yale University Press, 1989, p.119.

178 냉전질서와 국제긴장완화 정책사

ECC 가맹 문제를 토의하였다. 총리로서 처음으로 국제회의에 임한 브란트는 "로마조약의 정신으로부터 말하면 확대 문제는 우리 공동체의 기본문제이다. 과도기가 끝나지 않으면 이 문제에 착수해서는 안 된다"고 말하면서, 이하의 4가지 점에 대해 확대 찬성의 태도를 명확히 하였다. 즉 첫째, 확대문제의 연기가 공동체의 기능을 마비시키고 있다는 것은 경험이 보여주는 대로이다. 둘째, 우리들이 동서의 접근에 노력하고 있을 때 공동체가 확대되는 것은 공동의 이해에 공헌한다. 셋째, 공동체 자신이 경제적으로도 기술적으로도 강대국과 어깨를 나란히 해 세계적인 책임을 감당하기 위해서는 6개국 이상으로 가맹국 수를 확대할 필요가 있다. 넷째, 만일 서독의 경제력이 공동체 내부의 불균형을 가져온다는 우려가 있다면 그것을 방지할 수 있는 관점에서 말한다고 하더라도 확대에 찬성하는 것은 당연할 것이라고 말했다.[30] 이렇게 하여 브란트 총리는 회의에서 영국 가맹촉진파의 리더십을 발휘하고 이탈리아가 적극적으로 이것을 추진하고 네덜란드, 룩셈부르크도 계속해서 프랑스를 바짝 추궁하는 형태가 되었다. 이후 서독의 정치적·경제적인 대두, 특히 브란트 정권의 동방정책에 의해 어느 정도 자유스러운 정책 운영을 할 수 있는 여유가 생겨났다.

동방정책에서 중심이 되는 다양한 동서 간 교섭과 '독일문제'는 동서 관계 각국의 사이에서 중요한 과제가 되었다. 동방정책에 관한

---

30) Klause Reiff, *Frieden by Willy Brandt,* (直井武夫 譯, 讀賣新聞社), pp.130-143.

서방 측의 움직임에는 동방 측과의 적극적인 관계개선의 움직임 이상의 의미는 없었지만, 국제 긴장완화 시스템의 차원에 있어서 미국과 동맹국의 요구가 동방정책을 추진하는 전제 조건이라는 것을 서독의 정책결정자는 충분히 감안한 상황에서 행동하였다. 특히 동맹국에 대해 파트너 관계라는 틀 속에서 예측 가능성·신뢰성의 구축에 노력했던 것은 외교정책을 전개할 때 이상으로 좋은 환경을 만들어냈다. 슈미트(Helmut Schmidt)도 외교 회고록에서 "우리 독일인들은 민족적인 일체성을 명확히 포기하는 것이 이웃국가들의 잠재적인 불신을 완화하기보다 오히려 강화하게 될 수 있다는 것을 알지 않으면 안 된다. 왜냐하면 유럽의 각 민족은 민족국가 속에 존재하고 있기 때문이다. 그들은 국가로서의 자기결정을 자연권이라고 보고 있다. 문제를 공동으로 해결하려고하면 유럽의 각국이 유럽 자유무역연합(EFTA), EC, 코메콘 혹은 2개의 동맹시스템에 결집되면 될수록 국가로서의 아이덴티티는 그들에게 있어서 점점 명백한 것이 된다."고 말했다.[31]

서독은 일관되게 동서 간의 중립정책을 적당히 사용하는 국가가 아니라는 인상을 동맹국들로부터 인정받기 위해 노력하였다. 그리고 동시에 서방 측의 지지에 의해 동방 측과 접촉하는 것이 가능하다는 확신에 따라, 동유럽과의 관계정상화는 서방 측과의 협력관계 속에서 심화시키는 것이 좋다고 생각하고 정책실현을 위해 노력하

---

31) H. Schmidt, *Die Deutschen und ihre Nachbarn*, 永井(上), pp.84-86.

였다.

　브란트와 슈미트는 새로운 동방정책을 전개하는 초기부터 이러한
전제를 강조하고, 그것이 서방 측의 국제긴장완화 정책을 상당히 진
전시킨다고 말했다. 또한 본은 동방정책은 중립을 향한 움직임을 의
미하는 것이 아니라고 표명했다.[32] 브란트 정권이 발족했을 때 서독
과 미국과의 관계는 서베를린의 안전을 지키는 것과 유럽 주둔 미군
의 일방적인 삭감으로 인한 국내의 압력으로 MBFR(Mutual balanced
force reduction) 협정을 맺기 위해 서독·NATO 내부의 불안정을 방
지하는 것, 유럽에 있어서 소련의 영향력으로부터 지키는 것 등 이
러한 세 가지 점으로부터 방위적인 자세를 취했다.[33] 브란트 정권이
탄생했을 때 서독 민족이 갖고 있던 대미 감정에 대해 피터 벤더는
다음과 같이 보았다. 즉, 서독 시민들이 이상으로 생각한 미국은 60년
대 말부터 퇴색되었다고 생각하였다. 이전에 존재가 희미할 정도는
아니었던 동방 측 사회주의로부터의 위협도 지금 소멸하지는 않았
지만 현저하게 감소하였다. 서독은 보다 강하고 더 자신을 갖게 되
었다. 알면 알수록 미국은 규범적이라고 말할 수 없는 면이 보이게
되었다. 구체적으로 베트남 전쟁과 외교정책이 그에 해당된다. 미국
인에게 있어서 외교정책은 자유와 인권을 위해 싸우기보다 훨씬 이

---

32) W.F. Hanrieder, *Germany, America, Europe: Forty Years of German Foreign Policy*,
　　Yale University Press. 1989, pp.198-199.
33) William E. Griffith, *The Ostpolitik of the Federal Republic of Germany*, MIT
　　University Press, 1978, pp.177-178.

데올로기적이었다. 미국은 서독의 동방 측과의 정치적, 경제적 거래를 배신이라고 간주하기도 하였다. 반대로 미국의 대통령이 서독의 동방무역에 대해 판단을 내리려고 하는 것을 서독은 대국의 오만이라고 받아들였다. 양국은 같은 권리와 파트너십을 제창했지만, 양국 모두 실패하였다. 미국은 배려를 보이려고 하는 한편 확실히 권력을 등에 업고 뻐기는 행동을 취하고 독일은 비굴할 정도로 예의적인 태도와 스스로의 우위를 과시하려 하는 태도의 균형을 잡는데 고생하고 있었다.[34]

냉전시대는 미국과 독일 관계에 있어서 '특수한 시대'이었다. 지금까지 계속 미국은 군대를 독일에 주둔시키고 자국의 파멸의 위험을 감수하면서 핵무기로 독일을 지켜왔다. 한편 독일은 미·소 간 대립의 전장이었고 항상 파멸의 위험에 노출되어 있었다. 이러한 상황에서 서로의 안전보장을 위하여 모든 정치적·경제적 문제는 최종적으로 받아들이지 않으면 안 되는 상황이었다.

냉전기 미국·독일 관계의 대립에 하나의 패턴이 있었다. 즉, 미국정부가 소련의 위협에 항상 마음을 빼앗기고 있었던 것에 대해 서독의 소련에 대한 자세는 그 정도까지 단순하지 않았고, 이 점에서 양자의 사이에 대립이 보였다. 미국은 소련의 침략 가능성을 항상 경계하고 있었으나 그 경우 유럽이 전장이 될 가능성이 높았다. 서독은 미국 측으로부터 멀어질 수 없었지만, 언젠가는 동독을 해방시

---

34) Peter Bender, op. cit., pp.136-140.

키고 독일통일을 실현하려는 최종 목적이 있었기 때문에 소련과 대립을 피했다. 그것 이상으로 독일정부가 극단적인 사태로 우려하고 있었던 것은 미국이 소련과 긴장완화 조약을 체결하기 위해 동독을 포기하는 흥정을 하는 것이 아닌지? 라는 것이었다. 또한 독일 정부는 미국의 핵미사일 기지를 자국 내에 건설하는 것에 대하여 소극적이었다. 이러한 문맥 속에서 브란트의 동방정책이 제안된 것이었다. 미국정부가 동독과의 통일이라는 독일의 목적에 항상 동의하고 있었지만 복잡한 생각을 안고 있었다는 것 또한 확실하다. 미국은 재통일한 독일이 이웃국가에 위협이 되고 유럽대륙에서의 불안정 요인이 되는 것이 아닌지 우려하고 있었다. 그러는 한편, 미국은 동서 두 진영에 루트를 갖는 통일 독일이 중립성을 가지려는 나머지 냉전상황에서 이탈하려는 것이 아닌지 의문을 품고 있었다.[35] 서방 각국의 서독에 대한 우려는 본(Bonn)의 동방정책이 진전되는 속도와 그 방향성이 독일문제를 둘러싼 복잡한 역학관계와 적합한지라는 점이었으며 신중한 측정이 필요하다고 생각하고 있었다. 이와 같은 동맹국의 우려에도 불구하고 1969년에 보인 냉전으로부터 긴장완화에 이르는 여정 속에서 변화를 촉진한 최대의 요인이 된 것은 브란트 정권에 의한 전후 유럽의 현상의 승인과 대립상황의 개선을 향한 잠정적인 결정, 동독의 사실상의 승인을 목표로 한 외교정책이었다.

---

35) Jeffrey E. Garten, *A Cold Peace,* Times Books, 1992, pp.57-60.

5. 서독의 국내정치

서독 사람들은 독일이 처한 현실을 중시하면서 전후 정치·경제를 발전시켜 동서독의 분단을 극복하려 하였다. 냉전기 냉엄한 현실 앞에서 재통일 문제와 폴란드와 국경선 문제에는 그다지 관심을 갖지 않았으나 대연립 정권 성립 이후 여론은 보다 적극적인 동방정책에 관심을 표명하면서 특히 동독과 소련과의 관계를 호전시키기를 바라는 방향으로 변화하였다.

긴장완화의 여러 가지 영역에 있어서 중요한 공헌을 한 브란트의 외교정책은 서독은 동독과 동유럽에 특별한 책임을 가져야 한다는 생각에 입각해 있었다. 이러한 생각은 특히 동독에 대해서 보다 현저했다. 이 인식은 유럽에 있어서 현상유지라는 그의 궁극적 목적을 달성하는 것과 일치하였으며, 실제 정책에서도 정합적으로 잘 반영되어 있었다. 1960년대 말 강대국의 긴장완화는 독일 통일정책이라는 요소를 다른 대외정책과 연계시키는 역할을 하였다. 이러한 상황 속에서 브란트에게 있어서 동유럽에 대해 진실한 동방정책을 수행하는 것이야말로 목적을 달성하는 최선의 방법이었다. 동시에 서방 각국과 동맹관계를 유지하면서 서독의 이익을 지키기 위하여 대 서방정책을 실시하는 것이 요구되었다. 강대국의 긴장완화가 불러오는 위험성을 극복하면서 '독일문제'를 해결하기 위하여 통일정책을 신중하게 수행해가는 것도 브란트의 동방정책이 단순히 자국만을 위하여 행하는 정책이 아니라 미국의 세계전략과 소련의 평화공존

전략을 동시에 고려하고 있는 것으로 생각되었다.[36]

SPD와 FDP의 동방정책은 CDU/CSU가 오랜 기간 동안 견지해 온 동서 관계와 민족 문제의 가정에 도전하는 것으로서 받아들여졌다. 야당이 된 CDU/CSU의 정통파들의 주장으로부터 보면 SED는 서독과의 우호관계는 어떤 이익도 갖고 있지 않다고 생각되었다. 서독은 동독의 정통성을 본질적으로 위협하는 것이었고 동독의 생존 자체에 대한 위협이었기 때문이었다. 게다가 크렘린의 지도자들은 스스로의 블록을 서방 진영으로부터 고립시키려 하였다. 동독의 울브리히트는 알렉산더 드부체크와 같은 불행한 경험을 반복하는 것에 관심이 없었다.

이러한 CDU/CSU로부터 보면, SPD의 장기적인 목적은 모순되었으며 어떠한 이익도 없다고 생각하였다. 그리고 실제로 브란트의 동방정책은 유럽분단을 받아들여 소련과 동유럽 공산주의를 강화시킬 것이라고 생각하고 있었다.[37]

---

36) Ostpolitik, A Westpolitik, A Deutschlandpolitik 등은 서독을 위한 정책이었으나, 초대국과의 관계 및 동맹국의 틀과 밀접한 관계가 있었다. 각각은 국제긴장완화 구조의 하부 시스템으로서 상호 연결되지 않으면 안 되는 정책이었다.

37) Clay Clemens, *Reluctant Realists: The CDU/CSU and West Germany Ostpolitik*, Durham: Duke Univ. Press, 1989, p.59.

제3절. 모스크바 조약

1. 배경

브란트 정권 탄생 후 유럽의 긴장완화에 있어서 중요한 의미를 갖는 조약이 조인되었다. 그것은 바로 1년 반에 걸친 미국·서독 간 교섭의 결과 다국 간에 조인된 '핵무기확산방지조약[38]'이었다. 이 조약은 이후 브란트가 시정연설에서 제시한 동방정책 진전의 계기가 되었다.

12월 3일부터 열린 바르샤바 조약기구 정상회담의 커뮤니케에서 브란트 정권에 의한 핵확산방지조약 조인이 현실주의적인 경향이라고 긍정적으로 평가되었다. 본(Bonn)의 핵확산방지조약 조인을 높이 평가한 소련과 동유럽 각국은 종래의 방침을 전환하고 유럽의 집단안전보장 문제를 서방 측에 제안하였다. 그 이후 동방 측에서는 '울브리히트 독트린'에 의한 족쇄가 풀리고 동유럽 각국은 본의 서독 정부와 관계 정상화라는 새로운 단계로 접어들었다. '자유와 민족자결'을 기준으로 통일독일을 목표로 한 브란트의 전략에는 광범위한 동서 긴장완화가 필요했다. 따라서 서독 정부의 당면 과제는 제2차 세계대전으로 분단된 결과 생긴 '적대심과 불신'이라는 장벽을 제거

---

38) 서독은 1969년 11월 28일 조인하였다.

하는 것은 물론 대화의 촉진과 우호관계 수립에 대해 소련 및 그 동맹국들과 교섭을 추진하는 것이었다. 이미 이러한 분위기는 이전 정권 때부터 인식되어왔기 때문에 브란트 정권에서는 보다 적극적으로 화해정책의 전개가 이어졌다. 그것은 브란트의 과거의 경험을 반영했다. 전쟁을 극복하기 위한 특별한 노력이었다. 이상의 연장선에서 다섯 개의 시나리오가 만들어졌다. 그것을 간단히 정리하면, (1) 무력불사용 협정에 의한 소련과 동유럽 각국과 현재의 국경선 문제해결, (2) 서독과 소련 블록 사이의 경제적 협정에 기초한 경제적 상호의존의 틀을 형성, (3) 군비축소의 프로세스를 통한 블록 간 군사적인 균형의 유지, (4) 분단 상황을 완화하기 위한 본 정부에 의한 인도적인 수단을 이용한 동독과의 교섭, (5) 이러한 수단의 성공, 즉 '유럽의 평화질서'의 성립에 기초한 독일 통일의 달성을 이룩한다는 계획이었다. 당시 브란트의 전략은 외교정책의 조언자였던 에곤 바 (Egon Bahr)가 전개한 '접근에 의한 변화'의 개념으로부터 영향을 받았으며 이 개념은 2국 간 긴장완화가 동독 정권을 유연하게 하는 목표를 가지고 진행된 것이었다.[39]

1969년 SPD/FDP 연립 정권의 성립 이래 브란트 총리와 셸 외무장관에 의해 전개된 동방정책은 1970년 8월 12일 모스크바에서 조인된 서독·소련 간의 조약에 의해 처음으로 구체적인 성과를 올렸다. 이 조약에 대해 서독·소련 양국 정부는 "동서 유럽 각국 관계의 새로

---

39) Michael J.Sodaro, op. cit., pp.165-167.

운 '제도화'의 전제가 만들어진 것이다"라고 표명하였다. 조인 후 발표된 커뮤니케에서는 이 조약이 서독 정부가 폴란드 · 체코슬로바키아 및 동독을 비롯한 각국 사이에 형성되고 있는 조화와 일체를 이루는 것이라고 표명되었고, 이후 비준 문제와 관계되는 일련의 동방정책의 실현, 특히 베를린 문제의 정상화가 중요한 과제가 되었다. 1970년과 1971년은 서독의 동방정책이 유럽 긴장완화의 주도권을 잡으면서 구체적인 성과를 목표로 추진되었던 시기였다. 서독의 동방정책의 전개는 서독 · 소련 · 동독의 3국, 어느 국가에게 있어서도 정치적인 의미에서의 긴장완화를 넘어 경제적 · 군사적인 분야에까지 확장된 '복합적인 긴장완화'의 단계로 들어섰다. 그 때 소련의 지도부에서는 대 서방 측, 특히 서독과의 관계개선을 평가하는 컨센서스가 퍼지게 되었다.[40]

2. 교섭의 프로세스

서독과 소련과의 대화는 1968년 7월 이후 중단되었으나 1968년 접어들어 미국과 소련의 접촉을 배경으로 유럽의 안정과 긴장완화의 실현이 급속하게 구체화되게 되었다. 이러한 국제정세 속에서 서독의 총선거의 결과 브란트 · 쉘의 연합정권이 탄생했다. 그 이후 동서

40) Ibid. pp.179-202.

의 긴장완화의 교섭은 봇물 터지듯이 다각적으로 진전되어 1970년 대부터 서독·소련 간의 교섭을 필두로 동서독의 총리회담, 서독·폴란드 간의 국교정상화가 성립되었다. 더욱이 종래의 동·서 교섭에 있어서 격한 논쟁점이자 유럽 긴장완화의 중심인 '베를린 문제'의 해결을 둘러싼 대화가 시작되었다. 서독·소련 간의 교섭은 무력불사용 협정에 관한 브란트·쉘 정권의 제안이 이루어짐으로써 시작되었다. 서독정부는 11월 15일 아라르트 주소련 대사 경유로 소련 외무성에 서독의 총선거 직전부터 중단되었던 무력불사용 교섭의 재개를 희망하는 각서를 제출했다. 소련정부는 본의 핵확산방지조약의 조인을 받아들여 바르샤바 조약기구의 모스크바 회의에서 동방 측의 입장을 통일시키자 회의로부터 3일 후 12월 7일 이미 8일부터 모스크바는 무력불사용 선언에 관한 외교차원의 교섭을 개시할 용의가 있다는 뜻을 서독 외무성에 회답했던 것이다.[41]

소련은 7월 10일 소련 최고회의에서의 그로미코에 의한 외교정세 보고 중 종래의 요구를 반복하면서도 교섭재개의 용의가 있다는 뜻을 명확히 하고 빠른 대응을 보였다. 이것에 병행하여 서독의 정당들과 접촉도 시도하였다. 당시 FDP는 야당시절 동방정책을 둘러싸고 강경파와 유연파가 격하게 대립하고 있었으나 후자가 승리하고 SPD와 지극히 가까운 입장을 취하게 되었다. 이러한 상황에서 갑자기 소련이 FDP와 SPD에 접촉하고 양당 지도자의 개별적인 소련 방

41) 佐瀬昌盛, op. cit., pp.103-104.

문은 직접 커다란 결과를 가져오게 되었고 교섭의 기운을 북돋우게 되었다.[42]

양국 간 교섭에 불을 당긴 것은 아라르트 주 소련 서독대사와 소련 외무장관 간의 3회에 걸친 회담이었다. 서독 측은 이 회담에서 독·소 교섭을 추진하기 위해서는 소련의 지도부에 뿌리 깊게 박혀 있는 대서독 불신감을 불식시키는 것이 전제라는 것을 알고 총리부 동방정책 담당 정무차관 에곤 바를 파견하였다.[43] 에곤 바가 그로미코와 3회에 이르는 교섭을 통해 조약의 기초를 다지고 최후에 쉘이 그로미코와 교섭을 하여 합의에 도달했다.

서독·소련 간의 일련의 교섭은 '에곤 바 문서'[44]라는 비공식 형태로 확인되었으나 서독 국내에서 정책논쟁 과정에서 '빌트'지에 의해 특종으로 게재되어 일시적으로 내외에 커다란 반향을 불러일으켜 교섭을 지속하는데 위험 요소가 되었다. 그러나 소련과의 교섭은 동독과의 교섭과는 달리 쌍방 간 근본적인 주장에 대한 대립이 없었고 무력불사용 문제와 현재의 국경불가침이 주요한 내용이었다. 그리고 이미 서독이 핵확산 방지 조약에 조인하여 소련이 우려하고 있었던 서독에 의한 핵무장 가능성은 일단 회피되었고 역으로 서독이 우

---

42) 高橋 進, op cit., p.37.
43) Ibid. p.40.
44) 10개의 항목으로 이루어진 것으로 1970년 봄 에곤 바와 그로미코가 회담한 내용을 정리한 것이었다. 이것은 1975년 헬싱키에서의 유럽회의까지 염두에 두면서 계속 진행한다는 사인을 한 것이며, 다른 한편 서독의 동방정책의 전체를 정리한 것이었다.

려하고 있었던 구적국(敵國) 조항인 유엔헌장 53조·107조 적용을 통한 소련에 의한 무력침략의 우려가 교섭의 과정에서 해결될 가능성이 커졌기 때문이다. 이러한 문제에 대한 대응은 부드럽게 진정되었던 것이다.

서독·소련 간의 조약 성립에 관한 논의는 (1) 무력불사용, (2) 동서독의 통일 문제, (3) 서베를린의 지위 문제 등 세 가지 점에 집중되었다. 첫째로, 무력불사용에 대해 소련은 당초 무력불사용 조약은 무력으로 영토를 변경하지 못하도록 하는 것으로 다른 수단에 의한 영토변경이 가능한 이상 무력사용의 가능성이 있는 여러 현안의 해결도 불가결하다고 주장하고 동독과 그 영토 관련 국제법에 기초한 승인 등 유럽의 현상 승인에 관계되는 18개의 요구를 제시하였다. 이것에 대해 에곤 바는 전면 수락할 것인지 혹은 전면 거부할 것인지의 선택을 피하고 소련의 요구를 분리하여 비준을 요구하는 조약과 요구하지 않는 교환 공문으로 나누어 소련과의 관계는 조약으로 동독·폴란드·체코슬로바키아와의 관계는 교환 공문으로 다루자고 역제안 하였다.[45] 구체적 내용에 관해서는 많은 문제가 남아있었지만 쌍방이 지극히 우려하고 있었던 문제는 해소되게 되었다. 그러나 제4조 '양국이 이전에 체결한 2국 간, 다국 간의 각 조약·합의에 저촉되지 않는다'라는 규정을 엄밀하게 해석하면 유엔헌장이 말하는 구적국 조항의 적용권은 여전히 소련 측에 남아있게 된다는 것이다.

45) Ibid. p.42.

둘째로, 동서독 통일문제에 대해서 독·소 조약 제1조의 현상유지의 확인, 제3조의 국경·영토변경 요구의 포기에 의해 장래 서독이 동독을 흡수하는 것은 완전히 불가능하게 되었다. 이 때문에 서독 국내에서 조약 조인에 있어 특별히 '셀 외무장관으로부터 그로미코 외무장관 앞으로 편지'를 전달하였다. 서독은 이 편지에서 "이 조약은 독일민족이 자유스럽고, 자주적인 결정에 기초한 일체성을 재건하자는 서독의 정치적 목표에 어긋나지 않다는 것을 확인하고"있다고 주장하고 소련정부가 편지를 수리한 것에 의해 합의가 성립되었다.

셋째로, 베를린 문제에 관한 소련의 입장은 서베를린은 '독립된 주체'이고 구 점령국 미·영·프·소 4개국 교섭의 예비교섭이 개시된 이상 서독과 베를린 문제에 발언권이 없다는 것이었다. 이 문제에 관해서 서독의 요구는 몹시 강경하였으며 3월 26일 서베를린에서 베를린 교섭이 시작되자 베를린 4개국 교섭에서 만족할 만한 성과 없이 소련과 조약도 있을 수 없다는 '베를린 끌어안기' 방침을 채용하였다. 그리고 제2라운드가 시작된 5월 12일 에곤 바는 베를린 문제를 조약에서 직접 언급할 필요는 없으나 문제의 만족한 해결과 이 조약은 같은 것이라는 서독정부의 견해를 그로미코에게 전달하였다. 이 문제는 조약 그 자체와 별개였으나 조약 성립의 조건인지 혹은 아닌지 라는 문제로 남아 마지막까지 대립의 표적이 되었다.[46] 이러한 경과를 거쳐 독·소 조약의 제1조·제4조에 의해 서독 측의

---

46) Ibid. p.43.

요구가 보증되었고 특히 제4조에서 1954년 10월 23일 조인된 독일 조약에 의한 서독과 미국·영국·프랑스 3국 간 조인된 '서방 측 3국의 베를린 및 독일에 대한 권리·의무'가 재보증 된 형태가 되었다. 그러나 서독은 이 규정만으로는 충분하지 않다고 보고 교섭의 과정에서 "독·소 조약의 비중은 4대국에 의한 베를린 문제의 해결 후"라는 양해를 소련 측으로부터 확보하였다. 더욱이 독·소 조약의 조인 직전 1970년 8월 7일 서독정부로부터 서방 측 3강대국에 대해 '독일과 베를린에 관한 4개국의 책임에 대한 각서'를 보내 8월 11일 3개국으로부터 확인 각서를 받고 처음으로 독·소 조약에 조인했던 것이다.

한편 소련에게 있어서 독·소 조약의 성립은 (1) 유럽의 현상유지와 안정이 확보되었다는 점, 그리고 (2) 전 유럽안전보장 협력 회의와 상호병력삭감교섭 성립 후 사태가 일단 안정을 찾게 되었다는 점, (3) 중·소 관계에서 앞으로 진정 상태로 접어들기에 유리하게 되었다는 점 등 이점이 있을 것이라고 예상되었다.

양국 간 논점이 된 베를린 문제는 독·소 조약의 비준에 즈음하여 전제조건이 되었고 서독·소련 쌍방에게 있어서 일련의 유럽 긴장완화 정책의 시작이었다. 전제였던 베를린 문제의 해결, 특히 베를린의 위치를 규정하는 것에 대해서는 서독·소련·동독 간 견해의 차이가 있었고, 또한 서독 국내에서도 여·야당 간에 의견이 대립하고 그러한 차이가 상당하였다는 점은 커다란 문제였다.

독·소 조약의 비준문제, 바꾸어 말하면, 베를린 문제의 해결 방향에 대한 여러 가지 입장을 정리하는 것은 의미가 있다. 먼저 서독

정부의 생각은 (1)서독·서베를린 간의 자유통행권의 확보, (2)서독에 의한 서베를린의 대외대표권의 행사가 중심이었으나 이것에 관해 서독은 적극적으로 소련 혹은 동독과 직접 교섭하기 보다는 포츠담 협정에 의해 서베를린 문제에 대한 책임과 권한을 가지고 있는 미국, 영국, 프랑스 3국에게 교섭을 위임하고 서베를린의 입장을 고려했던 협정이 실현되기를 희망했다. 왜냐하면 서방 측 3국은 소련과의 교섭을 통해 서베를린에 관해서 이후에도 간접적인 책임을 지게 되고 이것이 장래 서베를린의 지위의 안정과 보증에 연결된다고 판단했기 때문이다. 따라서 브란트 총리가 때때로 '베를린에 관한 미·영·프·소 4개국의 책임과 권한'이라는 단어를 사용하고, 이 문제를 환기시킨 것도 극단적으로 말하면 1970년 8월 독·소 조약의 조인을 일단락 시키고 그 이후의 긴장완화의 주도권을 서방 측 3국 및 소련에 위임해 서독 및 서베를린에 있어서 만족하는 형태로 베를린 문제가 해결된다면 독·소 조약의 비준에 응한다는 기본방침에 나타나 있었던 것이다. 브란트 총리가 연방회의 및 국민에 대해 "만족하는 형태로 베를린 문제가 해결되지 않는다면 독·소 조약의 비준은 있을 수 없다."고 반복해서 주장했던 것에는 반드시 국내에 대한 태도 표명만이 아니라 오히려 미·영·프 3국 및 소련에 대한 서독의 입장 표명이었다고 볼 수 있다.

이것에 대해 소련의 입장은 (1)오데르·나이세 선 및 동서독의 현재 국경선의 승인이 유럽의 긴장완화와 평화공존을 진전시켜 유럽의 모든 국가 간의 상호이해 및 협력적인 조정관계의 심화로 연결된다고 생각하였다. 그리고 (2)서독이 제2차 세계대전 이후 현재 유럽의 정치적 현실을 승인해야만 한다고 강조하면서, 서독에 대해 조약을 비준하면 처음으로 효력을 발생한다고 반복해서 전달하며 비준을 강하게 압박했다. 소련은 독·소 조약의 비준을 유럽의 안전보장의 시작이라고 인식하고 있었다. 특히 소련의 그로미코 외무장관은 브란트가 파견한 총리부 차관 에곤 바와의 예비교섭에 들어가고 동독을 포함한 소련권의 전후 질서를 조약에 의해 확인할 용의가 서독의 신정권에 있다는 것을 확신했다.[47)

동독의 입장은 복잡했다. 동독은 먼저 동서독 국가의 관계를 명확히 하고 이것에 따라 동독이 서독을 포함하여 여러 국가로부터 국제법적으로 승인 받기를 희망하였다. 또한 독·소 조약을 이용하여 스스로 국제적 지위의 향상을 실현하려는 큰 목표도 있었다. 사실 동독의 최초의 반응은 독·소 조약의 조인 직후 1970년 8월 14일 이 조약의 의의에 대해 각료 평의회라는 이름 아래 발표된 성명에서 인정되었다. 성명에서 서독은 유럽의 모든 국가와 마찬가지로 동독의 영토적 일체성을 존중하는 국제법적 의무를 책임진다고 처음으로 수락했다. 울브리히트를 포함한 동독 관료도 마찬가지로 신중한 자세를 보이고 독·소 조약의 의무 이행을 위해 서독과 정상적인 외교관계에 대한 입장도 발표하였다. 여기에서도 Hermann Axen는 바르샤바 조약기구의 정치고문위원회의 회의 후 Moscow-Bonn 협정을 칭

---

47) Peter Bender, op. cit., p.195.

찬하면서 이러한 정상적인 관계가 전쟁을 방지하기 위해 필요하다는 입장을 명확하게 말했다.[48]

이러한 동독의 정책은 차단정책(Abgrenzungspolitik)이라고 불렸는데 이것은 어디까지나 동독이 대등한 입장에서 서독과 교섭하는 동시에 국제사회에 있어서도 서독과 같은 권리와 입장이 인정되어야 한다는 것을 요구하는 것이었다. 특히 "서독의 제국주의자들로부터 동독의 노동자 · 농민을 보호한다."는 것이 동독 각료들의 중요 과제였다. 예를 들면 빌리 슈토프(Willi Stoph)는 맹세코 브란트의 국가연합(Unity of the nation) 구상을 거부하면서, 동서독 관계에서 우호관계 대신 차단(Abgrenzung)과 같은 객관적인 프로세스가 불가피하게 발생한다고 주장했다. 호네커(Erich Honecker)도 마찬가지 견해를 표명했다. 동독은 울브리히트 이후 서독에 대항하면서 이데올로기적인 방어를 위해 이러한 논리에 기초한 정책이 실행되었다.[49]

동독과 서독 및 소련 사이에서 보이는 독 · 소 조약의 의의에 대한 이해의 차이로 1970년 11월 27일부터 개시되었던 서독의 에곤 바 총리부 차관과 동독의 콜(Michael Kohl) 각료 평의회 차관의 교섭도 실질적인 진전을 보지 못하였다. 교섭 전 SED의 지도자 측이 서독과 베를린 통행문제에 대한 토의를 제안하고, 동독과 다른 사회주의 국가의 이익을 방해하는 통행을 종결짓자고 주장했다. 이것은 서독 및 서방 측 3국에 적용되는 것이었다. 1970년 11월 29일 브레지네프가

---

48) Michael J. Sodaro, op. cit., pp.185-186.
49) Ibid., pp.191-193.

동독의 합법적인 이익을 확보한다고 약속했음에도 불구하고, 동독 정부는 서베를린에서 CDU/CSU가 의원총회를 개최하려는 것에 항의하고 서베를린으로 향하는 교통을 폐쇄한다는 강경한 태도를 취했다. 소련 측으로부터 거부는 없었지만 행동의 주도권에 대해서는 문제의 여지가 있었다.[50]

서독·소련·동독이 각각 다른 입장을 취한 가운데, 서독·소련 간의 긴장완화 정책은 시작되었다. 양국은 모스크바 조약에 의해 유럽의 안전보장을 위협하는 무력사용을 포기하고, 제2차 세계대전 이후의 국경선의 불가침을 서로 승인했다.

브란트·쉘 정권은 시정연설에서 표명했던 "독일에 2개의 국가가 존재하고 있지만, 양국은 서로 외국은 아니다. 양국의 상호 관계는 특수한 성격을 가지고 있다."라는 이른바 '1민족 2국가' 공식에 기초하여 아래의 목적을 이유로 소련·동유럽과 관계 개선을 하였다. 즉 '독일문제'의 해결에 대해 (1) 소련과 동독을 포함한 동유럽 각국과 함께 협력관계를 수립하고 중부 유럽에 있어서 동서 대결을 완화한다. (2) 동서독 간의 인적 접촉을 촉진시킨다. (3) 서방 측 동맹으로부터 고립을 피하고 서독에 의한 새로운 유럽의 평화질서에 참가를 인정받는다. (4) 동유럽과 함께 보다 좋은 무역·경제관계에 필요한 정치적 기반을 만드는 것이었다.

이러한 외교정책의 목적을 달성하기 위해, 서독은 소련과 '무력행

---

50) 1971년 1월 27일도 자유민주당(FDP)이 지부장 회의를 서베를린에서 개최하려고 한 것에 대해 동독은 항의의 의미로 베를린 교통로를 폐쇄했다.

사포기의 교섭'을 실시하고 전후 유럽질서를 승인하는 입장을 보였다. 당시 모스크바의 비준 문제에 대해서 어떠한 계획도 세우지 않았지만, 이 조약의 조인은 국제적으로 압도적인 호평을 받고 받아들여졌다. 유럽에서 1962년 '쿠바 미사일 위기'를 전환점으로 동서 대립이 조금씩 국제적 긴장완화로 향하는 징조가 생겨났다. 이것은 제2차 세계대전 후 문제시되었던 유럽의 국경상태(오데르·나이세 국경선) 및 '두 개의 독일'의 존재를 전제로 하고 있었다. 냉전초기 이러한 현상을 인정하지 않았던 서방 측 특히 미·영·프의 3국도 60년대 중반 현상불승인을 적극적으로 주장하던 열의는 점점 잃고 있었다. 이러한 상황 속에서 본(Bonn) 만은 60년대에 여전히 현상불승인에 집착하고 있었다. 그러므로 서독의 입장은 유럽의 긴장완화가 본격화 하는데, 오히려 최후의 장애물이 되었다. 그러나 서독은 모스크바 조약의 체결을 계기로 현상승인으로 정책을 변화시키고 소련과 무력불사용을 상호 서약함으로써 새로운 국면에 접어들었다. 유럽의 긴장완화가 본격화하는 상황에서 중대한 장애는 이렇게 소멸하였다. 더욱이 본·모스크바의 관계 개선은 본과 '친구'와의 관계, 즉 독일조약에 의해 규제되었던 서방 측 3국 간의 관계, NATO 조약에 의한 북대서양 관계, EEC조약에 의한 유럽의 6개국 관계, 독·프 조약에 의한 파리·본 관계 그 어느 것도 희생하지 않고 얻어진 것이었다.

독일의 피터 벤더(Peter Bender)는 독·소 조약에 대해 다음과 같이 평가하였다. 서독 정부는 모스크바 조약의 체결로 '결정적인 성공'을 거두었으며 동방정책은 그 이후 순조롭게 진행되었다. 그리고 울브리히트는 그에게 있어서 최악의 요구를 물리치려고 했지만 너무나도 완고했기 때문에 결국 71년 5월 퇴진할 수밖에 없었다. 그의 실각으로 이해 당사국인 4개국에 의한 베를린 협정과 처음으로 독일인끼리에 의해 여러 조약을 체결하는 길이 열린 것이다. 이러한 조약은 브란트가 모범을 보여준 타협에 따라 진행되었다. 그리고 동독은 대등한 권리를 가진 국가로 승인되었으므로 그 대신 서독에 문호를 열지 않으면 안 되었다. 즉, '공식화'와 '정상화'가 균형을 이루게 되었던 것이다. 서독은 대결에서 승리했지만 두 개의 독일국가 간 관계의 정상화에 소련의 손을 빌리지 않으면 안 되었던 점에서[51] 독일인의 입장으로부터 보면 '슬픈 승리'였다고 평가하였다.

3. 서독의 국내정치

SPD/FDP 연립 정권은 공산권과의 관계 조정을 목적으로 탄생했다. 브란트는 총리 취임 이전부터 자기의 외교정책의 목적과 공산권에 대한 견해를 명확하게 밝혔기 때문에[52] 평등한 상태에서 공산권과 함께 확실히 다른 점에 대해 논의하려고 제안하였다. 그는 두 개

---

51) Peter Bender, op.cit.
52) Regierungserklaerung von Budeskanzler Willy Brandt vor dem Deutschen Bundestag am 28. Oktober 1969, *Bulletin*, No.12. October 29, 1969. pp.112-118.

의 독일국가의 존재를 인정하면서 동시에 서독이 외국으로서 다른 독일로 자리매김 되는 것은 인정하지 않았다. 독일민족의 내부에는 두 개의 독립국가가 존재한다는 그의 테제는 서로가 '특별한 관계'에 있다는 것을 의미하는 것이었다. 브란트는 동유럽 각국과의 관계에 불가침 조약을 제안하면서 각각의 영토보존을 인정해야만 한다는 무력포기조약을 제안하였다.

10월 말부터 바르샤바 조약국 외무장관 회의 기간 중 공산주의 각 국가는 유럽안전보장회의를 다시 요구하였다. 브란트는 처음으로 이러한 요구에 적극적으로 대응하려고 했던 서유럽의 지도자였다. 공산권 측의 요구는 유럽안전보장회의에서 하나의 주권 독립국가로서 참가하기를 희망하고 있었다. 이 점에 대해서 브란트 총리는 12월 7일 긍정적인 의사53)를 밝혔다. 뿐만 아니라 바르샤바 조약 각국이 전통적으로 요구하고 있던 8개의 조항54)을 서독 측이 만족시킬 필요가 있었다. 지금까지의 설명으로부터 확실해진 것처럼 본 (Bonn)의 동방정책의 핵심은 대소련과의 관계 정상화였다. 브란트는 외무장관 재임 시절부터 공산권 측과 독일문제를 해결하기 위해서는 모스크바와의 효과적인 교류가 열쇠라고 인식하고 있었다. 이

53) 동서독 관계의 향상을 전제로 한 회의라면 참가할 의향을 밝히고 있었다.
54) 바르샤바 조약 각국이 항상 요구하고 있는 것은 (1)동독을 법률적으로 승인할 것, (2)중부유럽에 있어서 현재의 국경선을 승인하는 것(Oder-Neisse선을 포함), (3)할슈타인 원칙의 포기 및 독일 단독대표권의 포기, (4)핵불확산(Nuclear-Non Proliferation) 조약의 조인, (5)일반적인 비무장에 대한 제안에 협력할 것, (8)서독에 있어서 NPD정당의 금지(proscription) 등이다. Meissner, op.cit., pp.397-398.

후 크렘린은 본의 성실함을 확신하고 새로운 교섭과 계획을 시도했다. 브란트가 자신의 정부의 성실함을 사회주의 측과 교섭 과정에서 약속한 이상 소련 측도 1969년 11월 쯤 어느 정도 서독에 만족하고 있었다.[55]

아직 서독은 그 조약에 대대 깊은 관계가 없어 애매모호했지만, 11월 9일 소련 측은 NPT는 핵 에너지의 평화적 사용을 금지하지 않는다고 제안하였다. 이 제안이 분명해진 11월 28일 브란트 총리는 NPT에 서명하고, 그 이후 모스크바와 본의 사이 실질적인 교섭의 길이 열렸다. 그리고 1969년 12월 7일 서독과 소련 사이 교섭이 시작되고, 1970년 8월 12일 서독·소련 조약이 체결되게 되었다.

서독·소련 조약에 대해 서독 국내 반응은 호의적이었다. 일반적으로 매스컴도 '긴장완화로 향한 발걸음', '공산권에 문을 열었다'는 등등의 논평을 보면 너그럽게 평가하고 있었다. 모스크바 조약체결 전 실시한 여론조사에서 79%가 서독이 행한 교섭에 찬성하고 8%가 교섭에 반대하였다. 소련과의 교섭에 대해 더욱이 70년 3월 여론조사 결과 61%의 응답자가 서독과 소련과의 교섭에 찬성하고 44%가 교섭의 결과가 성공되기를 바라는 긍정적인 태도를 보였다. 그 이외에 응답자들은 대개 비관적 입장으로 교섭의 진행에 염려하고 있었다. 특히 CDU/CSU의 지지자들은 교섭에 비관적인 태도를 보였다. 모스크바 조약의 조인 전 실시한 여론조사에서 서독 국민의 다수가

---

55) *Das Parlament*, Nov.15, 1969.

본·모스크바 간 교섭에 적극적이었던 것을 알 수 있다.

1971년 5월 모스크바 조약의 조인 후 실시한 본의 동방정책의 결과에 대한 여론조사에서 30%가 만족을 표시하고 43%가 실망감을 표시하였다. 그리고 이 시기가 되면 동방정책의 평가도 갈라져 38%만이 성공적이라고 평가하고 36%가 브란트의 동방정책에 대해 실패라고 평가하는 냉엄한 견해를 보였다. 당시의 정당에 대한 평가도56) 여론조사의 결과와 마찬가지로 나누어져 있었다.

서독 시민 중 젊은 세대(16~29세)가 대개 동방정책을 성공적이라고 받아들이고 있었던 반면, 기성세대는 보다 비판적 혹은 보다 비관적이었다. 회의적 혹은 비관적인 반응을 보인 이유는 동방정책 속에도 특히, 베를린 문제를 둘러싸고 전개된 교섭이 너무 진전되지 않았다는 비판이 국민들 사이에 퍼졌기 때문이었다. 많은 서독 국민들은 베를린 문제에 관한 조약이 조인되기 전 공산권 측과 조약 비준에 반대하는 입장을 보였다. 당시 국민의 63%는 베를린 문제의 해결 후 소련과의 조약이 비준되어야 한다는 생각도 있었다. 또 17%가 공산권 측과 조약의 비준 문제는 베를린 문제의 해결과는 관계가 없다고 생각하고 있었다. 그리고 나머지 사람들은 기본적으로 조약에 반대하는 입장이었다. 또 1971년 무렵 많은 서독시민들은 브란트 총리가 조약의 대가로 소련이 서방 측에 양보한다는 양해를 과대평가

---

56) 당시 정당에 대한 평가는 SPD(성공: 70%, 실패: 12%, 미결정: 18%), FDP(성공: 63%, 실패: 21%, 미결정: 26%), CDU/CSU(성공: 21%, 실패: 62%, 미결정: 26%)로 나타났다.

하고 있다고 생각하였다. 사실 43%의 사람들이 브란트 총리는 교섭 중 소련의 의도를 과대평가 혹은 오해하고 있다고 주장하고 있었다. 그래도 33%의 사람들은 총리에 의한 교섭을 신뢰하고 있었으나 1971년 봄 서독의 여론은 베를린 문제의 해결과 공산권 측과 여러 조약의 비준 문제가 연계되어 원만하게 해결되기를 한층 기대하였다.

제4절. 서독 · 폴란드 관계

1. 배경

서독과 폴란드의 교섭은 1963년 서독 · 폴란드 사이 통상 협정이 체결된 이후 중단된 상태였다. 그러나 바르샤바에서 1969년 5월 17일 고물카의 연설 중 서독과 오데르 · 나이세 국경을 확정하는 조약 체결 문제가 제안되었다. 이것에 대한 화답으로 브란트 외무장관은 5월 20일 뮌헨에서 국경문제를 포함한 무력불사용 선언을 위한 교섭에 임할 용의가 있다고 표명하면서 교섭의 길이 열렸다.

서독에게 있어서 폴란드 문제는 현 상황을 지금 이상으로 고정하면 독일통일이 한층 어렵게 된다고 생각하고 있는 사람들과 폴란드와의 화해를 이용해서 동유럽, 특히 동독과의 관계 개선을 헤아려야 한다고 하는 사람들 간 대 논쟁이 벌어지면서 당시 쟁점으로 떠올랐다. 양자의 논쟁이 전개되는 가운데 서독은 선거전에 돌입하였다. 브란트 총리는 폴란드 신문과 회견하면서 서독정부는 고물카의 제안을 검토하고 가까운 시일 내에 폴란드 정부에게 정치회담을 제안할 것이라고 말하였다. 그리고 11월 25일 바르샤바 주재 서독 통상 대표부를 통해 정식으로 교섭을 제안하였다. 폴란드 정부도 응답함으로써 독·포 교섭은 이윽고 괘도에 올랐다.

2. 교섭의 프로세스

독·포 조약의 교섭은 시작되었으나 서독의 동방정책은 소련·동독·폴란드와의 교섭이 거의 동시에 전개되었기 때문에 대 폴란드 교섭의 속도를 향상시키는 것은 어려울 것으로 예상되었다. 그 이유는 첫째로, 교섭의제 확정과 관련된 어려움이 있었다. 소련과 서독의 교섭에서 처음부터 교섭의제는 비교적 명확했다. 교섭은 양국 간의 무력불사용 서약을 하는 것을 목표로 하고 있었다는 점에서 명백하였고 문제는 그것을 어느 정도까지 영토 보전, 국경 상태의 존중 등과 연결시킬 것인가에 있었다. 이것에 반해 본·바르샤바 간의 교섭은 교섭 의제를 한정하지 않는다는 동의 아래 회의에 들어갔다. 그러나 조금 극단적으로 표현하자면 오데르·나이세 국경선이 최종적이라는 것을 본으로부터 확답을 받는 것이 폴란드 측의 교섭 목표였다는 것은 처음부터 너무나 명백하였다. 이 점에 대해 서독 측에서도 암묵적으로 승인하고 있었다. 그러나 바르샤바 조약기구 측 요구에 따라, 본이 독일 단독대표권을 포기하고 동독을 주권국가로 인정한다면 서독과 폴란드는 직접적으로 국경을 접하고 있지 않는 이상, 폴란드의 주장대로 오데르·나이세 국경선의 인정만을 의제로 하는 것은 당연히 서독 측으로부터 커다란 저항이 있었다. 둘째로, 서독 측에는 폴란드 잔류 독일인의 독일귀환 문제를 반드시 교섭의 제 중에 넣고 싶다는 또 하나의 희망이 있었다. 브란트 정권에 있어서 이 문제를 의제에 포함시키는 것은 동방정책에 비판적인 CDU/CSU의 지지를 획득하기 위하여 절대적으로 필요했다. 그런데 폴란드는 종래 잔류 독일인 문제의 존재를 부정하는 입장을 취하고 있었기 때문에, 이 문제를 교섭의 의제 중에 넣는 것은 많은 어려움이 있었다. 한편, 폴란드 측에 서독경제계와 깊은 관계를 맺고 싶다는 강한 희망이 있었던 것은 공공연한 비밀이었다. 그러나 흔히 공산국 외교의 특징으로 정치우선의 원칙이 관철되어, 폴란드 측은 이 교섭에서 경제문제를 직접적으로 집어넣지 않았다. 왜냐하면 그들은 70년 1월 하순부터 장기 무역협정의 체결을 목적으로 하는 경제교섭이 별도로 진행되고 있었기 때문이다. 폴란드 측은 이러한 장기 무역협정의 틀 내에서 거액의 저리 신용공여·할당액 확대·기업 간 협력 등의 희망이 채워지기를 기대했다.[57] 이러한 정치·경제라는 두 축의 교섭이 동시에 진행되었기 때문에, 경제교섭에서 폴란드 측

---

57) 佐瀨昌盛, op. cit., pp.129-131.

의 희망이 만족되시 않을 경우, 양국의 관계 정상화를 목표로 하는 정치교섭이 난항을 겪을지도 모르는 상황에 있었다. 결국 독·포 교섭은 5회의 교섭에서 거의 합의에 도달하였고 독·소 교섭, 동서독 교섭의 진전을 기다렸다. 드디어 11월 14일 바르샤바를 방문한 쉘 외무장관과 옌도리 호프스키 외무장관 사이에 가조인이 이루어졌다. 이어서 정식 조인은 12월 7일 바르샤바에서 브란트 총리·치란키 에비치 총리 사이에 이루어졌다. 독·포 조약58)의 내용은 전문 및 5개조로 이루어진 것으로 제1조는 폴란드 서부국경의 승인, 제2조는 무력에 의한 위협 혹은 그 행사의 포기, 제3조는 국경의 경제·과학기술문화의 협력과 확대, 제4조는 이 조약이 이전에 맺어진 양국간 혹은 다국 간 조약에 저촉되지 않는다는 것, 제5조는 비준과 발효에 대해 규정하고 있었다.

독·포 조약의 의미는 전후 특히 1960년대부터 전개된 유럽안전보장의 새로운 동향으로 부터 보면 쌍방이 중요하다고 판단한 국가목표에 이미 집착하지 않고 국교정상화의 길을 선택했다는 것이다. 유럽에 있어서 60~70년대는 유럽문제를 '유럽화'하는 시대였다. 제2차 세계대전 이후 유럽의 국경선을 둘러싼 대립은 특히 서독과 소련·동유럽 각국 간에 심각하였다. 폴란드도 국경문제를 '유럽화' 시키면서

58) *Europa Archiv*, Folge 1/1971, D. SS.25-26., *Documentation Relating to the Federal Governments Policy of Detente*(the Press and Information Office of the Government of the Federal Republic of Germany, Bonn, 1974), pp.24-26, *The Treaty: between the Federal Republic of Germany and the Peoples Republic of Poland* (the Press and Information Office of the Federal Government, 1971).

유럽의 평화를 실현하려고 시도했다. 그러나 실제로 유럽에 있어서 관계를 정상화시키는 문제는 서독에 의해 행해지고 있었던 것이다. 이때부터 폴란드에게 중요한 목적은 (1) 오데르·나이세를 포함하는 전 유럽의 국경선을 승인, (2) 법률상으로까지 가지 않더라도 적어도 사실상의 동독의 승인, 즉 독일의 분단의 고착화, (3) 서독과 동독 쌍방의 일부가 아닌 서베를린의 독자적인 지위 승인, (4) 서독에 의한 핵무기 불사용, (5) 1938년의 뮌헨협정을 무효화하는 것 등의 5가지였다.

폴란드가 이러한 외교적 목적 아래 정책을 전개하는 가운데 1966년 3월 서독은 전 유럽에 대해 이른바 '평화 노트'를 제안했다. 여기서 제시된 폴란드·동유럽 각국에 대한 서독의 외교정책의 중요한 특징은 국경선을 인정하지 않은 채 상호무력포기의 요구였다.[59] 서독은 그 이외의 바르샤바 조약국가들 사이에서도 이 노선을 따라 2국 간 관계를 구축하려고 제안하였다. 이것에 따라 폴란드는 무력포기에 관한 전 유럽적인 협정의 체결을 제안하는 형태로 응했으나, 서방 측 각국의 반응은 부정적이었다. 더욱이 폴란드는 동독을 고립화시키는 서방 측의 정책에 강하게 반대하면서 서독에 대한 바르샤바 조약기구 내의 정책협조 과정에 있어서 지도력을 발휘했다. 또한 서방 측의 기대와는 반대로 프랑스와 폴란드의 우호관계는 소련·프랑스 관계와 마찬가지로 동유럽의 사회주의 측의 연계를 약화시키지 않

---

59) 전후 유럽 국경선의 승인 문제는 항상 동유럽으로부터 제기되었다.

앉다.

1967년 12월 13~14일 NATO 이사회(Council)에서 채택된 '아르멜 보고서(Harmel Report)'60)는 동서 유럽의 역사에 새로운 장을 열었다. 이 보고서에 따르면 유럽에 있어서 현재의 긴장의 중심인 독일 문제의 해결이 없으면 유럽에 있어서 최종적·안정적인 화해는 불가능하다고 보고되었다. 그리고 그러한 화해를 위해서는 동유럽과 서방 측 간의 부자연스러운 벽을 제거하지 않으면 안 된다는 것은, 독일의 분단에 의해 확실해졌다고 지적되었다. 결국 북대서양 동맹의 최종적인 정치적 목표는 유럽에서 적당한 안전보장을 동반하면서 지속적인 평화질서를 추진하는 것에 있다고 생각되었던 것이다.

폴란드는 이것에 동의했다. 긴장완화는 그것 자체가 가치를 갖고 있지 않으면 최종적인 목표가 아니라 '유럽의 화해'를 촉진하는 일련의 장기적인 프로세스라고 생각되었다. 그러나 아르멜 보고서에 대한 폴란드의 반응은 적극적인 것이었으나, 항구적인 평화를 달성하기 위한 방법에 대해서는 의견이 나누어졌다. 서방 측은 서독 재통일의 기초가 정비되는 것을 평화라고 간주했지만, 폴란드는 서독이 현재의 국경선을 승인하고 또 하나의 독일국가의 승인을 받아들이지 않는 한 유럽에 어떤 안전보장도 존재하지 않는다고 믿었다. 1966년 사회민주당의 지도자인 브란트가 '변화'를 제안했다. 이때 NATO 가맹국도 점점 솔직하게 서독에 대해 폴란드의 서부 국경선

---

60) Adam Daniel Rotfelt "A Polish View", in Richard Davy, edt., *European Detente*, pp.165-195.

을 승인하도록 설득했다. 브란트의 제안이 있은 지 일주일 후 전 NATO사무총장 헨리 스팩(Paul-HenriSpaak)은 "실제로 국경선의 승인은 독일 국민의 중요한 이익을 희생하지 않는다"라고 말했다.[61]

이러한 국제 상황아래서 폴란드와 서독의 사이에 국교정상화를 위한 조약이 조인되었다. 폴란드·서독 조약은 고물카의 외교정책의 정점이었다. 조약 조인으로부터 일주일 후 고물카는 비공개 중앙위원회 총회에 출석하여 "두 개의 조약은 전후 유럽의 역사에 있어서 새로운 장을 열었다"고 말했다. 그리고 '베를린 4개국 협정'과 '동서독 간의 기본조약'과 함께 실질적인 진보의 상징임과 동시에 다국간 협정으로의 길을 연 계기가 되었다. 서독과 폴란드간의 공동 커뮤니케가 발표되었다.

3. 서독의 국내여론

서독·폴란드 조약은 평화조약을 대체할 뿐만 아니라, 이른바 2국간 관계를 정상화하는 조약이었다. 또한 이 조약은 폴란드의 국경선을 법률상으로 승인하는 데 이르지 못했지만, 사실상의 존재까지는 확장한 것이었다.

바르샤바 조약을 둘러싼 서독의 여론은 복잡했다. 바르샤바 조약

---

61) Ibid. pp.172-173.

체결 후 실시된 여론조사에 따르면 서독 여론이 이슈별로 나뉘어져 있다는 것을 알 수 있다. 1969년 무렵 서독 국민의 25%는 폴란드를 싫어하고 있었다. 그 중에도 45세 이상의 사람들은 과거의 역사문제에서 폴란드에게 엄격한 태도를 취하고 있었으나, 그것은 잘못된 역사가 서독 기성세대에게 있어서 잊을 수 없는 사실이었기 때문이었다. 반면, 여론들 가운데 오데르·나이세선을 인정하고 폴란드에 보다 우호적인 태도를 보이는 여론도 증가하고 있었다. 70년 3월 조사에서 48%가 오데르·나이세선을 인정하는 우호적인 자세를 보였으며 31%가 반대의 입장을 보였다. 그러나 중요한 움직임은 70년 3월부터 6월 사이 이루어진 두 정부의 교섭의 진행과 함께 나타나고 있었다. 이것은 바르샤바와 본 사이에 서로 강경노선을 주장하는 교섭이 계속되었다는 것을 의미하고, 모스크바 조약을 둘러싼 교섭이 이루어질 때 보였던 해석과 유사성을 지적할 수 있다.

제5절. 동서독과 4개국 협정

1. 동서독 관계

서독에 브란트 정권이 탄생한 이후 동서 교섭은 일시에 밀어닥쳐 다각적으로 전개되었고, 1970년 1년 동안 동서독 정상회담, 독·소

조약, 독·포 조약이 계속 성립하여 동서 관계가 한층 활발해졌다. 특히, 베를린에 관한 협정이 성립하는 기운이 강해지는 가운데 동서독을 중심으로 하는 독일의 긴장완화 정책이 잇달아 실현되게 되었다.

동서독 교섭은 1969년 12월 17일 동독의 울브리히트 국가평의회 의장이 하이네만 서독 대통령에게 보낸 편지에 의해 막이 올랐다. 울브리히트는 동서독 국가 간 우호적 공존과 선린관계 형성에 있어서, 국제법이 일반적으로 승인한 규범에 기초한 관계 형성을 촉진시키려고 전제한 뒤, 교섭의 대표로 슈토프 총리, 빈저 외무장관을 임명하는 동시에 9개조로 이루어진 조약 초안을 제시하였다.[62]

동독이 서독과 관계정상화에 적극적이었던 배경에는 브란트 정권의 탄생이 있었다. 이 문제에 대한 원칙적인 토의가 교환된 후 브란트 총리는 슈토프 총리에게 무력불사용 선언 교환을 위한 교섭을 시작할 용의가 있다고 공식적인 제안을 하였다. 동독 측도 서독이 앞서 울브리히트 의장이 제안한 조약안에 아무런 반응을 보이지 않자 불만을 표시하면서도 2월 19일이나 26일 동베를린에서 회견을 바란다는 뜻으로 회답하였다. 이것을 받은 브란트 총리는 23일부터 27일 사이 예비교섭을, 그리고 3월 제2, 3주까지 총리회담을 개최할 것을 재차 제안했다. 결국 3월 2일 예비회담이 이루어지고 제1차 총리회담은 3월 19일 동 베를린이 아니라 동독의 에르푸르트에서 열리게 되었다.

---

62) *Europa Archiv*, Folge 8/1970, D. SS.190-193; 『國際問題』70年, 第12卷, pp.371-388.

3월 19일 에르푸르트에서 열린 제1차 총리회담은 전후 처음으로 실현된 동서독의 공식 접촉이라는 것만으로도 내외의 관심을 끌었다. 그러나 회담 그 자체는 특별히 우호적인 분위기가 느껴지지 않았고, 오히려 사무적인 환경 속에서 이루어졌다. 동서독의 총리는 각각 종래의 입장을 반복했다. 먼저 슈토프 총리는 양국이 사회체제의 차이에도 불구하고 평화공존하기 위해서는 국제법에 기초한 평등하고 무차별의 관계를 구축할 필요가 있기 때문에, 양국의 협의는 동독의 조약안에 의거해 행해져야만 한다고 주장하였다. 이에 대해 브란트 총리의 반론은 두 독일은 각각 외국이 아니라 특수한 관계이며, 규제되었던 병존으로부터 공존을 거쳐 국민의 일체성이 확보되어야 하는데, 이를 위해서 먼저 의견 교환이 필요하며, 조약 제안을 할 생각은 없다고 말하였다. 그러므로 제1회 회담은 종래의 주장을 상호 간 문서가 아니라 구두로 모두 말했다는 점에서 조그마한 특징이 있을 뿐 다만 감정적이고 열변을 토한 회담이었다고 평가할 수 있다.

그러나 에르푸르트 회담에 대한 약간의 구체적인 성과를 지적하는 견해[63]에 따르면 다음 두 가지 점을 들 수 있다. 첫째, 회담 전 브란트 총리가 첫 회담의 '최소한의 목표'로 제시한 다음 회담에 대한 합의를 얻어냈다는 것이다. 에르푸르트 회담 후 공동 커뮤니케가 보도된 것처럼 제2차 회담을 1970년 5월 21일 서독의 캇셀에서 개최

---

63) 佐瀬, op. cit., pp.156-158.

하기로 동서독 총리가 결정한 것은 우선 성과라고 할 수 있다. 두 번째 성과는 회담장 밖에서 나타났다. 즉, 회담 전에 모여 들었던 동독 시민들의 군중은 예기치 않게 브란트 총리를 열광적으로 환영하였다. 그것은 동독정권이 부정하던 '민족의 일체성'이라는 감정이 밖이 아니라 동독 민중의 속에 존재하고 있다는 것을 증명한 것이었다. 다만, 이 두 가지 점은 '민족 일체성의 존속'이라는 서독의 주장이 옳다는 것을 국제적으로 인상지운 움직이었던 반면 동독 정권에게는 동서독 간의 '이간정책'을 강화할 필요성을 새롭게 인식시켰다는 의미에서 교섭은 성공에 대한 플러스·마이너스의 양면을 가지고 있었다.

동서독 교섭에 참가한 서독의 입장은 브란트 총리의 에르푸르트 회담에 대한 설명에서 잘 나타났다. 브란트 총리는 동독과 교섭의 대상은 현상승인과 연결되는 동독의 국제법적 승인에 관한 협정이 아니라 어디까지나 무력불사용의 협정이라고 했다. 동시에 이 무력불사용 협정이 양국 관계 개선으로 연결되지 않으면 안 되며, 또한 이번 교섭은 종래의 규제되었던 병존으로부터 우호적인 공존으로 이어지는 기회가 되지 않으면 안 되지만, 그러나 이것 이상의 예상은 당분간 내릴 수 없다고 말했다.[64] 이러한 주장에 따르면 서독의 입장은 다음 세 가지로 볼 수 있다. (1) 서독은 독일통일의 실현이라는 궁극적인 정치목표에 비추어, 교섭이 분단국가의 고정화로 되지

---

64) *Europa Archiv*, Folge 18/1970.D. SS.217-19;『國際問題』, op. cit., pp.378-379.

않도록 신중하게 진행하고 독일 민족이 살고 있는 두 개의 부분이라는 표현으로 독일의 일체성을 유지하려고 하였다. (2) 베를린 문제에 관해 베를린 및 독일 전체에 대한 제2차 세계대전 이후 4개국의 책임과 권한을 강조함으로써 베를린은 동독의 관할이 아니라는 것을 새삼스럽게 표명하였다. (3) 무력불사용 협정이 중심이라고 주장하였다. 요컨대, 이상 3가지 목표가 유럽에 있어서 긴장완화 형성 후의 사태를 위해 대비하려고 한 서독의 의도였다고 볼 수 있다.

이에 대해 동독은 어디까지나 유럽의 현상 승인과 이것에 기초한 동독의 국제적 승인이 외교 목표였고 베를린의 문제를 지렛대로 서독을 압박하려 했다. 그리고 동서독 관계 정상화는 서독에게 있어서 일련의 동방정책의 성립을 위한 단계, 혹은 두 독일 간의 실무적 관계 개선의 실현에 지나지 않은 반면 동독에게 있어서 자국의 국제법적 승인을 의미하고 대서독정책의 중심이라는 점에서 커다란 차이가 있었다. 그러므로 이것은 동서독간의 교섭이 다른 동서 교섭처럼 현저한 진전이 이루어지지 못한 큰 이유였다.

어떻든 제2차 총리회담은 에르푸르트에서 서로 합의한 대로 5월 21일 서독의 캇셀에서 열렸다. 브란트 총리는 교섭에 구체적인 내용을 올려놓고 영향을 미치게 하기 위해 "여러 가지 요구를 내고 결착을 짓는 것이 과제다. ……쌍방이 합의하면 광범위한 교섭의 장을 만드는 것은 어렵지 않다. 에르푸르트에서 내가 쌍방의 대표자에 의한 상설 활동기관의 설립을 제안했던 것을 기억해 달라"고 말했다. 또한 조약의 성립을 위한 기본적인 요소로서 20개 항목을 들었다.[65]

브란트의 20항목 제안에서 볼 수 있는 것처럼 제2차 회담에서 서독 측은 구체적인 문제해결로부터 전반적인 관계 정상화의 법적인 결정으로 향하려고 했던 것에 반해 동독 측은 기본적인 원칙의 합의가 선결이며 이것 없이는 하부기구에 의한 문제 토의는 무의미하다고 양보하지 않았다. 그러므로 제2차 회담은 차기 및 그 이후 회담의 계속에 대해 구체적인 합의도 없이 끝났다.

캇셀 회담에서 제안된 본의 구체적인 20개 항목은 슈토프 총리의 관심을 조금도 불러일으키지 못했다. 슈토프 총리는 본질적으로 2개월 전 에르푸르트에서 말한 동독의 입장을 반복했던 것에 지나지 않았다. 그는 본이 주장하는 부분적 영역으로부터 두 독일의 관계정상화 구상을 거부함으로써, 두 정부 총리 간 평등한 국제법적 관계의 수립에 대한 합의가 달성되지 않았다. 또한 이 단계에서 어떠한 위원회 혹은 위임자를 설치하고 부차적인 문제의 협의를 시작하는 것은 거의 무의미하다고 생각되었다.

캇셀 회담은 에르푸르트 회담 이상으로 심한 의견대립의 장이었다고 결론지을 수 있다. 형식적으로도 캇셀 회담은 슈토프 총리의 이례적인 항의 성명으로 시작되었다는 점과 동서독 총리가 2차례의 비밀회담을 포함해 전 회담보다 훨씬 오랜 시간 회담을 했음에도 불구하고 에르푸르트의 전례에 어긋나는 회담을 마쳤을 때 공동성명 조차 발표하지 못하였다는 점에서 보면 심각한 대립이 있었음을 엿

65) *Europa Archive*, Folge 14/1970.D. SS.332-333; 『國際問題』, op. cit., pp.379-380.

볼 수 있다. 또한 대립은 두 총리에 의한 의견 표시 가운데에서도 반영되었다. 브란트 총리는 두 번째 의견 표명에서 적당한 시기에 회담이 재개될 수 있도록 호소하였으나, 슈토프 총리는 본 정부는 견해를 변경할 필요가 있고, 이를 위해 '사고를 위한 중지(Denkpause)'가 필요하다고 말하고 회담 계속을 약속하지 않았다. 이러한 동독의 태도는 본이 동독의 국제법적 승인이라는 원칙적인 문제를 회피하는 한 동서독 간의 교섭은 있을 수 없다고 생각한 동독 측의 입장으로부터 보면 타협을 거절하는 것 같았다. 그러므로 차기 회담에 대한 합의조차 이루지 못하고 회담이 끝났을 때, 서독에서 특히 야당 CDU/CSU 가운데 동서독 총리의 직접 접촉이 본에 의한 동독의 사실적 승인으로 제3국의 눈에 비춰질 위험성이 있다는 목소리 커지기 시작하였고 이런 종류의 접촉에 대한 회의론이 강하게 제시되었다.

그렇지만 캇셀 회담에서 언어상 강경한 입장을 취한 슈토프 총리였지만 행동에서는 유연성을 유지하고 있었다. 이 점은 본의 대소련·대폴란드 교섭의 진전 상황, 나아가 4개국 간 베를린 교섭의 진전 상황을 고려하지 않고서는 대부분 이해할 수 없었다. 이 3개의 교섭은 캇셀 회담 전후 모두 결정적 단계에 접어들고 있었다. 에곤 바 차관이 모스크바 교섭은 지금이야말로 예비교섭을 마치고 다음에 본격적인 교섭으로 가는 단계라고 모스크바에서 말한 것은 정확히 캇셀 회담의 다음날이었다. 또한 동독의 국제법적 승인에 대해 어떠한 언급도 포함되어 있지 않았던 것은 나중에 알려진 '에곤 바

문서'의 탄생은 캇셀 회담의 다음날, 즉 70년 5월 22일이었다. 또 이 때 주목해야만 하는 것은 에르푸르트 회담 당시 아직 사전 타진의 단계에 있던 4개국 간의 베를린 교섭이 이미 3개국의 대사 간 회담을 거듭하는 단계에 이르렀다는 것이었다. 물론 급속한 진전이 전해 졌다고는 볼 수 없다. 그러나 이론적으로 보아 동독이 환영하지 않을 4개국 베를린 교섭은 1948년 이후 22년 만에 실현되었다는 사실은 동독에게 있어서 경시할 수 없는 것이었다. 슈토프 총리가 캇셀에서 언어적으로 강한 어조로 시종일관 원칙을 견지할 것을 주장하면서 한편으로 행동에 있어서 신중하면서 동시에 강한 인내심을 가진 입장을 보였던 배후에는 3개의 외교 교섭의 영향을 생각하지 않을 수 없다. 확실히 캇셀에서 슈토프 총리는 3개의 교섭에 대한 앞으로의 전개를 지켜볼 필요가 있음을 느끼고 있었고 그것을 지켜보기 전에 두 독일 간의 접촉을 결렬시킬 이유가 없었다. 아무리 자기의 원칙적 입장에 충실한 증거라고 하더라도 성급한 결렬은 공산권 내부에서의 동독의 외교적 고립화의 위험을 내포하고 있었던 것이다.[66]

또한 70년대 초반부터 동독의 지도자층은 수미일관한 긴장완화의 구상을 가지고 있었다고 말해도 과언은 아니다. 그러나 그것은 평화적 수단에 의한 시스템적 투쟁의 지속을 마음속에 그리고 있었으며 여러 가지 사회시스템과 함께 국가 간의 평화공존의 원칙으로 규율

---

66) 佐瀬昌盛, op. cit., pp.156-158.

하려는 태도로 대하는 것이었다. 더욱이 긴장완화와 평화공존은 때때로 동의어처럼 사용되었다. 긴장완화는 평화공존의 원칙을 수행하기 위한 정책으로 자본주의 국가를 포함하는 국가 간 광범위한 협력을 촉진하는 정책이라고 정의되었다. 그것은 국가 간 관계에 있어서 무력행사와 그 위협을 방지하고 군비경쟁을 제한·중지하는 것을 의미했다. 동독에서 사회주의에 좋은 것은 평화에도 좋다는 주장은 그 반대도 옳은 것인지를 둘러싸고 논쟁이 되었다. 그리고 사회주의에 대한 외부로부터의 공격은 실패하기 때문에 실재적인 목표는 평화·평화공존·긴장완화의 유지를 달성하는 것이 평화실현을 향한 사회주의 강화의 근거였다. 이러한 주장은 긴장완화에 의한 사회주의의 잠재적 가능성이 완전하게 발휘되고 다른 체제와의 경제적인 경쟁에서 스스로의 우월성을 증명할 수 있다는 발상에 기초하고 있었다.

그러나 긴장완화와 평화공존의 원칙은 단지 국가 간 관계에 적용되는 것으로 각 국가 내에서 계급 간 관계에 해당되지 않는 것이었다. 동독의 지도자들에게 있어서 이데올로기적인 공존은 폐쇄된 사회를 불안정하게 하는 위험한 것이었다. 이 때문에 정치적인 긴장완화와 이데올로기적인 공존은 명확히 구별되어 왔다.[67] 이에 반해 2차에 걸친 총리회담은 어떤 의미에서 동독의 긴장완화 정책을 변화시키는 출발점이었다. 1971년 5월 3일 울브리히트 퇴진 이후 동독의

---

67) Richard Davy(eds), op. cit., pp.148-9.

외교정책은 보다 유연해졌다.

당시 동서독 총리회담의 성과에 대한 브란트 총리 자신의 주장은 "쌍방의 입장을 알고 양자의 기본적인 문제를 검토하기 위해 정치회담을 진행시키는 기초는 종래 이상으로 구체적인 형태로 주어졌다"라는 것이었다. 요컨대 회담의 내용으로서 어떤 성과를 내지 못했지만 앞으로 대화를 하기 위한 실마리가 되었다는 점을 평가하고 있던 것이다. 한편 야당 CDU/CSU는 동서독의 접촉이 아래로부터 위로 영향을 미쳐야 한다는 입장이었기 때문에 처음부터 총리회담 개최에 반대하고 있었다. 더욱더 5월 26일 야당 의원단의 결의에서 같은 당이 주장하는 동독인의 자결권과 인간적·정치적 기본권의 요구에 반하는 것으로서 동독의 국제법적 승인 혹은 사실상의 승인으로 이끄는 정책을 거부하였다. 총리회담에 있어서 정부의 태도에 불신하는 태도를 보였다.

그러나 중부 유럽의 긴장완화의 규제에 도움이 되고 한편으로 양국이 관심을 가지고 있던 문제에 대해 공적 루트로 의견을 교환하는 목적을 가지고 에곤 바 차관과 콜 차관과 회담은, 먼저 11월 27일 동베를린에서 열리고 그 이후 동베를린과 본에 있어서 상호 동서독 간의 협의가 지속되게 되었다.

2. 베를린 4개국 협정으로

(1) 배경

1971년 9월 3일 프랑스·영국·미국·소련 간의 4개국 협정에 관한 결론이 나온 후, 베를린의 법률적 지위는 1960년대의 국제정치의 문맥에 있어서 그 자체의 역사적 발전을 의미하는 것으로서 해석되고 있었다.

전후 미국과 소련의 사이에서 전개된 혹독한 냉전 상황 속에서 베를린의 가혹한 역사가 시작되었고 많은 사람들이 정치적인 격류에 휘말렸다.

61년까지 베를린은 국제관계 및 독일 국내정치에 있어서 중심적인 역할을 하면서 동시에 동서 냉전의 상징으로 자리매김 되었다. 서독에게 있어 베를린 문제는 동서독의 통일문제의 상징으로 작용했다. 또한 베를린 시민은 베를린이 분단되어 있는 동서독을 연결하는 도시로 그 정치적 중요성을 인식하면서, 본 및 베를린에서 선출된 대표단이 통일 독일에서 과거의 기능을 회복할 것이라고 생각하고 있었다. 그러나 1961년의 정치적 상황은 도시를 동서로 분단하는 이데올로기의 벽을 만들어냈다. 장벽이 만들어진 후 서독에서는 종래의 '힘의 정책'·'서방정책'으로부터 전개된 외교정책만으로 동서 통일이 어렵다고 판단하고, 독일의 희망을 달성하기 위해서는 소련과 동방 측과의 관계를 구축하지 않으면 안 된다는 현실적인 이해가

정책에 반영되게 되었다. 특히 1961년 8월 13일 브란트는 "막을 열어 보니, 무대는 비어 있었다. 좀 더 무미건조하게 말하면 희망이 없어진 후 남아있던 환상-사실은 이미 존재하지 않는 것에 붙어 다니는 환상-도 사라졌다. 동독의 울브리히트가 서방 측 대국의 정강이를 힘껏 차버렸는데 미국은 불편한 얼굴을 찌푸릴 뿐이었다. 이 날의 경험은 이후 나의 정치적 견해를 결정지우는 것이 되었다. 세상이 말하는 나의 동방정책에는 이러한 배경이 있었다. 화해에 대한 의사를 말하고 있는 것이 아니다. 그렇다면 냉전이 한창인 때에도 필사적으로 저항하고 있던 때에도 잃어버리고 있지 않았다. 전투적인 시대에도 베를린의 임무와 평화의 확보를 향해 영향을 미치는 것이라고 생각하였다. 새롭게 주장된 서방 측의 정책 가운데 전통적으로 정해진 문구는 유용하지 않다. 그뿐만 아니라 현실로부터 벗어난 것이라고 인식하고 있었다"고 설명하고 있다.[68] 그 후 서독은 동방외교를 전개하는데 있어 베를린 문제에 대해 신중하게 주의를 기울이고 동시에 교섭의 과정 혹은 조약에 있어서 베를린의 지위의 확정과 베를린 통행권의 확보를 요구하고 있었다. 독·소 조약, 독·폴란드 조약안에 있어서 특히 베를린 문제에 관해서 명확한 합의를 이루어내는 것은 앞에서 설명한대로 어떤 경우에도 4개국 간에 베를린 협정이 성립한 후 비준한다는 '유보' 상항이 붙어 있었다. 다시 말하면 서독에게 있어 동방정책은 동유럽 각국과의 관계개선이 중요한 목

---

68) 永井, 『現代ベルリン』, p.173.

적이었지, 결코 동독을 국제법적으로 승인하려는 것은 아니었다. 그리고 베를린 전체는 1950년대처럼 동독과 법적으로 관계가 없었다. 바꾸어 말하면 베를린 전체가 4대국의 관할권 아래에 있다는 서독의 주장은, 현실적으로 서베를린은 서방 측 3국의 관할 하에 있다는 한정적인 주장으로 변화하고 있었다. 이것은 서독에게 있어서 베를린 문제는 서베를린과 서독과의 정치적 · 경제적 연계, 서베를린에 대한 통행권 확보, 서베를린 거주 독일인의 권리확보라는 문제에 한정되어 있다는 것을 보여주고 있다. 서독은 동방정책의 진전 속에서 이것들의 권리를 잃어버리게 되는 사태만을 회피하면 좋다고 생각하였다. 그것은 소련의 대 서방정책과 서독의 동방정책에 있어서 해결하지 않으면 안 되는 당면한 문제였고 동시에 동 · 서 긴장완화에 있어서도 중요한 문제였다.

여기서는 베를린 문제를 해결한 4개국 협정을 전후 유럽의 긴장완화체제라는 하나의 구조로 자리매김하면서 서방 측 3국과 소련과의 직접 교섭에 대해 설명한다. 베를린 문제는 브란트 정권의 동방외교 속에서 매우 특수한 의미를 갖고 있었다. 본(Bonn)의 이해로부터 보면 베를린 문제 자체는 '독일 조약'에 기초한 4개국의 권한 사항이었고, 본이 직접적인 발언권을 갖지 못하는 문제로 간주되어 왔다. 브란트 정권하에서도 이러한 이해에 변경은 없었고 동방정책의 일환으로 직접적으로 추구되지 못하였다. 본이 대 동방 화해조약 비준의 조건으로 베를린 정세의 개선 필요성을 주장하더라도 이러한 요구는 형식적으로 서방 측 3국과 소련 간의 교섭을 통해야 하였고 간접적으로 진행될 수밖에 없었다. 본이 소련과 베를린 교섭의 당사자가 될 수 없었던 것은, 당연히 베를린 정세에 대한 개선 문제에서 서방 측의 요구를 서독이 관철시킬 수 있는데 커다란 제약이 있었다.

그러나 본의 서독 정부에게 있어서 베를린 교섭이 서방 측 3국을 통한 소련에 대한 간접교섭이긴 하였지만 본의 동방정책에 하나의 안정성을 준 요소가 될 수 있었다. 왜냐하면 본이 동방에 대한 화해 외교와 베를린 교섭을 내용적으로 '연계'시키는 경우, 당연히 본과 서방 측 3국과 사이에 치밀한 의견교환 및 의견조정이 없어서는 안 되었지만, 이것은 본의 동방외교에 있어서 커다란 외교적 구속요소인, 즉 '라팔로의 재판(再版)'에 대한 서방 진영 여러 국가의 경계심을 해소하는데 필요했기 때문이다.[69]

(2) 교섭 과정

베를린 문제에 관한 동서 교섭에서 주도권을 쥔 것은 뜻밖에도 소련 측이었다. 이것은 브란트 정권이 1969년 10월 실시한 시정연설 중에서 베를린 정세 개선의 필요성을 강조한 직후였다. 그러나 이때 소련과의 관계 개선 교섭과 베를린 문제는 확실히 관련되어 있지 않았다. 두 문제의 처리가 불가분의 관계에 있다는 것이 본에 의해 시사된 것은 본의 교섭 제안에 대해 소련이 동의를 표명한 때였다. 소련은 브란트 정권의 탄생 전 1969년 7월 10일 소련 최고의회에서 그

---

69) 佐瀬昌盛, op. cit., pp.167-168.

로미코 외무장관은 보고를 통해 "베를린 문제에 관해 4개국이 의견을 교환하자"고 제안하면서 동시에 무력포기 조약의 교섭에 대해 발표하였다.[70] 종래 소련은 베를린 문제에 관해서 1967~1968년 동안 동서 교섭의 중단에서 볼 수 있듯이 일관되게 동독의 관할권을 지지하는 강경자세를 취하고 있었기 때문에 그로미코의 발언은 더없이 주목할 가치가 있었던 것이다. 이에 대해 서방 측 3개국도 문서를 보내 독자적인 제안을 하였다. 그 후 소련은 서방 측의 제안에 회답하면서 스스로의 입장을 보였다. 서방 측은 브란트 정권탄생 후 12월 16일 보다 상세한 교섭제안을 실시하고 1970년 2월 10일 소련은 원칙적으로 베를린 교섭에 합의하자는 회답을 보내옴으로써 베를린에 관한 4개국 교섭이 시작되었다. 교섭은 4개국 대사급 대표가 참가하여 개최한다는 서방 측 제안에 기초해 서방 측은 서독 주재 대사들이 소련은 동독 주재대사가 각각 대표가 되는 변칙적인 형태로 1970년 3월 26일 개최하였다.

베를린 교섭에 임하는 서방 측의 태도는 이 교섭은 전체 베를린 문제에 관한 교섭이라고 평가하면서 베를린 통행권에 대해서도 구 연합국 내부의 일치된 원칙에 기초한 해결을 요구하였다. 이것에 대해 공산권은 베를린 문제는 서베를린만의 문제이고 서베를린은 원래 서독과 분리된 자립적인 정치단위라는 입장을 취하고 있었으며,

---

70) Michael J. Sodaro, op.cit., p.150. 당시 동독의 경제사절단이 모스크바를 방문 중이었으나 그로미코는 서독과의 경제적, 기술적 협력 관계가 소련의 국익이 된다는 인식을 가지고 있었다. 이러한 동서간의 경제관계는 정치적 협력관계의 기초가 되기 때문에 중요하다고 생각하고 있었다.

서베를린은 국제법적인 승인을 받아 자립적인 정책을 추진하여야 한다고 주장하였다.

소련이 베를린 문제에 적극적이었던 이유 중 하나는 유럽의 안정과 현상유지를 계획하기 위해서는 결국 베를린 문제에서 어떻게든 합의에 이르는 것이 열쇠라고 생각하고 있었기 때문이다. 보다 구체적으로 말하면 유럽안전보장회의(CSCE)의 개최와 상호병력삭감 교섭의 성립이라는 유럽의 긴장완화 구조의 중심적 과제를 해결하기 위해서는 전후 적대관계에 있던 서독과 화해 성립이 불가피 하였으며 베를린 문제에 관해서 직접 교섭을 회피하는 서독 대신 법적으로 권리를 가지고 있는 서방 측 3국과의 교섭을 개시하는 것이 필요하였다.71) 이는 베를린 문제에 대한 동독의 입장과 상반되는 것이었고 공산권 지도자간 의견이 일치하지 않았다는 것을 의미하는 것이었다.

베를린 문제에 대한 4개국의 교섭은 1970년 3월 26일부터 시작되었으나 베를린 문제가 서독·소련 간 서독·폴란드 간의 교섭 등 일련의 동서 교섭과 보조를 맞추어 가야하는 것이었으므로, 즉 다른 교섭들과 관련성이 깊었기 때문에 즉각적이고 구체적인 진전을 볼 수 없었다. 8월 12일 서독과 소련의 조약의 조인까지 4개국 대표들

---

71) 당시 서독의 에곤 바는 소련의 관심이 유럽안전보장회의에 있다는 사실을 인식하고, 그는 '우리나라의 이해를 관철하기 위한 수단'이라고 간파하였다. 소련은 베를린 문제와 관련하여 서방 3개국과 비슷하게 베를린이 위기에 직면하지 않고 안정되기를 바랐다. 물론 소련은 베를린을 이용하여 서방진영을 압박하는 수단이었지만 소련은 베를린 협정에 찬성하면서 유럽안전보장회의에 관심이 있었다. 이러한 상황을 인식한 에곤 바는 서독 없이 유럽안전보장회의는 있을 수 없다고 생각하면서 유효한 수단으로 활용하는 정책을 제시하였다.

과 함께 서로 종래의 주장을 되풀이하고 대립점을 명확히 하는 정도에 머물렀으나, 교섭이 실질적으로 진전된 것은 소독·소련, 서독·폴란드 관계에서 맺어진 두 조약의 교섭이 완료된 1970년 12월 이후부터였다.

베를린 문제의 해결을 위한 교섭은 독·소 조약의 조인 이후 미국·영국·프랑스·소련 4개국 대사 간 협의, 동서독의 차관급 회의, 동독정부와 서베를린시 당국의 각 대표 간의 교섭이라는 형태로 진행되었다.

이들 중에 중요하고 중심적이었던 것은 4개국 대사들 간의 회의로써 다른 두 개의 교섭은 대개 병행해서 이루어졌지만 역시 베를린 문제에 관해서는 법적으로도 실질적으로도 우선적인 권한을 가진 4개국 대사의 회담의 성과를 기다리지 않으면 구체적인 진전은 불가능하였다. 4개국 대사 회담은 1970년 3월 이후 서방 측 3국의 대표로서 서독 주재 러쉬(Kenneth Rush) 미국대사, 잭크링(Roger W Jackling) 영국대사, 사우방가게(Jean Sauvangargues) 프랑스 대사가, 소련 측은 동독 주재 아브라시모프(Peter A. Abrassimov) 대사가 각각 교섭에 임했다. 당초 관계 각국의 복잡한 사정 때문에 회담을 거듭해도 구체적인 성과를 거둘 수 없었으나, 1971년 2월 5일 서방 측 3국이 소련에 협정 초안을 제안하고 소련 측도 3월 26일 대안을 제출하는 등 이때부터 교섭은 본격적으로 토의 단계로 들어갔다.

상호교환 된 초안을 보면 쌍방 모두 종래의 주장으로부터 양보하고 있었다. 소련 측은 종래 반대해 왔던 협정 성립 후 서베를린에 있어서 서방 측 군대의 주둔, 서방 측 3국에 의한 협정을 통한 서베를린에 대한 권리의 일부 보류라는 2가지 점에 대해 이해를 표명하였다. 그리고 그들은 서독과 서베를린의 연계의 증가에 대해서도 이론(異論)을 달지 않았다. 그 이외에 소련 측은 서베를린에 대한 서독의 법률의 적용과 서독의 재정행위에 대해서도 반대하지 않았다. 더욱이 어느 정도의 보류는 있었으나 서독이 서베를린의 대외대표권을 행사하는 것-특히 무역협정의 체결 등에서-도 인정하게 되었을 뿐만 아니라 서베를린이 유럽공동체에 참가하는 것에도 의문을 달지 않았다.

한편, 서방 측의 제안에도 양보가 보이는데 그 중에서도 서독 행정기관이 서베를린 주재 문제에 대해서는 서독이 방위군, 그 이외 다른 국방기관을 서베를린에 주재시키는 것은 자유라고 했던 기존의 입장을 바꾸어, 이것에 집착하지 않고 오히려 일정한 틀을 설정해 소련의 요구에 응하려고 하였다. 요컨대 서독은 국방군의 서베를린 주둔만으로는 부족하고, 서독기본법에 기초해 조직된 행정기관, 예를 들면 대통령·총리·내각·연방의회·연방참의원과 그 위원회 등이 앞으로 서베를린에서 공적인 활동을 할 수 없게 되는 것을 받아들였던 것이다.

문제는 상세한 부분에 관해서 서로 의견이 달랐다. 예를 들면, 서독의 여러 정치·행정 기관의 서베를린에 있어서 공적 활동 금지에 대해, 소련 측은 각 정당의 활동마저 포함시키려고 하였던 반면, 서방 측은 그것까지 양보할 수 없다고 주장했다. 또한 소련 측은 서독이 서베를린의 정치 혹은 안전보장상의 문제, 영사관계, 사법상의 문제에 대해서 대표권을 갖는 것은 인정해도 동독과의 관계에서는 서베를린 시 당국 자신이 대표권을 행사를 요구하는 등 쌍방은 몇 개의 대립점을 가지고 있는 상태 그대로였다.

　이러한 4개국과 동서독 간 대립점이 있었음에도 불구하고 베를린 교섭이 더욱이 결정적인 단계에 들어갔다고 보인 것은 1971년 3월과 4월쯤이었다. 이때까지 서독에는 베를린 교섭의 장래에 대해 낙관·비관적인 입장이 동시에 있었다. 비관설은 모스크바 조약 조인 후 3개월이 지난 상황에서 동서독 차관급 회담 시작을 제안한 동독은 4개국 간 베를린 교섭과 병행하여 두 독일 간에도 서베를린 출입로 문제에 관한 교섭을 우선적으로 진행해야만 한다고 주장하기 시작하였다. 그리고 소련이 동독의 이러한 주장을 최소한 묵인하고 있었다는 입장에 서있었다. 동독의 주장은 "베를린에 관한 4개국의 특수한 권리와 책임"의 존속이라는 본의 의견에 정면으로 도전하는 것이었기 때문이었다. 그러나 1971년 3월과 4월 이러한 비관설이 뒤집히는 징후가 계속해서 보였다.[72] 예를 들면 71년 3월 말, 소련은 브란트 총리에 의해 명확하게 "교섭의 진전에 있어서 확실한 실마리"가 포함되어 있다고 평가된 베를린 협정 초안을 4개국 베를린 교섭의 장에 제출하였다. 같은 해 4월 초 소련공산당 제24회 대회에서 그로미코 외무장관은 4개국 간 베를린 교섭과 소련·동유럽 국가들의 본

---

72) 佐瀬昌盛, op.cit., p.170.

228 냉전질서와 국제긴장완화 정책사

정부의 동방정책에 대한 대응과 '병행'성 즉 상호관련성을 인정하는 발언을 하였다.

그리고 1971년 5월 초 돌연 동독의 울브리히트 국가평의회 의장이 당 제1서기에서 사임한 것과 4개국 간 베를린 교섭의 진전은 밀접한 관련을 가지고 있다고 판단되었다.

그 이후의 상황과 추이를 보면 이 사임은 실질적으로 울브리히트의 실각이었으나 그 원인을 엄밀한 의미에서 말로 입증할 수는 없었다. 그럼에도 불구하고 그 시기 이후 동서독 간 서베를린 '출입교통협정' 교섭을 실시하여야 한다는 주장이 동독 측에서 눈에 띌 정도로 약화되었다. 그리고 4개국 간 베를린 교섭에서 아브라시모프 소련 대사로 부터 갑작스러운 낙관적 언동이 보이기 시작한 것 등을 고려한다면 울브리히트 실권의 직접 원인이 베를린 문제에 관한 소련으로부터의 저항에 있었다는 견해에 무리가 없을 것이다.

4개국 간 대사 회담은 1971년 7월 빈번하게 개최되었으며 동독·소련 조약 조인 1주년이 되는 8월을 맞이하여 '교섭 진전'이라는 말이 자주 알려졌다. 8월 19일 그로미코 외무장관이 동독을 방문한 호네커 제1서기와 회담한 것은 교섭의 결실이 가까이 다가왔다는 것을 보여주었다. 사실 8월 23일 33번째 4개국 간 대사 회담이 열렸고 그곳에서 베를린에 관한 윤곽이 보이는 협정 초안이 합의되었다. 초안은 동서독 정부에게도 보내져 양국 정부가 각각 만족을 표시하자, 협정에 제시된 상세한 부분에 대한 협의에 들어간다고 발표되었다.

4개국 협정은 최종의정서와 함께 9월 3일 서베를린에서 조인되었다. 협정은 전문과 3부로 구성된 본문 및 부속문서로 되어 있었다. 전문과 본문 제1부는 4개국의 권한과 책임(긴장의 제거와 관련 지역에 있어서 분규의 저지, 유엔헌장에 의한 각국의 의무를 고려한 무력행사와 무력에 의한 위협의 금지 등)을 규정하고 제2부는 베를린 서방 측 지구에 관한 규정 A, B, C, D의 4항목이 규정되어 있다. 제3부는 최종규정으로 되어 있다.

9월 6일 4개국 협정 조인 이후 처음으로 두 독일 차관급 회담이 열렸으나, 협정의 독일어 번역을 둘러싸고 동서독이 대립하였으며 이어서 두 독일 정부의 대표가 서베를린과 동베를린·동독의 통행 협정 교섭에 임하려고 했을 때 동독은 서베를린 시 당국과의 교섭을 주장하면서 양보하지 않았다. 이러한 대립의 조정은 9월 16일부터 18일까지 브란트 총리의 모스크바 방문 그리고 10월 30일부터 11월 1일 브레지네프 서기장의 동독방문이라는 정치회담에서 진행되었으며 12월 3일 차관급 회담에 이르러 서독과 서베를린 간의 통행협정에 대한 합의가 성립되고 12월 17일 본(Bonn)에서 조인 단계에 이르렀다.

전후 서독정치에 있어 베를린에서 기인한 정치적 곤란은 중대한 것이었지만, 브란트 정권은 서베를린의 원인으로 서독에게 강요된 여러 가지 형태의 의존성을 경험하였다. 브란트 총리는 베를린 협정에서 스스로 동방정책을 완성시키기 위해 미국을 필요로 하였다. 하지만 미국정부는 브란트의 동방정책은 속도가 너무 빠르고 자주적인 경향이 있다고 생각하고 있었다. 그래서 닉슨 대통령의 안전보장

문제 특별보좌관 키신저는 베를린 문제에서 열쇠를 쥐고 있는 미국의 입장을 이용해 공산권으로 향하는 서독의 노력에 브레이크를 걸고 제어하려 하였다. 그러나 브란트는 소련의 비위도 맞추지 않을 수 없었다. 크렘린에 중대한 양보를 요구하고 서 베를린의 안전을 보장하며 동서 대립의 최전선에 위치한 시민이 체험하고 있는 중압감을 조금이라도 경감할 필요가 있었기 때문이었다. 이것뿐만 아니라 전력을 다해 저항하는 울브리히트로부터 베를린 협정에 필요한 '만족할 만한' 권한을 박탈하고 양보를 강요하는 것이 가능했던 것은 소련뿐이었다.

협정은 완전하게 만족할 만한 것으로 되었다. 특히 본질적인 부분은 기대했던 것보다 훨씬 잘 기능하였다. 1972년 이후 베를린 문제를 둘러싼 위기는 이미 발생하지 않게 되었고 조그만 분쟁이 일어났을 뿐이었다. 그러나 베를린을 원인으로 하는 서독의 부담 자체가 없어진 것은 아니었다. 이전과 비교해 보면 베를린이 본의 외교정책의 '장애'가 되는 정도가 적지 않았지만 역시 장애로 변하지 않았다. 서베를린을 관리하고 있는 것이 미·영·프의 3개국인 이상 서독은 3국에 배려하지 않으면 안 되었다. 3국의 의사에 반하는 것은 어떤 것이든 불가능하였고 3국의 명확한 이해 없이 극히 작은 것밖에 할 수 없었다. 서독의 모든 법률은 서베를린의 지위협정에 일치하는지에 대한 3국 심사를 통과해야 처음으로 서베를린에서 효력을 발휘하게 되었다. 대부분 일상 사무에서 마찰은 일어나지 않았지만, 결정적으로 중요한 문제와 상황에 대해서는 서독과 연합국의 의견이 반드시 일치하지 않았다. 독일인의 눈으로 보면 미국인은 서베를린을 지키기 위하여 베를린에 주재하고 있었다. 그러나 미국인의 견해는 미국의 이익을 지키기 위하여 자신들은 베를린에 있다는 것이다. 만약 그렇지 않다면 그처럼 위험에 노출되어 있는 곳에 오랜 기간 동안 인내하면서 주둔하는 일은 없었을 것이다. 동시에 미국은 베를린에 있어서 자국의 지위를 이용하기도 하였다. 1971년 키신져는 베를린을 둘러싼 교섭을 전략무기제한협정(SALT)과 연결시켰다.

베를린 문제의 해결은 1970년대 동서 진영에 의해 이루어진 긴장완화 정책을 특징 지웠던 큰 변화이었다. 베를린 협정에 있어서 4개국과 동서독은 전후 유럽의 현상을 안정화시키고 더욱 발전시켰다. 또한 그것은 유럽안전보장회의에 있어서 커다란 장애물을 제거하고 유럽의 다국 간 관계의 정상화를 촉진시켰다. 이후 베를린 문제는 동서 사이에서 계속 변화되어 갔다.

(3) 그 이후

베를린 4개국 협정이 체결된 수주일 후 브란트는 크리미아에서 휴가 중인 소련 지도자 브레지네프를 만났다. 브란트는 통일을 향한 서독의 입장을 강하게 표명했음에도 불구하고 브레지네프는 본 정부의 조약 승인까지 4개국 협정은 효력이 생기지 않는다고 설명하였다. 같은 입장은 소련 외무장관 그로미코에 의해서도 확인되었다. 두 정상은 9월 18일 커뮤니케에서 유럽안전보장회의에 미국과 캐나다의 참가에 대해 협력하기로 약속하고 병력의 삭감 문제, 동서독의 유엔 동시가맹의 인정문제를 발표하였다. 소련 측은 서독에게 가까운 장래 소련 방문에 대한 브란트의 발언을 환영하고 있었다. 이것을 계기로 서독은 국제문제에 있어서 자신의 스타일로 외교구상을 만들어 가게 되었다. 특히 브란트와 브레지네프의 회담에 즈음하여 사전에 미국과의 어떤 상담도 이루어지지 않았다는 것을 지적해 두고 싶다.

이렇게 하여 빌리 브란트와 에곤 바가 계획한 베를린 4개국 협정과 유럽안전보장회의가 서로 연계되면서 서독의 긴장완화 정책은 유럽의 긴장완화 정책과 매우 밀접한 관계를 이루었다. 그 결과 유럽에서 안전보장과 협력이라는 주제는 유럽 각국들의 동의 속에서 포괄적으로 진행되게 되었다. 물론 이러한 과정에서 에곤 바에 의해서 진행된 미국과의 관계도 중요하다. 직접 키신져를 만나 서독이 진행하는 긴장완화 정책을 설명하면서 미국의 의도를 살펴나갔다. 1970년 키신져는 서독 외무성 차관을 만나 "베를린 문제와 긴장완화 문제는 당신들이 전개하는 것이 아니라 우리가 진행하는 것이다"라는 말을 남기면서[73] 당시 동서 관계에서 어려운 문제는 미국의 역할이라고 선을 그었다. 이러한 상황 속에서 미국은 자신들의 관심 사항을 하나씩 해결해 나갔다. 먼저 서독이 전개하는 긴장완화 정책을 미국이 영향력을 행사하면서 잘 통제하는 문제가 있었고, 다른 하나

---

73) Peter Bender, Ostpolitik, p.184.

는 소련과의 관계에서 미국이 자신들의 긴장완화 정책을 전개하는 것이었다. 즉 전략무기제한 교섭이었다. 당시 키신져는 베를린 교섭을 이용하여 미국과 소련사이의 군비관리 교섭을 연계해 나가려고 하였다.[74]

3. 서독의 여론

베를린 협정은 처음부터 브란트의 동방정책과 긴장완화 정책에 있어서 필수불가결한 것이었다. 제2차 세계대전 이후 분단된 베를린은 지리적인 면과 법률적인 면 쌍방에 있어서 애매한 상태였고 항상 전후 동서관계에 있어서 쟁점이 되었다.

서방국가들은 베를린은 프랑스·영국·미국·소련의 점령 4개국의 행정권 아래 있다고 인식하고 있었다. 그러나 소련은 자국의 권한을 동독의 울브리히트에게 대리시키고 동베를린을 동독의 일부로 다루고 있었기 때문에 서베를린을 공식적으로 독립된 실체로서 생각하고 있었다.[75]

1961년 '베를린 위기' 후 새로운 핵무기 시대의 설득력 있는 억제 효과와 함께 베를린은 서방 측의 안전보장에 있어서 중요한 도시가

---

74) Peter Bender, Ostpolitik, 184 이하 참고.
75) Clay Clemens, *Reluctant Realists: The Christian Democrats and West German Ostpolitik,* Durham and London: Duke University, 1989, p.82.

되었다. 소련과 동독으로부터의 위협은 완전히 군사적 수단만으로
는 서방 측에 그다지 영향을 미치지 못하였다.

서독 본의 여·야당은 베를린의 4개국 회담에 만족하면서 여론을
지켜보고 있었다. 서독 여론은 이러한 경향에 커다란 관심을 가지면
서 동서독 간에 이루어진 대화에 관심을 보이고 있었다. 서독의 바
(Egon Bahr)와 동독의 콜(Michael Kohl) 사이에 이루어진 대화가 성
공리에 끝난 것도 서독의 여론에 커다란 기대감을 주었을지 모른다.

베를린을 둘러싼 4개국 회담에 있어서도 베를린의 현상을 1961년
베를린 장벽 이전의 상태로 회복시키는 것은 불가능하였지만, 실제
로 '제도화'를 통해서 유럽에 퍼져 있던 긴장완화의 분위기 속에서
베를린 문제를 해결해 가는 방향으로 환경을 정비했던 것은 중요했
다. 또한 베를린 시민의 일상생활을 보다 쾌적한 것으로 만들기 위
한 것은 혹독한 생활로 부터 커다란 변화였다. 나아가 베를린 문제
에 대해 서독의 각 정당은 '독일문제' 해결이라는 보다 커다란 틀 속
에서 베를린 문제가 다루어지기를 바라고 있었기 때문에[76] '베를린
협정'은 유럽 평화질서의 실현 가능성을 높이기 위해 이루어져 온
긴장완화 과정의 기초의 하나가 되었다.

당시 서독의 여론을 지켜보면서 키신져는 베를린을 둘러싸고 인

---

76) 그러나 당시 야당이었던 CDU/CSU에서는 비판의 목소리가 나오고 있었다. 베
    를린 협정은 소련이라는 하나의 도구라고 비판하고 또한 그 협정은 서독의 국
    익과 서방 동맹국에게 직접적 영향을 주었다고 주장하였다. 처음부터
    CDU/CSU 지도자들은 베를린 문제는 긴장완화를 위한 소련의 의도를 시험하는
    리트머스 용지라고 생각하고 있었다.

적상황이 개선되었다는 점 등(교통의 환승, 방문 규정 등) 여러 가지 외교의 욕구의 귀결의 전형적인 사례라고 말하면서, 베를린 문제는 서독이 전개하는 긴장환화 구상의 교차점이었다고 생각하였다. 교섭 초기에는 미국의 긴장완화 외교, 소련의 긴장완화 외교, 서독의 동방정책 등 부분적으로 서로 달랐지만 베를린 문제를 다루면서 같은 방향으로 진행하기 시작하였다고 볼 수 있다. 당시 서독이 전개한 긴장완화 정책은 미국과 동방정책의 합작품으로 진행되었다. 그리고 베를린 협정은 동서독과 미·영·프·소련 4개국 사이에서 중요한 결과를 만들었다. 베를린 협정 이후 베를린 문제는 동서독의 참가 없이는 구체적인 결과를 낼 수 없는 상황이 만들어졌다.[77]

제6절. 동서독 기본조약

동서독의 외교정책은 국제 긴장완화의 전개와 함께 크게 진전되었다. 소련과 '모스크바 조약'의 체결, 동유럽과의 국교정상화, '베를린 문제'에 관한 4개국 조약체결은 서독이 진행한 동방외교의 중심이었다. 특히 기본조약(정식 명칭은 독일연방공화국과 독일 민주공화국 관계의 기초에 관한 조약)은 1972년 12월 21일 서독의 에곤 바

77) Egon Bahr, 『독일을 위한 안전보장과 독일에 대한 안전보장』, 40쪽.

와 동독의 미하엘 콜에 의해 동베를린에서 서명되었다. 70년 11월 27일부터 무려 75회에 이르는 회담과 교섭으로 이루어낸 결과였다. 이 절에서는 이러한 동방정책 외교의 흐름 속에서 결실을 맺은 동서독 기본조약에 대해서 그 배경과 교섭과정 등을 설명한다.

1. 배경

제2차 세계대전 이후 설정된 동유럽 각국과의 관계 속에서 서독의 주요한 관심은 소련 및 폴란드와의 교섭에 있었다. 그동안의 경험을 통해 서독은 동독과의 교섭에 그렇게 깊은 관심을 가지고 있지 않았다. 왜냐하면 교섭을 하여도 생산적이지 않았다고 생각하고 있었기 때문일 것이다.[78] 당시 서독의 주요한 목표는 동방정책을 통한 통일문제였다.

다른 한편, 동독은 서독이 기대하는 것과 같은 정치적인 움직임에 관심을 가지고 있지 않았다.[79] 예를 들면 1969년 10월 동독 건국

---

78) 그러나 서독은 브란트 정권의 탄생과 함께 동독과 교섭을 하기 위하여 누구를 담당자로 할 것인가를 고민하였으며 당시 총리부 장관인 홀스트 엠케, 내독성(內獨省, 우리의 통일부에 해당) 장관인 에곤 플랑케 그리고 에곤 바 등 3명을 적합한 사람으로 내정하고 준비하였다. 이렇게 보면 서독은 긴장완화 정책을 전개하기 위하여 많은 준비를 하고 있었음을 알 수 있다.
79) 동독의 울브리히트와 1967년 12월부터 국적법안을 통해 전 동독의 사람들은 '동독의 시민'이라는 것을 강조하였다. 또한 1968에는 동독헌법을 만들어 주권의 독립을 행했다.

20주년 기념행사 석상에서 울브리히트와 동독의 간부들은 동독의 독립주권을 강조하고 있었다.[80] 이러한 것으로부터 보면 동독은 분단국가라는 관점으로부터 서독과의 관계를 생각하고 있었다. 그 결과 통일문제는 동독에게 전혀 관심 밖의 문제였다.

이러한 견해의 차이에도 불구하고 기본조약은 동서독에 있어서 긴장완화 정책의 목표였다. 그러므로 특히 서독으로서는 동독과의 관계를 정상화하는 데 최선의 노력을 기울였다. 바링(Baring)이 지적한 것처럼 서독과 동독의 관계는 서독이 전개하는 긴장완화 정책의 가장 핵심적인 부분이며 동시에 서독의 사회민주당과 자유당은 기본조약이 브란트 정권에 있어서 최고 중요한 것이라고 평가하였다.

동서독의 의견교환은 다른 국가들의 외교 교섭과는 달리 서로의 의견차이가 너무 컸으므로, 양국이 서로 건설적으로 회담이 되도록 분위기를 만들어 가는 것이 중요하였다. 전후 오랜 동안 적대관계에 있었으므로 가능한 한 적대의식을 배제하면서 상호 교류에 관심을 기울여나갔다.

울브리히트는 동서독의 관계는 특수한 관계[81]라고 말하면서 이데올로기적으로 대립을 계속 유지해 왔다. 그러나 동서독을 둘러싼 긴장완화의 변화와 함께 서독 정부의 정책변화와 에곤 바의 제안은 동

---

80) Walter Ulbricht, Address to the GDR on its 20th Anniversary, November 1969.
81) '이중의 의미'에서 동서독이 특수하다는 의미는, 하나는 같은 독일 국민이라는 심정에서 너무 가까운 관계라는 것이고 다른 하나는 냉전으로 적대감을 가지고 있으나 형제 같이 차가운 격차가 있는 가까운 사이라고 이해하고 있다.

독과의 대화의 계기를 마련하였다.

동서독은 그동안 서로 받아들이기 어려운 인물들을 내세우면서 대화를 하자고 하였다. 그러나 1969년이 되면서 동서독은 새로운 관계를 모색하기 시작하였다. 브란트 정권의 탄생과 함께 동서독 교섭은 새로운 국면을 맞이하게 되었다. 1969년 12월 17일 울브리히트 동독 국가평의회 의장이 하이네만 서독 대통령에게 보낸 편지를 통해 새로운 단계가 시작되었다. 이 편지에서 울브리히트는 "두 독일 국가 간의 우호적인 공존과 선린관계의 형성은 타당한 국제법에서 승인된 규범에 기초한 관계 형성을 촉진할 것이라고" 전제한 뒤 교섭 대표로서 슈토프 총리와 빈저 외교부 장관을 임명하고 조약의 초안을 제안했다.[82]

이에 대해 하이네만 대통령은 "제안을 환영한다. 단지 조약안에 대해서는 검토 중이다"라고 회답하고 동서독의 국교정상화 교섭이 문제점을 내포하고 있으면서도 진전되리라 예상되었다. 그 이후 브란트 정권은 이 문제에 적극적으로 노력하였고 1970년 2월 23~27일 예비교섭을 진행하고 3월 2~3주까지 정상회담을 열고 싶다고 제안하였다. 그리고 이 제안에 기초해 2차에 걸쳐 정상회담이 이루어졌다.

---

82) 『國際問題』, 1970년 제12, p.376. 그 배경에는 먼저 서독의 브란트 정권 탄생이 있었다. 두 번째로는 브란트 정권이 핵확산방지조약에 조인한 것을 들 수 있다. 특히 1969년 12월 3~4일 동안 모스크바에서 개최된 바르샤바 조약기구 정상회담에서도 서독의 조치가 평가되면서 울브리히트의 정책도 전환되게 되었다.

2. 교섭 과정

그럼에도 불구하고 그 이후 교섭은 재개되었다. 11월 27일 서독 총리부 차관 에곤 바와 동독 관료 평의회 차관 콜의 회담이 동베를린에서 이루어지면서 동서독의 국교정상화 교섭이 협의되게 되었다. 그리고 1971년 12월 17일 동독과의 사이에서 '서독과 서베를린 간의 교통협정'이 체결되었다.[83] 이어서 1972년 1월 20일 교섭이 시작되고 4월 12일 협정에 관한 협의가 합의에 이르고 5월 26일 정식으로 협정[84]이 조인되었다. 이처럼 동서독 간의 교통에 관한 교섭은 국교정상화 이전에 종료되었다.

동서독 간의 국교정상화 교섭은 에곤 바와 콜에 의해 1972년 6월 15~11월 8일 동안 이루어져 동서 관계에 많은 영향을 주었다. 6월 15일 각서 교환이 이루어졌고 구체적인 회담은 8월 16일부터 시작되었다. 동서독은 상호의 관계를 명확히 하기 위하여 용어상의 협의를 한 다음 본격적인 교섭을 진행하였다. 교섭이 시작되었을 때 동독의 콜과 호네커가 주장하고 있었던 '국제협정과 함께 정상적인 관계'를 실현하기 위해 필사적이었다. 8월 31일 이후부터 정상화 교섭의 전제조건이었던 "동서독은 국제관계이다"라는 분위기가 보이면서 교섭은

---

83) 이 협정은 양 지역 간의 통과에 대한 협정으로 전반적인 동서독간의 교통협정은 아니었다.

84) 6부 33조로, 제1부는 '전반적인 결정', 제2부는 '철도교통', 제3부는 '국내항공', 제4부는 '자동차통행', 제5부는 '해상항해', 제6부는 '기타규정'으로 되었다. Europa-Archiv, Vol.3, 1972, pp.68-78.

새로운 단계로 진전되었다.

당시 교섭에 들어가면서 에곤 바가 핵심적으로 생각한 것은 국민이라는 주제를 기본조약에 반영하려고 한 것이다. 서독 측이 계속 요구하면 할수록 동독 측은 그것만은 단호하게 선을 긋는 자세를 보였다. 물론 이러한 상황은 서독이 예상한 것이었지만 1973년 서독의 동독에 대한 평가를 보면 동독은 앞으로도 상당히 어려운 상대가 될 것이라고 생각하면서 그들이 생각하는 것은 냉전의 산물이긴 하지만 동서독의 분리 상태를 유지하고 싶다는 것이라고 생각하였다. 즉 동서독의 통일문제는 동독의 이러한 분리정책과 그러한 전술 속에 있다고 판단하였다. 당시 동독의 미하엘 콜은 재통일은 하나의 픽션이며 환상이라고 공언하고 서기장 호네커는 에곤 바와 회담에서 "자신들은 국민의 일체성과 재통일이라는 말이 나오는 조약에는 서명하지 않을 것"이라고 강조하였다. 여기서 확인할 수 있는 것은 동독은 서독의 브란트 정부가 진행하는 긴장완화 정책에 대해 이데올로기적으로 분리정책을 계속 전개해 나가겠다는 것이다. 동독은 서독을 '계급의 적'으로 보고 있었으므로 서독과의 교섭은 동독 자신들의 이데올로기의 정당화와 모순된다고 보았다. 그렇지만 여행을 쉽게 할 수 있는 방법을 모색하는 것과 동서독이 무역을 할 수 있는 쪽으로 접근이 가능해졌다는 것은 다행스러운 것이었다.

서독의 에곤 바는 필사적으로 노력하였지만 역시 동독의 반응은 기대 이하였다. 이때 에곤 바는 미국의 키신져에게 도움을 요청하였다. 에곤 바는 서신을 통해 지금 진행하는 교섭에서 국가의 통일문제나 목표 그리고 평화조약의 결여와 같은 기본문제를 설명하면서 동독과 교섭이 교착상태에 빠져있다고 설명하고 자신들은 모스크바의 도움을 필요로 하고 있다고 전하면서 서독은 소련의 브레지네프에게 서독의 총리 서신을 보낼 것이라고 설명하였다. 그 이후 소련의 브레즈네프로부터 서독으로 연락이 왔다. 이 사실을 에곤 바는 키신져에게 전하고 평상시 자신의 노력이 자신이 생기지 않는다고 설명하면서 결과를 전하였다. 브레지네프는 동독과 우리의 조약체결을 촉진시키고 싶어하고 있으며, 소련 측은 여론을 향해 정해진 기대를 말하면서 실질적인 결단은 교섭을 진행하면서 하라고 하였다고 미국에게 전했다. 이러한 사실로부터 보면 브레지네프는 기본조약이 동서독에게 매우 중요하므로 국민의 문제나 평화조약이 해결되지 않더라도 조약을 맺는 것이 가능하다는 긍정적인 태도를 보이고 있었다. 물론 서독 측은 안된다고 반응하였지만 에곤 바와 브레지네프의 회담은 이후 기본조약 체결에 어느 정도 영향을 미쳤음을 짐작할 수 있다. 왜냐하면 동독의 협상자들이 보다 타협적인 자세를 보이면서 그 결과 11월 6일 교섭이 끝나게 되었기 때문이다.

당시 동독은 9월부터 핀란드, 인도와 정식으로 외교관계를 수립하고 국제법적인 분위기에 대응하여 국제법적 승인에 자신을 조화시키려 노력하였다. SED의 간부들은 동서독 관계에 일련의 결론을 내리고 국제연합에 있어서 동독의 권리를 지키기 위해 노력하고 있었을지도 모른다.

9월 10~14일 미국의 키신져는 모스크바를 방문하고 CSCE 예비회담 개최 문제에 대해 검토하고 미국과 소련이 MBFR의 문제에 대해 토의하기로 결정했다.[85] 동서독 교섭도 이러한 국제 긴장완화의 파도에 영향을 받으면서 진행되었던 것이다.

10월이 되어 정상화 교섭은 거의 합의가 이루어졌고 10월 23일 서독 주재 점령 4개국 대사가 회담했다. 회담 내용은 주로 동서독의 기본조약에 관한 것이었다. 이처럼 점령 4개국도 동서독의 국교정상화를 지원하고 11월 8일 동서독 기본조약은 본에서 조인되었다. 그리고 정식으로 기본조약의 조인은 12월 21일 에곤 바와 콜이 사인하였다.

조약 전문에서 "동서독이 유럽의 긴장완화와 안전보장에 기여하여야 한다는 책임을 환기시키고, 국경의 불가침과 현재 유럽의 모든 국가의 국경 내에서 영토적 일체성과 주권을 존중하고, 동서독은 무력에 의한 위협과 행사를 하지 않고, 역사적 현실로부터 출발하여, 서독 및 동독의 다른 견해를 상호 상처 주지 않고 두 국가에 살고 있는 사람들의 소망과 복지를 위해 협력하는 전제를 만들어 낸다"는 것을 맹세하였다. 그리고 본문은 10조로 이루어졌다.[86]

그리고 동서독 기본조약의 비준에 관한 의회의 논의가 1973년 5월 9~11일 연방의회에서 이루어지고 기본조약은 찬성 268표(SPD, FDP

---

85) Ernest D.Plock, *The Basic Treaty and the Evolution of East-West Germany Relations,* Westview Press, 1986, p.65.
86) 『國際問題』, 1972년, 제14, p.420. 그러나 조약의 전문에서는 독일 통일문제에 대하여 언급하지 않고 미결정의 문제로서 남겨두었다.

및 CDU 4표)로 비준되었다. 그 결과 동서독 간의 협력의 전제조건이 만들어지고 인적교류에 관한 상황이 가능하게 되었다.

이렇게 진행된 기본조약 속에서 '국민의 문제'는 어떻게 다루어졌는가? 두 독일은 '비정상의 정상화' 그리고 '독일의 일체성'을 어떻게 받아들였는가를 보면 기본조약에서 독일의 일체성과 자기결정권에 대해 전혀 언급이 없었다. 물론 서독의 에곤 바가 생각하였던 그들의 목표는 이루어지지 않았다. 그러나 동서독이 회의하면서 대화의 중심이 되었다는 것은 사실이다.

그러나 의견교환이 진행되는 과정에서 독일의 일체성에 관한 주제가 화제로 떠올랐다. 서독은 71년 2월 17일 회의 이후 계속 독일 통일이라는 자신들의 정치목표를 포기하지 않고 의지를 보였다. 반면 동독의 콜은 서독이 계속 동독을 제거하려는 목적의 정책을 전개한다고 비판하였다. 에곤 바의 목표는 국민이 하나 되는 것을 통일정책의 목표라고 하고 미하엘 콜은 단호히 반대하면서 심각한 모습으로 국민통일 등은 과거의 이야기라고 응수하였다.[87]

왜냐하면 재통일이라는 내용을 유보로 확실히 넣을 수 없었기 때문이다. 그리고 동독은 철저히 독일 국민이 하나로 계속 존재한다는 것을 거부하였기 때문이다. 서독으로서는 법률적으로나 정치적으로 해결하고 싶었지만 어려운 교섭이었다. 여기서 확인할 수 있는 것은 기본조약도 모스크바 조약에서 사용된 방법이 사용되었다는 것이

---

87) Andreas Vogtmeier, *Egon Bahr und die deutsche Frage*, Dietz Verlag, 1996, 211쪽.

다. 에곤 바가 마하엘 콜 앞으로 보낸 '독일통일에 관한 서한'의 내용
도 모스크바에서 전해준 서한과 비슷한 형태로 "이 조약은 독일연방
공화국의 정치목표와 모순되지 않는다. 즉 유럽에 평화의 상태가 얻
어질 수 있도록 노력하며 그러한 평화 속에서 독일국민이 자유스러
운 자기결정 아래 통일을 다시 회복하는 목표와 모순되지 않는다"라
는 서한은 동독이 반대하지 않고 받아들였다. 이러한 내용이 기본조
약에 포함되게 되었다.

　기본조약은 외견상으로는 현상유지라는 상태에서 서로를 인정하
는 것같이 보일지 몰라도 실제적으로 자세히 들려다 보면 서독의 통
일정책과 긴장완화 정책이 어느 정도 결과를 보여준 결과라고 볼 수
있다. 동독이 평화적인 수단으로 통일문제에 접근하는 문제에 부정
하지 않고 받아들였다는 것이다. 그리고 3조에서 동서독이 다툼이
있는 문제에 대해서는 평화적인 수단을 가지고 문제를 해결하기로
확약하였는가 하면 쌍방이 영토적인 불가침성에 전폭적으로 경의를
표시할 의무를 지고 쌍방의 국경의 불가침성을 보증한다는 부분은
그동안 서독이 독일 통일을 위하여 긴장완화 정책을 전개한 모든 노
력을 무력불행사라는 관심사에 종속시킴으로써 독일 통일문제는 새
로운 국면에 접어들었다고 평가할 수 있다. 후일 에곤 바가 연방의
회에서 "기본조약은 평화와 긴장완화를 보다 상위에 둔 것"이라고
설명하면서 모스크바 조약으로부터 교훈을 살려 동독이 이 조약을
받아들이지 않으면 안 되도록 하였다는 설명은 분단을 극복하려는
기획자의 필사적인 노력의 결과라고 할 수 있다.

이렇게 기본조약은 서독이 강력하게 주장했던 독일 재통일이라는 단어는 한마디도 남기지 않았지만, 조약의 문안 속에 넣었으며 긴장완화와 유럽의 평화질서 구축이라는 틀 속에 들어가게 되었다. 서독은 독일통일을 우선시하는 주장을 거듭하였지만 결과는 반대 결과로 된 것이다. 어쩌면 이러한 결과가 후일 독일이 통일하는데 보다 유리한 환경을 만들어 냈다고 평가할 수 있다. 그러므로 기본조약의 핵심은 두 독일이 역사적으로 부여된 사실들에 기초하여 서로 상이함을 가지고 있음에도 불구하고 서로 싸우지 않는(Agree to disagree) 방법으로 타개책을 찾아냈다.

그러나 동독은 1974년 10월 7일 새로운 헌법을 개정하면서 기본조약에서 국민적인 요소를 받아들였지만 '분리정책'은 그대로 유지해 나갔다. 그리고 헌법을 변경해 가면서 자신들의 정책을 유지해 가려고 노력하면서, "독일민주공화국은 노동자와 농민의 사회주의 국가"라고 하였다. 그러나 에곤 바는 이러한 동독의 노력에 대해 분리정책의 무의미함을 역설하였다. 만약 동독이 국민을 피해서 통과할 수 있다고 믿는다면 후일 후회할 것이라고 설명하면서 동독은 이미 오래 전부터 그렇게 해왔으나 결국은 실패하였다고 확신에 찬 설명을 하였다.

여기서 보면 동서독이 기본조약을 통하여 통일의 이정표 속에서 노력한 것은 분단을 확정하는 것이 아니라 어쩌면 잠정협정을 발견하는 것이었을 것이다. 그들이 협의해 낸 방법도 현상 혹은 역사적인 사실로부터 출발한 것이었다. 이러한 의미에서 보면 독일은 통일

문제를 해결하는 데 희망을 버린 것이 아니라 새로운 희망을 위해 노력하는 지혜를 얻었다고 볼 수 있다.

3. 서독의 여론

동서독 기본조약에 대한 서독 국내의 반응은 다음과 같았다. 먼저 야당 CDU/CSU는 "이 조약은 국민의 통일과 인권과 같은 기본문제에 대해 전혀 언급하지 않고 있으며 진정한 평화조약에 대한 유보도 하고 있지 않다. 더욱이 이 조약은 독일 전체와 전 베를린에 대해 '4대국의 책임과 권리'에 대해 언급하지 않고 있으며, 1954년 독일조약의 정신과 문언을 공허하게 하였다"고 반대의 자세를 보였다. 또한 바르체르 CDU 당 대표는 "이 조약은 부정의의 체제와 자동적인 죽음의 구조를 갖는 비인간적인 국경을 합법화하고 있다. 또한 동독의 주민을 혹독한 상황에 방치하고 국제법적인 승인을 희망하고 있는 정권을 도와주는 것이다"라고 심하게 비판했다.[88]

서독 주민의 반응은 브란트 정권 이래의 동방정책에 대해 당시의 여론조사의 결과에서 찾아볼 수 있다. 서독의 어떤 정권이 차기의 정치 과제를 보다 잘 해결할 수 있을까?라는 질문에 외교정책에 관해서는 1969년에 42%가 SPD에 기대하고 더욱이 1972년에는 50%의

---

88) Ibid., p.421.

회답자가 SPD에 기대하고 있었다. 이에 반해 CDU/CSU에 기대하는 사람들은 1969년의 28%에서 1972년의 26%가 되었다. 일반국민은 브란트 정권의 적극적인 외교정책을 평가하고 있었다고 말할 수 있다.

브란트 정권은 1972년 가을, 자신의 동방정책에 대해 국민들의 판단을 묻고 연방의회에서 여당의 정치적 불안정성을 극복하기 위해서 총선거를 실시했다. 11월 19일에 이루어진 투표 결과 SPD는 230석(1969년은 224석), FDP는 41석(1969년 30석)으로 각각 의석을 증가시켰고, 반면에 CDU/CSU는 1969년 242석에서 225석으로 감소되었다.[89]

4. 기본조약 이후

동서독 기본조약 이후 동방외교의 마지막으로 예정된 체코슬로바키아와의 국교정상화 교섭이 재개되었다.

1970년 12월 11~12일 체코슬로바키아 공산당 중앙위원회에서 후사크(Gustav Husak) 제1서기가 교섭의 용의를 표명한 이후 1971년 3월 31일~4월 1일 프라하에서 서독의 프랑크(Paul Frank) 외교부 차관과 체코슬로바키아의 쿠그사쿠(Milan Klusak) 외교부 장관 대리와 처음 접촉이 이루어졌다. 제2회 회담은 본에서 열렸다. 양국의 관계정상

---

89) Ibid., pp.421-422.

화 교섭의 최대의 쟁점은 1938년 뮌헨협정을 어떻게 평가 할 것인
가?의 문제였다. 서독이 현재는 무효이지만 당시에는 유효하였다고
주장한 것에 반해, 체코슬로바키아는 처음부터 무효라고 주장했기
때문에 국교정상화 교섭은 난항을 거듭하고 있었다.[90] 교섭은 그 후
에도 있었지만 진전을 보지 못하였다.

 1972년 11월 19일에 이루어진 서독 총선거에서 SPD/FDP 연립정권
이 과반수 이상의 지지를 얻고 12월 15일 제2차 브란트 연립정권이
성립되었다. 브란트 정권은 중단되어있던 체코슬로바키아와의 교섭
을 재개하기로 결정하고, 1973년 1월 5일 셸 외무장관이 체코슬로바
키아에 국교정상화 교섭 재개를 제안했다. 체코슬로바키아의 후뇨
우페크(Bohuslav Chnoupek) 외교부 장관이 제안에 응해 교섭이 본격
적으로 이루어졌다. 동 조약에 의하면 양국은 1938년 9월 29일 뮌헨
협정을 무효로 한다(제1조), 다만 1938년 9월 30일부터 1945년 5월 9
일까지의 기간에 개인 혹은 법인에 적용된 법률에 기초한 효력에는
영향이 없다(제2조 1항), 또한 현존자 및 사망자의 국적에 영향이 없
다(제2조 2항), 체코슬로바키아는 청구권을 포기한다(제2조 3항) 등
이 명기되었다.[91] 12월 11일 브란트 총리와 셸 외교부 장관이 프라
하를 방문하고 정식 조인이 이루어져 외교관계가 개시되었다.

 서독의 적극적인 동방외교 전개와는 달리, 당시 동독의 관심은 기
본조약을 비준과 안전보장회의를 연계시켜나가는 것이었다. 그리고

90) 『國際問題』, 71年, 第13卷., pp.447-448.
91) 『國際問題』, 73년, 제15卷., p.385.

그 이후 병력삭감 문제를 다루려고 생각하였다. 이러한 점에서 보면 분명히 서독과 다른 접근을 하고 있었다.

제4장
국제긴장완화의 '제도화'

이 장에서는 유럽의 국제긴장완화 프로세스에서 중요했던 전 유럽안정보장회의(CSCE)를 국제 긴장완화의 '제도화'로 이해하면서 그 과정을 살펴본다. 우선 CSCE 그 자체가 지니고 있었던 의미는 무엇이었는지에 대해 제1절에서 설명한다. 둘째로, CSCE가 전후 국제정치에 있어서 어떠한 환경에서 왜 문제제기 되었는가를 긴장완화기의 국제정치의 문맥에서 살펴본다. 제2, 3절에서는 긴장완화기에 있어서 유럽 국가들의 상황을 설명하면서 유럽시스템의 변화에 대해 설명한다. 셋째로, 당시 CSCE와 관련된 관계 국가들이 어떠한 인식을 가지고 회의에 참가했는지를 살펴본다. 제4절 이하에서는 국가 간 관계가 보다 복잡해진 상호의존 관계에 들어서면서 국가 간 서로 대화할 수 있는 상황이 되었다는 것으로부터 CSCE의 문맥을 살펴볼 것이다. 마지막으로 CSCE의 프로세스를 살펴보면서 모든 관계 국가가 어떠한 입장에서 회의에 참가하고 각각 대응하였는지를 설명한다.

제1절. 의미

제2차 세계대전 후 유럽의 중심문제는 유럽의 분단, 독일의 동서 분단이었다. 또한 전후의 이러한 상황은 유럽인들의 생활에도 많은 영향을 미쳤다. 이러한 상황을 회복하고자 하는 일련의 노력이 존재했다고 하더라도 해결의 실현까지는 미치지 못하였다.

그러나 1970년대 초 이러한 문제를 해결하고자 하는 낙관적 국면이 나타나기 시작했다. 이것이 소위 '국제적 긴장완화'로 불리는 국제상황이었다. 이 시점부터 국제정치에 있어서 블록은 보다 가까워졌고 서로에게 문호를 개방하는 관계는 시간의 경과와 함께 정상적인 상황으로 향해 진전되고 있었다. 유럽안전보장협력회의(CSCE)는 이러한 측면에서 보면 하나의 중요한 시도이자 국제 긴장완화의 '제도화'의 중심 과제였다. CSCE의 최종의정서(Final Act)는 과거의 국제정치의 분쟁과 대결의 구조를 어느 정도 수정하면서 긴장완화 시대에 있어서 새로운 형태의 외교교섭의 가이드라인을 수립하는 것이었다. 또한 '헬싱키 선언'은 새로운 '국제평화회의'의 장을 제공하였다. 즉 이 선언은 제2차 세계대전의 '평화조약'에 가까운 것이 되었다.

어떤 면에서 CSCE는 유럽의 냉전구조를 정상적인 방향으로 종식시키는 역학을 의미하고 있었다. 그 자체는 결정적인 것이 아니었지만 '변화'하는 현실에 대한 반영이었으며 70년대 초는 유럽에 있어서 냉전 상황의 종식을 상징하는 시대였다. 동시에 CSCE는 긴장완화기의 정부간(Inter Governmental) 관계를 평가하는 약간의 기준을 제공한 시도였던 것이다.[1]

먼저 CSCE의 최종합의서는 내재적으로 공통의 협력적인 안전보장정책을 의미하고 있었다. 안전보장의 면에서 보면 지금까지의 제로·섬의 형태와는 대조적으로 CSCE 프로세스는 어떤 '지역'에 있어

---

1) John J. Maresca, *To Helsinki: The Conference on Security and Cooperation in Europe, 1973~1975*, Durham and London: Duke Univ. Press, 1987, p.3.

서 균형을 유지하면서 안정적으로 좀 더 비군사적인 영역에서 안전보장이 보장되는 '지역적 접근법'을 구축하고자하는 시도로 행해졌다는 점에서 특히 주목되었다. 둘째, CSCE는 군사적인 정책일 뿐만 아니라 정치적 · 경제적인 내용을 담은 안전보장정책으로 이해되었다. 특히 '헬싱키 선언'의 바스켓은 경제적인 상호의존을 추구함으로써 이데올로기적인 대결 상황을 불식시키는 수단으로서 제안되었다. 이 바스켓은 군비관리와 이와 관련된 군사적인 수단에 관한 교섭을 촉진시키는 분위기를 수립했다는 것과 또한 군사적인 안전보장에서 본 새로운 의미에서의 안전보장을 이해하기 위해 중요했다. 이것은 냉전적인 안전보장에서 보다 넓은 의미의 안정보장의 의미로 사람들이 관심을 갖게 하는 계기가 되었다. 셋째로, CSCE 외교교섭의 장에서 인권이나 개인 간의 교류와 같은 주제들이 정부 간 교섭에서 정통성 있는 쟁점으로 등장하고 가장 기본적인 가치개념으로 받아들여진 것은 획기적인 것이었다. 규범적인 외교정책의 이러한 부흥은 전통적인 권력정치의 차원을 넘은 것일 뿐만 아니라 전통적인 주권개념에도 문제를 제기하였다. 넷째로, CSCE는 정부중심적인 정책부터 비정부적인 정책에 이르기까지 그 범위를 넓혀 갔다는 데 의미가 있는 회의였다. 헬싱키 프로세스에서 행해졌던 인적교류는 이것의 현저한 예인 것이다(여행 자유화, 청소년 교류, 정보 교류 등). 이렇듯 CSCE의 프로세스는 국가 간 관계뿐만 아니라 국제사회 내의 관계를 보다 긴밀히 구체화하기 위해 열린 계획이었다.

그런데 1970년대 유럽의 동서관계에서는 세계의 다른 지역에서 볼 수 없었던 사건이 발생하였다. 그것은 적어도 현상적으로 서독의 브란트 정권의 동방정책이 주된 동인으로 나타났다. 독일·소련, 독일·폴란드 간의 조약의 조인이 거쳐야 할 비준 자체가 하나의 커다란 문제였고, 이와 관련하여 베를린 문제 교섭, 양 독일관계의 조정 등 미해결 문제가 많았으나 '대결에서 협조'로 표현되는 동서 관계의 진전의 하나의 이정표이었던 것은 부정할 수 없었다.

소련은 서독과의 관계 개선을 계기로 서독과 소련은 유럽 안전보장회의[2]를 개최하여 그 구상을 서방정책의 중심 주제의 하나로 전

2) Karl Birnbaum, "East-West Diplomacy in the Era of Multilateral Negotiations: The Case of the Conference on Security and Cooperation in Europe(CSCE)," in Andrn and Birnbaum, *Beyond Detente* Hans-Georg Wieck, berlegungen zur Sicherheit in Europe, *Aussenpolitik*, July 1972; Gtz von Groll, "East-West Talks in Helsinki," *Aussenpolitik*, no.4, 1972; Gregory A. Flynn, The Content of European Detente, *Orbis*, Summer 1976; Timothy W. Stanley and Darnell M. Whitt, *Detente Diplomacy: The United States and European Security in the 1970s,* New York: unellen: 1970; Gtz von Groll, "The Foreign Ministers in Helsinki," *Aussenpolitik*, no.3, 1973, The Geneva Final Act of the CSCE, ibid., no3, 1975; John J. Maresca, *To Helsinki: The Conference on Security and Cooperation in Europe, 1973- 1975,* Duke Univ. Press, 1987; Ian M. Cuthbertson(eds), *Redefining the CSCE: Challenges and Opportunities in the New Europe,* New York: Institute for East West Studies, 1992; Mike Bowker and Phil Williams, "Helsinki and West European Security," *International Affairs,* vol.61, No.4, 1985; Arie Bloed(eds), *The Challenges of Change: The Helsinki Summit of the CSCE and its aftermath,* Dordrecht: Martinus Nijhoff Publishers, 1994; Derek Leebaert(eds), European Security: Prospects for the 1980s, Lexington: Lexington Books; Frans A.M. Alting von Geusau(eds), Uncertain Detente(Sijthoff & Noordhoff, 1979); John J. Maresca, Helsinki Accord, 1975, in Alexander L.George, Philip J. Farley, Alexander Dallin(eds), *U.S.-Soviet Security Cooperation: Achievements, Failures, Lessons,* Oxford: Oxford Univ. Press, 1988; John Freeman, *Security and the CSCE Process: The Stockholm Conference and Beyond,* London: Macmillan, 1991; R.Spencer(eds), *Canada and the Conference on*

면에 내세우면서 자신들의 정책을 강화하였다. 이 회의는 동서 사이 뿐만 아니라 양 진영 내부에서도 엇갈리는 견해와 의도가 있었으므로 구상의 조기실현은 어려웠지만 시대의 변화라는 흐름의 압력에 참가한 국가들은 헬싱키 선언이라는 결과를 만들어 낸 것이다.

제2절. 긴장완화의 시작

  냉전의 혹독한 조건하에서 미국과 소련 간에 '위기관리'라는 의식이 나타나 미·소는 전략무기제한 교섭을 개최하기로 합의하고, 양

Security and Cooperation in Europe, Toronto: Centre for International Studies, University of Toronto, 1984; Alexis Heraclides, Helsinki II and its Aftermath: The Making of the CSCE intoan International Organization, New York: Pinter Publishers, 1993; Mastny Vojtech, Helsinki, Human Rights and European Security, Durham: Duke University Press, 1986; Luigi Vittorio Ferraris(eds), Report on a Negotiation: Helsinki- Geneva- Helsinki 1972-1975(Sijthoff & Noordhoff International Publishers BV, 1979; GJohn Van Oudenaren, Detente in Europe: The Soviet Union and the West since 1953, Durham: Duke University Press, 1991; Wolfgang Klaiber, Laszlo Hadik, Joseph Harned, James Sattler, Stanislaw Wasowski, Era of Negoriations: European Security and Force Reductions, Lexington: Lexington Books, 1973; Jan Sizooand Rudolf Th. Jurrjens, CSCE Decision-Making: the Madrid Experience, The Hague: Martinus Nijhoff Publishers, 1984; GIgor I.Kavass, Jacqueline Paquin Granier and Mary Frances Dominick(ed.), Human Rights, European Politics, and the Helsinki Accord: The Documentary Evolutionof the Conference on Security and Co-operation in Europe 1973-1975, Williams S.Hein & Co., Inc.: Buffalo, New York, 1981.

국의 이익을 확대하고 있는 가운데 세계정치는 변동기를 맞이하고 있었다.

반면 유럽은 전후 국제 냉전에서 긴장을 완화하고자 유럽 국가 간 화해의 프로세스를 단행하고 있었다. 이것은 전후 유럽의 문제였던 유럽의 분단을 극복하고자하는 것이었다. 이러한 문제의 중심에 있던 서독과 소련·동유럽 국가들과의 관계 정상화 문제는 점차 관계 국가들과 세계정치의 장에 사람들의 이목을 집중시키게 되었다. 그리고 동유럽에서 자유화가 진행되고 있는 가운데 열린 유럽 긴장완화 프로세스는 동유럽 모든 국가들의 큰 관심거리였다. 특히 체코슬로바키아는 자유주의나 민족주의의 고조를 보이면서 개혁노선을 선택하고자 하였다.[3]

동유럽 국가들은 유럽 긴장완화 프로세스에 복잡한 감정을 가지고 있었지만, 서유럽과의 무역관계나 경제원조에서 경제적으로 풍요롭게 됨으로써 자기들의 정통성을 유지하고자 하였다. 한편, 소련과의 관계에 있어서도 소련의 지지를 얻어가면서 서방 측과의 접촉을 생각하고 있었다.[4]

이러한 동유럽의 상황에 근거하여 서독은 전후 독일외교의 중심이라고 할 수 있는 동방정책을 보다 적극적으로 펼치고 있었다. 1960년대 중반 무렵 기독교민주당에 의해 동유럽에서 진행되었던 정책은 동독을 고립시키는 것으로 불안전했지만, 브란트 정권은 이

3) R.W. Stevenson, op.cit., p.193.
4) Richard Davy(eds), *European Detente: A Reappraisal*, p.12.

러한 한계를 극복하고 보다 적극적인 긴장완화 프로세스에 관한 청사진을 내세우고 있었다. 미국의 키신져는 이 정책을 염려하고 있었으나[5] 서유럽 사람들은 유럽의 긴장완화 프로세스는 긴장을 완화하고 분쟁의 위험성을 감소시켜 대결의 비용을 낮추면서 동유럽의 변화를 불러올 것으로 생각하고 있었다. 서독의 동방정책은 이러한 의미에서 본다면 장기적인 유럽의 긴장완화 프로세스의 일환으로 진행되어지고 있었던 것이다.[6]

이러한 긴장완화의 분위기는 서독뿐만 아니라 서유럽 국가들에게도 인식되어 정책면에서도 커다란 변화를 불러 일으켰다. 중요한 문제에 있어서 유럽 국가들은 미국과의 관계에 있어서 보다 자율적인 입장을 취하고자 하였다. 우선 프랑스는 독자적인 긴장완화 정책[7]

5) Henry Kissinger, *The White House Years,* London: Weidenfeld and Nicolson and Michael Joseph, 1979, p.409; F. Stephen Larrabee, "The View from Moscow," in F. Stephen Larrabee(eds), *The Two German States and European Security,* London: Macmillan, 1989.

6) 유럽인들은 전쟁의 위험성을 감소시키는 것, 군비관리 문제, 동서간의 대화를 촉진하는 것에 관해서는 미국과 일치하고 있었으나 유럽의 현상 유지나 동유럽의 정치적, 경제적 문제에 관해서는 약간 다른 의견을 가지고 있었다. 이러한 측면에서 본다면 유럽은 유럽의 보다 강한 실체를 보여주려고 하였다고 생각한다.

7) 드골의 유럽(Atlantic에서 Urals까지)을 위한 전략은 3개의 차원 (유럽안전보장 시스템, 서방 측이라 불리는 하부 시스템 그리고 프랑스) 이루어 졌다. 드골의 긴장완화 정책은 전후국제정치의 2극 구조를 약화시켜 유럽대륙을 정치적으로 안정화시키고자 하는 원대한 일관적인 계획이었다. 또한 이것은 긴장완화 프로세스를 모든 유럽 사람들이 관리하겠다는 것을 강하게 강조하고 있었다. 특히 군사적인 차원에서는 군비관리와는 다르게 중요한 군비감소를 통해 다극적인 군비축소를 행하고자 하는 계획을 가지고 있었다. 이것에 의해 긴장완화가 달성되고, 유럽은 긴장완화에서 조약(entente) 또는 협력 관계를 수립하여 새로운

을 통해 유럽을 이끌어 갈 의도를 가지고 있었다. 시기적으로도 동서 간에 서로 대화가 가능하다고 판단하였으며, 그리고 동유럽의 소련 위성국가들은 공산주의의 파괴와 함께 통합 유럽에 있어서 중요한 역할을 하게 될 것으로 예상하고 있었다. 영국은 긴장완화[8])에 있어서 특별한 이익관계는 없었지만 정책면에 있어서 소련의 봉쇄와 서방 측 동맹관계의 유지라는 측면에 우선적인 목표를 설정하고 있었다. 영국은 유럽의 긴장완화 프로세스는 동맹관계에 유익한 다극적인 패키지로 좋게 생각하고 있었다.[9])

제3절. 긴장완화기에 있어서 유럽

이 절에서는 국제긴장완화 시대에 분단되어 있던 유럽대륙에 있어 중요한 행위자로서 국제적 역할을 담당했던 유럽의 중립국가와 기타 유럽 국가들의 상황에 대해 설명하면서 동서 대립 시스템[10])의

유럽 평화질서를 불러오고, 독일 문제도 해결할 수 있다고 생각하고 있었다.

8) 영국은 유럽의 긴장완화 정책에 자국의 외교정책과 방위정책을 조정해 가면서 일치시키고자 하였다. 1967년 Wilson 정권은 베트남 전쟁에 관해 미국과 소련의 사이에서 화해를 달성시키고자 하였으나 워싱턴과 모스크바 어느 쪽에도 영향을 미치지 못하고 이 외교는 실패하고 말았다. 그 후 영국의 긴장완화 정책은 유럽의 안전보장문제에 신경 쓰면서 이시기 영국의 정책결정자들은 서방 측의 세계에서 새로운 역할을 엿보고 있었다.

9) Richard Davy, op.cit., p.9.

변화에 대해 설명한다.

1. 유럽 국가들의 계열화

역사적으로 보면 유럽의 중립소국은 냉전 상황의 심각해지면서 미국과 소련을 각자의 정점으로 하는 동서 두 진영에 유럽 국가들이 '계열화'되어 가는 사태에 직면하고 있었다. 그러나 자세히 관찰해 보면 그것은 소국들이 단순히 미·소의 지도하에 들어간 것이 아니라 그 과정에는 소국 측의 이익에 기초한 이용이나 저항 등과 같은 여러 가지 요인이 있었다.[11]

미국·소련 간의 격심한 냉전이 진행되는 가운데 유럽 국가들은 계열화의 압력에 놓인 한편, 다른 한편으로는 새로운 안전보장 시스템을 모색하는 과정에서 지역적 협력구상에 관심을 갖게 되었다. 냉전은 북유럽의 국가들을 안전보장정책에 대한 태도를 둘러싸고 분열시키기도 했지만, 그러나 핀란드의 대 소련과의 우호·협력·상호원조조약의 체결이나 덴마크·노르웨이가 NATO 가맹을 소련·미국 각각에 대한 계열화로 파악하는 것은 너무 성급한 것이다. 거기에는 대국에 의한 일방적 움직임이나 조직화의 시도에 대해 각국의 자주

---

10) Haroto Hakovirta, *East-West Conflict and European Neutrality,* Oxford Univ. Press, 1988, p.37.
11) 百瀬 宏, 『小国: 歴史にみる理念と現実』(東京: 岩波書店, 1988), p.189.

적인 대응이 나타났던 것이고 이것이 다시 제2차 세계대전 후의 북유럽 국가들의 국제정치상의 특이한 지위를 만들어 냈던 것이다.[12]

동서대립 구조의 성격이나 특질은 다른 국가 이상으로 유럽의 중립국가에 특히 커다란 영향을 미쳤다. 동서 블록의 형성에 의해 세계가 이데올로기적, 사회적인 면에 있어 대립하는 것처럼 된 것은 커다란 요인이었다. 또한 핵전쟁의 공포와 국제적인 긴장의 분위기 가운데 동서 블록 간 상호대화의 결여에 의한 상호의심과 잘못된 인식이 반복되었다.

이러한 상황이 냉전기 국제정치 시스템의 성격이긴 하나 이것은 돌연 발생한 것이 아니다. 이것은 다시 긴 역사 위에서 계속해서 변화하고 있었다. 국제시스템의 기본적인 구조는 몇몇의 중심국가 또는 몇몇의 극이 국제시스템을 어떻게 구성하는 것인지 그리고 다른 국가들이 이 극구조의 주변에 어떤 상태로 배치되어 있는지에 의해 결정된다. 제2차 세계 대전이후 미국과 소련은 자국을 중심에 위치해 놓고 세계를 2개의 권력구조로 시스템화하였다. 다른 국가들은 서로 이 시스템에 맞추게 되었다. 그 이후 이러한 상황에 3가지의 변화가 나타나기 시작했다. 첫째로, 60년대부터 많은 비동맹 그룹들이 동서 관계의 배치에 커다란 영향을 미쳤다. 둘째로, 2개의 동맹 블록의 응집력에 있어 중요한 변화가 나타났다. 마지막으로, 세계정치의 권력중심에 새로운 후보자가 등장하였다. 예를 들어 그것은 미

---

12) 百瀬 宏, 위의 책, p.193.

국이나 소련에 대한 군사적인 측면에 있어서 심각한 도전을 행하지는 않았지만 블록 내부에 있어 지도적인 역할을 맡고 있었다. 즉 이러한 것은 탈분극화(Depolarization) 현상[13]이라고 할 수 있다. 이것은 국제시스템에 있어서 극 구조의 주변 그룹들이 점점 느슨해진 상태를 의미하고 있다. 국제 시스템의 '극화'라는 것은 그 정의에 있어 세계 중립국이 감소하는 경향을 의미하고 있다. 이것과 반대로 '탈분극화'는 세계에 중립지역이 증가하는 것을 가리키고 있는 것이다. 비동맹 국가는 세계에서 새로운 국가의 탄생의 결과로 증가내지는 변하지 않는 반면 '극화' 또는 '탈분극화'는 현존하는 동맹관계의 조직내부의 변화에 의해 일어날지도 모른다. 전후 냉전기, 핵 시대를 통해 미국과 소련은 서로 '공포의 균형'이나 '상호자각'에 의해 서로의 상대를 전멸시킬 수 있는 단계에 들어서게 되었다. 이러한 것도 중립의 영역에 커다란 영향을 미치게 되었다. '공포의 균형'은 새롭게 일어나는 커다란 전쟁의 억지에 도움이 될지 모르지만 이것만으로는 불충분하다. 그것은 긴장이나 염려를 일으켜 유럽대륙에 새로운 전쟁을 발생시킬 수 있기 때문이다. 냉전기의 긴장은 동서관계에 대결구조를 만들고 급속한 양극화 현상을 불러왔다. 그 당시 '긴장'은 군비경쟁, 외교정책의 이데올로기화, 적극적 교류의 부족에 의해 나타나게 되었다. 1960년대와 1970년대의 국제 긴장완화의 분위기 가운데 이러한 '긴장'의 완화 문제는 국제정치 분야에 나타나, 특히

13) Harto Hakovirta, op.cit., p.38.

중립 소국은 국제무대에 있어 자신의 행동의 자유를 증가시켜가면서 국제평화와 협력에 의한 적극적인 역할을 담당하고자 하였다. 그들에게 있어 국제적 분위기의 악화는 '위협'으로 생각되었기 때문이다.

2. 유럽의 탈분극화 현상

유럽의 중립 국가들은 전간기에 한때 그 존재가 각광을 받으면서 제2차 세계대전부터 전후 냉전기를 거쳐 가까운 장래에 소멸되지 않을까 예상되었다. 그들은 1960년대 다시 주목 받게 되었는데 특히 60년대 후반 국제정치 분야의 중요한 대상으로 다루어지고 국제긴장완화에 민감하게 반응하게 되었다. 예를 들어 동서 간 교섭의 촉진과 함께 벨기에 외무장관 아르멜은 동서 관계 개선의 커뮤니케를 발표하면서 국제 긴장완화기에 알맞은 적극적인 외교정책을 전개해 나갔다. 이러한 의미에서 NNA 그룹들은 동서 관계의 긴장완화에 자주적으로 움직임을 보이면서 어느 정도 이러한 환경을 만드는데 공헌하였다고 말할 수 있다.

동서 시스템은 1947~1948년 50년대 중반 점점 2개로 분극화되어 국제시스템이 고정화 되었지만 그 후 거꾸로 다극화 구조[14]로 변화

---

14) Harto Hakovirta, Ibid, p.38; Wall, Roger, G. *The Dynamics of Polarization: An Inquiry in Process of Bipolarization in the Inter-national System and Its Regions, 1946-1970,* Stockholm, 1975.

하는 경향이 뚜렷하게 나타났다. 월(Roger, G. Wall)은 군사적 탈극화 현상이 경제적인 탈극화 현상보다 약간 빠른 시기에 시작되었다고 주장하고 있다.[15] 그러나 군사적인 '탈분극화' 현상은 그저 주변적인 현상이었던 것에 비해 경제적인 극화 현상은 1960년대 초에는 1947~1948년의 수준보다 낮은 수준으로까지 떨어져 있었다. 그 이후 '신냉전'이라고 불리는 경쟁적 경향성을 가진 새로운 극화현상의 단계에 들어서게 되었지만 세계 각 지역에 있어서 나타나는 탈분극화 현상을 약화시키거나 정지시킬 수 없었다.

과거 국제정치사에 나타났던 국제시스템에 있어서도 다소나마 2극 구조의 경향이 있었지만 냉전기 동서 동맹시스템과 같은 선례는 없었다. 이것은 서방 측의 다원적 민주주의와 공산권의 혁명적 사회주의와의 계속적인 이데올로기의 대립과 대결적인 사회구조에 의해 유지되었기 때문이다.

제4절. CSCE의 역사적 문맥

서방 국가들은 CSCE 회담을 통해 서독의 태도로부터 그 회의에 대해 어느 정도 확신을 가지고 있었다. 서독이 동맹국의 이익에 자

---

15) Wall, Roger,G., Ibid.

국의 이익을 종속시킨 것뿐만 아니라 CSCE 회의가 서독의 동방정책을 동서 유럽의 안전보장 시스템에 위치 지웠기 때문이다. 특히 베를린 문제를 해결하기 위한 '4개국 회의'는 서독에 있어 동서독의 긴장관계의 해소를 보다 넓은 의미에서 유럽문제의 해결의 중심에 위치하게 한 것으로 이해되었다. 또한 1975년의 '헬싱키 선언'은 동서 긴장완화와 동서독에 있어서 커다란 영향을 미친 것으로 인식되었다. 당시 소련과 동독은 자기들의 중요목표를 달성하기 위하여 그 이후 서방 측과의 협력관계를 유지하려고 자극적인 행동을 피하면서 교류를 계속해서 진전시켰다.[16]

또한 국제정치의 '영역'이 종래의 범위를 넘어 새로운 측면으로까지 그 기능이 확대되면서 동시에 국가 간 관계도 보다 복잡한 상호의존관계의 국면에 진입하였다. 각국의 경제적인 동기도 중요한 요인이었지만 국제적인 외부적 공격에 의한 쟁점에 국가 간 대화를 하는 분위기가 나타난 것은 전후 외교의 발전된 모습의 하나였다. 국제긴장완화에 있어 모든 국가 간 관계는 어떤 의미에서는 새로운 국면에 들어섰다고 지적할 수 있겠다.

1970년대 초 CSCE 회담은 국제정치의 환경에 있어서 부분적으로 분명하게 되었다. 그 당시 유럽의 외교는 '안전보장과 협력'이라는 어떤 면에서 보면 모순된 측면에서 한정된 가능성을 가질 수밖에 없었다.

---

16) Eric G.Frey, op.cit., p.63.

전후 항상 유럽 안전 보장에 관해 문제제기를 해왔던 소련의 입장
에서 보면 당연히 사활의 문제였던 것이다. 게다가 CSCE는 유럽에
있어서 동서의 분쟁을 해결하고 서로 화해하고자 하는 목표를 가진
것으로 비현실적인 것은 아니었다. 이러한 의미에서 소련의 지도자
들은 소련의 안전을 위해 전후 직후부터 계획을 세우고 있었다.

1. 역사적 발전

CSCE는 전후 일찍부터 소련이 제안한 유럽안전보장회의에서 그
기원을 찾을 수 있다. 소련은 전후 유럽의 분단으로 불안정한 상황
에서 서방 측에 전후의 모든 문제들을 동서관계의 안정화라는 과제
로 상정하고 있었다. 소련은 이데올로기의 대립이나 동유럽권 국가
들의 공산당 정권의 기반의 취약성에 더해 긴장완화를 촉진시켜 군
사적 긴장완화를 하면서 서방 측과 경제적 협력관계를 시도하고 있
었다. 그리고 소련은 사회주의 체제의 강화나 소련 블록의 안정을
전제로 한 평화공존 체제의 강화를 목표로 하고 있었다.[17]

1960년대 국제정치 환경의 변화와 함께 지금까지 계속 지속된 동
서관계에 있어서의 대화는 새로운 전환을 맞이하였다. 특히 유럽안
전보장회의 구상이 구체적으로 이루어지는 가운데 1969년 10월

---

17) 吉川 元, 『ヨーロッパ安全保障協力会議(CSCE): 人権の国際化から民主化支援へ
   の発展過程の考察』(東京: 三嶺書房, 1994), pp.22-23; John J. Maresca, op.cit., p.4.

30~31일 프라하에서 개최된 바르샤바 조약기구의 외무장관 회의는 큰 의미를 가지고 있었다. 프라하의 성명에서 유럽안전보장과 협력 문제에 관한 회의의 과제로 첫째, 유럽 안전보장의 강화와 유럽 국가 간 무력행사 및 무력에 의한 위협 금지, 둘째, 경제·과학기술 관계의 확대를 정식으로 제안하고, 또한 그 회의를 헬싱키에서 70년대 초반 개최하자고 제안하였다.[18]

그 이후 서방 측의 적극적인 대응과 베를린 문제의 교섭의 결과, NATO는 브뤼셀에서 개최된 이사회에서 유럽의 안전과 협력문제에 관한 다국 간 협의에 참가한 용의가 있음을 발표하였다. 이렇게 시작되었던 동서관계의 대화는 핀란드 정부의 적극적인 역할로 CSCE 회담이 예정되었던 것이다.

CSCE 프로세스의 형태와 그 역동성(1966년 초기부터 1986~1989년 비인 회담까지)을 이해하기 위해서 4개의 요인이 상호간 관계하고 있었다.[19] 첫째로, 일반적으로 동서 관계는 틀로 이해되고 있다. 둘째, 블록 내의 변화 (예를 들어 NATO, 바르샤바 조약기구, 그리고 비동맹 중립국가 그룹 내의 정치적 변화)를 고려해야만 한다는 것. 세 번째로, 이러한 프로세스에 있어서 그 속도, 방향, 그리고 교섭의 결과에 영향을 미치는 그 내부의 역동성의 구조를 인식해야만 한다.

18) 吉川 元, Ibid., pp.28-29.
19) Reimund Seidelmann, The CSCE Process: A Way to European Peace in Security, Graeme P. Auton, edt., *Arms Control and European Security*, New York: Praeger, 1989.

마지막으로, 레짐(국내체제)의 안정, 인권 또는 경제적인 실행 문제와 같은 국내적 요인을 분석 요인으로 추가해야 한다는 것. 이러한 것들은 CSCE 교섭 과정에서 직접, 간접적으로 중요한 요소이었다. 그러므로 CSCE 프로세스는 이와 같은 요소의 동향과 상호관계의 결과로 이해하여야만 한다.

(1) 제1기 (1966-CSCE 예비회담까지)

CSCE의 제 1기는 바르샤바 조약기구에서 유럽안전보장회의의 개최 권유로부터 시작하였다. 이때부터 동서 상호관계의 형태가 출현하였다고 볼 수 있다. 서방 측은 소련과 바르샤바 조약국들이 제안한 새로운 견해에 적극적으로 반응하였지만 서방 측은 참가자의 확대를 요구하면서 새로운 제안을 하였다. 우선 참가자의 확대라는 것은 미국과 캐나다를 그 회의에 참가시키는 문제였다. 그것은 유럽에 있어서 미국과 캐나다의 역할을 재확인시키기 위한 것이었으며 소련이 유럽에서 행하고 있던 군사적, 정치적으로 강한 힘에 대한 대항세력으로서 생각되었다. 나아가 추가제안이 실시되었다. 그것은 공산권이 제안하고 있던 CSCE와 서방 측이 제안하고 있던 MBFR을 연계하는 것이었다. 이것은 안전보장 면에 있어서 군사적인 측면을 명확히 균형을 맞추면서 교섭에 들어간다는 의미를 가지고 있었다. 마지막으로 프로세스에 그 중점을 둘 것을 주장하고 있었지만 이것은 인권, 인적 교류, 또는 경제 관계의 정상화와 같은 영역을 만들어

내기 위한 일반적 헌장을 넘지 않으면 안 된다는 것을 의미하고 있었다.

심각하고 까다로운 조건에 직면하였음에도 불구하고 공산권 측의 이니시어티브, 서방 측의 반응, 또한 동서 교섭 간에 있어서 위에서 설명한 것처럼 3단계의 상호작용에 관심을 갖기 시작하게 된 것은 냉전 최고 절정기의 외교와 다른 현상이 나타나기 시작할 것을 예측하고 있었던 듯하다.

(2) 제2기(1973-1975)

CSCE의 제 2기는 헬싱키 회담 교섭의 국면이었으며, 이 사이에 각국 외무장관들과 실무가들이 계속해서 다양한 회의를 거듭하는 시기였다. 그 결과 1975년 여름, 각국 정상들은 유럽의 현상유지를 위해 다국 간 승인 문서인 최종의정서(Final Act)를 채택하였다. 그 주요한 내용은 (1) 유럽의 현상을 유지할 것, (2) 국가 간 행동의 룰을 결정할 것, (3) 군사면에 있어서 신뢰구축(Confidence-Building Measures 이하, CBMs 로 약기), (4) 경제 분야와 다른 문제와의 협력관계, (5)인권문제와 인적교류 또는 사회 간 교류에 관하여 선언하였다. 헬싱키 프로세스 예비단계와는 별도의 새로운 상호작용 형태를 보이고 있었다.

우선 CSCE 예비회담을 추진해가면서 서방 측은 소련의 이익을 어느 정도 만족시켜가면서 서방 측의 중요한 관심이었던 CBMs, 인권

문제, 인적교류와 같은 분야에서 서방 측의 입장을 지키고자 하였다. 이러한 것은 동유럽에 있어서 정치적 변화에 서유럽과 함께 전후의 현상유지를 정당화하기 위한 소련의 이익을 결합시키는 궁극적인 문제였다. 이러한 형태는, 예를 들어, 소련 측의 계속적인 의지와 서방 측 이익의 변화와의 관계는 고르바초프 시대까지 계속되었다. 다음으로, 이 기간 비공식적 조직이었던 여러 행위자가 새롭게 나타나기 시작하였으며 이런 행위자들은 지역화의 프로세스를 만들어 내고 있었다. 미국과 소련은 이러한 움직임에 대처하며 절차를 지배하기 위해 전통적인 2대 강국에 의한 패권적 정치를 실시하고 있었다. 반면 서유럽의 사람들은 유럽의 정치 공동체를 통해, 동유럽의 사람들은 비공식적 합의를 통해, 각각 블록의 정치지도자가 행하고 있는 정치적 영향과 균형을 완화하기 위해 노력하고 있었다.

이것에 덧붙여서 비동맹·중립 국가는 우선 주로 서방 측과 협력하는 그룹으로 알려져 있었지만 점차 전 유럽적인 관점을 촉진시키는 행위자로서 활동하게 되었다.

마지막으로 헬싱키의 성공과 동시에 빈에서 열린 MBFR 교섭[20]이

20) Christoph Bertram, European Arms Control, in Andrn and Birnbaum, *Beyond Detente*, op.cit.; John Yochelson, "MBFR: The Search for an American Approach," *Orbis17, no.1*, Spring 1973, J.I. Coffey, "Arms Control and the Military Balance in Europe," ibid.; "Brezhnev's Inch," *The Economist*, Feb.28, 1976; J.I. Coffey, "Detente, Arms Control and European Security, *International Affairs*, Jan, 1976; Christoph Bertram, "The Politics of MBFR," *The World Today*, Jan, 1973; Uwe Nerlich, "Die Rolle beiderseitiger Truppenverminderung in der europischen Sicherheitspolitik," *Europa Archive27, no.5* March 5, 1972; Wolfram F. Hanrieder(eds), *The United States and Western Europe: Political, Economic and*

늘어진 것은 유럽에 있어 군사적 안전보장의 관점과 통상병기의 군비관리 문제를 CSCE의 프로세스로부터 분리시키는 역할을 하였다. 이에 따라 정치적인 측면을 우선시 하고자 하였던 합의(Consensus)의 수립은 군사기술의 조절보다도 안전보장에 있어서 인권문제와 정치적 문제가 상위에 있다는 것을 확인하는 결과를 가지고 왔다.

당시 CSCE와 MBFR을 연계시키지 못한 것은 Final Act 의미의 관점에서 보자면 신속히 진행을 이용하는 것이 아니라 새로운 유럽 평화질서 건설이라는 일반적 현실과 통상 병기 관리와의 사이에 기본적인 모순을 일으켰다. 하지만, CSCE는 '유럽평화질서'를 만들기 위한 하나의 전제조건이 되었다. 그 이유는 당시 유럽사람 이라면 누구든지 그러한 연계를 재수립하고 CSCE의 프로세스가 늦어지는 것을 원하지 않았기 때문이다.

요약하자면 이 단계에 있어 성립되었던 형태는 3개의 잠재적인 분쟁 원인을 명확히 하고 있었다. 우선 소련이 계속해서 이익을 추구하고 있었던 것과 서방 측의 이익이 변화하고 있었던 것 사이에 분쟁이 생기게 되었다. 다음으로 '유럽화'의 가운데 서유럽, 동유럽의 이익, 또 유럽의 비동맹·중립국의 이익과 미국 또는 소련이 초대국으로서의 영향력을 유지하기 위한 이익과의 사이에 다툼이 일어난다. 마지막으로 CSCE의 프로세스, MBFR 교섭의 정체, '유럽평화

Strategic Perspectives, Cambridge, Mass.: Winthrop, 1974; Hanspeter Neuhold, "The M(B)FR: Negotiations, the Military Balance and Detente in Europe," (P.Terrence Hopmann, ed., *Rethinking the Nuclear Weapons Dilemma in Europe,* London: Macmillan Press, 1988), chap.17.

질서' 등에서 무엇을 정치적으로 우선해야하는지의 문제에서 모순이 발생한다.

2. 새로운 행위자의 등장과 CSCE

새로운 행위자[21]는 CSCE의 발전과 함께 서서히 나타나기 시작했다. 우선 긴장완화의 시대에 있어서 적극적이었던 비동맹 · 중립국가(이하, N · N그룹으로 표기)의 등장인 것이다. 이 N · N그룹은[22] 협력적, 혁신적(innovative)으로 책임을 지고 있는 실체(responsible entity)로서 알려졌다. 또한 새로운 행위자로서 N · N그룹은 CSCE의 프로세스 가운데 지역적인 문제에 관해 두 개의 대립하는 블록의 충돌을 완화하였다. N · N 협력은 또한 초기단계에서 N · N국가들은 유럽 문제에 관해 제한된 범위 내에서 그 역할을 병행해 가고 있었다. 그럼에도 불구하고 그들은 그들의 이익을 조직화해가면서 CSCE 프로세스의 중요한 지지자 또는 실질적 행위자로서 나타나기 시작했다.

---

21) 바르샤바 그룹, EC-Nine 그룹, NATO 그룹, 베를린 그룹, N · N 그룹, 지중해 그룹, 북유럽 그룹 등이 있었다. 그렇지만 대표로써 같은 역할을 수행하고 있는 의미에서는 중요했다. 물론 각 그룹의 성격이나 목적은 다양하였다.

22) Finland, Sweden, Switzerland, Austria, Yugoslavia가 참가해 다양한 이슈에 관해 유사한 견해를 표시하였다. 그리고 그들은 CSCE의 군사적 분야에 대해 보다 넓은 의견을 표명하고 회의를 촉진시키고 있었다. 특히 유럽의 문제에 관해서는 다극적인 협의를 통해 회의의 성공을 불러왔다. 이러한 NN그룹은 그 이후 CSCE 프로세스에도 적극적이었다.

CSCE의 프로세스는 예비적인 지역 문제의 '유럽화'의 결과였다. 그것은 서유럽의 사람들이 그들의 정책 조화를 향상시키면서 그리고 미국의 외교 정책에 대해서 스스로 독립적인 역할을 명확히 하는 것을 의미하고 있었다. 헬싱키 프로세스의 모든 국면에서 미국의 관여가 중요함에도 불구하고 CSCE의 프로세스는 주로 유럽의 문제였다. 그것은 블록의 지도자들에 대한 의존관계(dependencies)를 줄이기 위한 시도였다. 그리고 그들 나름대로 공통의 유럽 정치의 정체성을 분명히 하기 위해서 행해지고 있었다. 게다가 그들은 지역 문제를 해결하기 위해서 보다 효과적인 '지역적 메커니즘'을 수립하려고 하였다. 분명히 이러한 '유럽화'라고 하는 프로세스는 단순한 CSCE의 결과만은 아니었지만 그러나 CSCE는 초강대국을 제외하고 동서 유럽 국가들 사이에 협력 관계를 만들고자 하는 야심적인 시도였다. 그러한 의미에서 새로운 행위자의 출현은 국제 긴장완화 시대의 국제 시스템에 큰 영향을 주었고 마침내 혹독한 전후 냉전 시스템을 종식시키는데 기여했다.

두 번째로, NATO 그룹은 NATO 15개국으로 구성되었지만 EC의 9개국 중 8개국이 NATO 동맹국이었다. NATO는 서방 측의 정책조정을 우선시 하는 역할을 맡았고 동서 관계의 대화에 있어서 서방 측의 수단으로 연 2회 커뮤니케를 제출하고 있었다. 그러나 문제는 CSCE에 있어서 NATO의 역할이었다. 특히 프랑스는 '군사 블록간의 교섭'에 반대하였으므로 제도적으로 어떠한 형태에 대해서도 의견의 일치를 볼 수 없었다.[23] 그렇지만 NATO는 그 규모와 미국이 포함되어 있었다는 것만으로 교섭에서 매우 중요하였다.

세 번째로, 바르샤바 조약 기구의 그룹[24]이다. 전통적으로 소련의 영향 아래 있는 동유럽의 국가들은 소련의 입장을 지원하고 그 정책에 동조하는 그룹이다. 대부분의 국가들은 소련의 정책 노선에 따르고 있었지만 예외적인 국가는 루마니아였다. 루마니아는 특히 바스켓 Ⅲ의 이슈였던 인권문제에서 소련 블록과 다른 입장에 서 있었다. 이렇듯 같은 바르샤바 블록이면서도 자국의 독자성을 높이고자 했던 것으로부터 타국과 구별되었다. 특히 군사문제나 경제문제에 관해서 이러한 경향이 강하게 나타나 보다 독자적인 외교노선을 전개하고 있었다.

마지막으로 제4의 행위자는 EC 그룹[25]이다. EC 가맹국은 9개국으로 회의에서 두 개의 중요한 역할을 맡고 있었다. 첫째, 경제적인 문제와 EU 위원회의 법령에 의한 것이다. 이것은 주로 바스켓 Ⅱ의 교섭과 관련되어 있던 문제로 공통의 시장과 경제 정책에 관계된 것이었다. 그것으로부터 바스켓 Ⅱ에 관해서는 제네바 교섭과정에서 비공식위원회를 만들어 EC가맹국의 정책 조정을 행하였다. CSCE에서의 EC의 제2의 역할은 비공식적인 위원회를 설치하여 그들의 정책형태를 조정해 가면서 다양한 이슈를 해결하고자 하는 것이었

23) John J. Maresca, op.cit., p.20; 吉川 元 op.cit., p.102.
24) 바르샤바 그룹은 소련, 폴란드, 동독, 헝가리, 체코슬로바키아, 루마니아, 불가리아로 이루어졌다.
25) 이 그룹은 프랑스, 서독, 이탈리아, 영국, 벨기에, 네덜란드, 룩셈부르크, 아일랜드, 덴마크 등으로 이루어졌다.

다.[26) 이상과 같은 행위자가 시대의 흐름에 따라 유럽에서 평화와 안전보장과 같은 목표에 관심을 쏟은 것은 당연한 것이었다.

3. CSCE와 안전보장질서[27)]

혹독한 냉전 구조가 변화를 보이기 시작하면서 상대적인 안정기를 맞이하고 있던 유럽에서 특히 안전보장 면에서 낙관적인 견해가 서서히 높아지고 있었다. 이러한 견해는 과거 대략 30년 이상 진행되고 있던 냉전의 교훈으로부터 생긴 확신에 근거한 것이었다. 전후 유럽의 안전보장은 초강대국의 힘에 의해 관리되고 있다고 인식되고 있었다. 그러한 확신은 실제 미국과 소련이 진행하고 있던 미사일 교섭에서도 확인되었고 그 이후 헬싱키에서 CSCE 교섭의 장소에서 보다 명확해졌다. 당시 유럽의 사람들은 CSCE에서 전개되고 있던 이러한 안전보장회의는 유럽에 있어서 긴장완화와 평화질서를 발전시키는 정치적인 틀로 이해하고 있었다.[28)]

---

26) John J. Maresca, op.cit., p.19.
27) 유럽의 안전보장 개념은 전통적인 군사문제와는 달리 보다 포괄적이면서 종합적인 의미를 가지고 있었다. 군사적인 위협을 감소시키고 잠재적인 분쟁을 경감시키는 메커니즘을 구축하는 것까지 생각하게 되었다. 이러한 의미에서 CSCE의 프로세스는 처음부터 현존하는 유럽의 군사적 대결구조를 평화적으로 전환시키고자 했던 것이다. Mike Bowker and Phil Williams, "Helsinki and West European Security,"(*International Affairs*, Vol.61, No.4, 1985; GD. Leebaert,(ed.) *European Security Prospects for the 1980s,* Lexington, Mass.: Heath, 1979.

CSCE 자체의 프로세스에 있어서 기본적인 상황을 고려하지 않았다면 CSCE는 과거 또한 새로운 관점을 잘 이해할 수 없을 것이다. 당시 CSCE 프로세스는 단지 국내적, 지역적, 국제적 그리고 그 내부에 있는 역동성만이 아니고 3개의 국제 시스템의 구조와 조건과 깊은 관계가 있었다. 이러한 의미에서 CSCE의 프로세스는 국제시스템 변화의 결과라고도 말할 수 있다. 국제구조의 세 가지 조건은 (1) 유럽에 있어 주권국가 시스템의 저하, (2) 군사적 대결의 위험성과 부담의 증가, (3) 블록 간에 있어 상당한 안정과 국내 체제의 상대적 안정성 등이었다.

먼저 유럽에 있어 주권국가 시스템의 저하 현상은 경제적, 군사적, 사회, 문화적 그리고 정치적인 면에서 나타났다. 이러한 현상은 국제사회의 상호의존 관계의 심화, 국제 교류, 사회운동, 생활양식의 변화 그리고 다양화하고 있는 다국 간 협력 관계와 조화, 유럽 통합의 프로세스에 의해 분명하게 되었다. 지금까지 유럽에서 문제가 되었던 것은 위에서 언급한 문제들은 한 국가 단위의 정치로는 해결할 수 없는 것이었다. 이러한 경향만이 아니라 유럽의 정치엘리트들은 더욱더 주권국가 단위에서 새로운 문제를 해결하는 데 한계가 있었으므로 그들도 전통적 한계성을 극복할 필요가 있다고 인식하기 시작한 것도 중요하였다.

28) Jorma Miettinen, "The Impact of Current Political and Arms Control Developments on Security in Europe," in Gutteridge, ed., *European Security*, p.11; Vojtech Mastny, *Helsinki, Human Rights, and European Security: Analysis and Documentation*, Durham: Duke Univ., 1986, p.49.

이러한 의미에서 지역통합이나 유럽문제의 '유럽화'는 지역의 여러 문제를 해결하기 위한 유일한 방법으로 생각되었다. 그리고 이러한 전략은 지역적인 이익을 실현하는 것과 동시에 세계 차원에서도 유럽이 중요한 역할을 하고 있다는 것과 연결될 것이라는 인식이 존재하고 있었다. 이러한 관점에서 CSCE의 프로세스는 북유럽 공동체, EC통합, EUREA 협력 그리고 다른 지역화의 프로세스, 유럽화, 초국가주의화(Supranationalization)의 상대가 되는 것이었다. 유럽에 있어서도 역시 주권국가의 역할이 중요하였지만 주권국가에 대한 평가 하락은 CSCE가 작동하고 있는 구조적 환경에 있어서 중요한 의미를 지니고 있었다.

다음으로 군사적 대결의 위험과 부담의 증가는 유럽의 주권국가 시스템에서 제2의 환경요인을 만들었다. 유럽은 냉전기를 통해 군대나 군비가 세계의 어느 지역보다 집중되었던 지역으로 군비 관리의 부재 때문에 항상 긴장이 전쟁으로 될 가능성이 높았다. 이런 의미에서 의도하지 않게 전쟁의 부담이 컸던 지역이 유럽이었다. 이런 현상은 직·간접적으로 유럽의 국가들에 방위비를 점점 증가시키고 있었다. 이것은 군사기구의 비용효과뿐만 아니라 미국과 소련의 요구는 유럽의 안전보장 시스템과 경제, 사회 시스템에 부담요소로서 작용하고 있었다. 변화하는 시대에 유럽에서 일어난 평화 운동이나 유럽문제의 '유럽화'에 대한 논쟁과 변화하는 정치적 가치는 유럽 국가들의 정치에 부담을 증가시켰다. 결국 CSCE 프로세스는 유럽이 직면하고 있는 이러한 여러 문제를 해결하기 위한 하나의 방법으로 나타났다.

　세 번째로 블록과 국내체제의 상대적 안정은 소련과 동유럽 국가들이 CSCE의 프로세스에 참가하기를 바라는 희망을 형성시키는데 중요한 요소가 되었다. CSCE에 의해 촉진된 동서관계는 1940년대와 1950년대의 냉전 상황[29]과 현저히 다른 것으로 변화를 보이면서 새로운 전략을 모색하게 되었다. 냉전의 최고 전성기에 만들어진 동·서 블록 간 대결구조는 서방 측에게 큰 부담이었다. 그리고 동유럽 정권의 붕괴나 불안정[30]은 직접적으로 서방 측에 영향을 미치므로 서방 측 국가들은 긴장완화 시대에 있어서 새로운 딜레마에 직면하게 되었다. 이 시기 소련과 동유럽 국가들이 기본적으로 어느 정도 통제된 범위 내에서 정치적인 변화에 관심을 가지고 있었던 것은 CSCE 그룹을 지지하는 것과 연결되었다고 해석할 수 있다. 그리고 상대적인 안정성에 관심을 보였던 것은 정치적, 경제적인 면에 있어서의 장기적인 '변화'를 어느 정도 인정하는 입장에서 CSCE의 전제조건을 받아들이겠다는 의향을 가지고 있다는 것이다. 이와 같이 CSCE 프로세스는 유럽이 직면하고 있는 여러 문제를 장기적으로 해결하기 위해서 진행된 대담한 전략이며 넓은 의미로 유럽을 세계 정치의 장으로 되돌리게 하는 시도였다. 바꾸어 말하면 CSCE의 정치

---

29) 이 시기는 모스크바가 동유럽에서 힘의 우위를 차지하기 위해 레짐의 형성과 블록의 안정화를 위해 동·서 블록의 대결 구조를 만들고 있던 시기였다.
30) 이러한 현상은 소련의 간섭이나 재 스탈린화가 될 가능성이 있었다는 것을 의미한다.

적 그랜드 디자인은 동서블록에서 유럽의 분단을 극복해 가면서 새로운 형태의 국가 관계의 구조를 만들고자 하는 것이었다. 그 구체적인 내용은 유럽 문제의 '유럽화',31) 나아가 동유럽 사회의 민주화와 경제발전이 고려되었고 미국과 소련으로부터 자립적인 상황을 만들어 내고자 노력하였다.32)

CSCE에 있어서 군사적 안전 보장의 측면은 다른 교섭과 달랐다. CSCE에 참가하고 있는 참가국은 처음부터 병기나 병력에 관한 군사적인 문제를 CSCE의 교섭의 장에서 논의하는데 소극적이었다. 그 이유는 전략적인 교섭은 SALT33)에서 시작되어 있었고, 또 MBFR로 지역적인 교섭을 하고 있었기 때문이었다. 특히 유럽의 안전보장 문제는 관계국 미국이나 소련, 그리고 NNA 그룹의 이해의 차이로 어려운 문제였다. 미국은 CSCE의 교섭에 마음이 내키지 않는 입장 속에서 '신뢰구축'이라는 개념을 지지하면서도 동맹국 간의 결속을 중시하고 있었다. 반면에 소련34)은 정상회담에 관심을 표시하면서도

---

31) 강대국에 대해 스스로 자립적인 역할을 해가면서 유럽의 사람들에게 자신들의 정책의 조화를 실시하는 것을 의미한다.

32) Reimund Seidelmann, The CSCE Process: A Way to European Peace in Security, Graeme P. Auton, edt., *Arms Control and European Security,* New York: Praeger, 1989.

33) SALT I 교섭을 둘러싸고 서유럽과 독일의 태도에 대해서는, Ian Smart "Perspectives from Europe," 또는 François de Rose, "The Future of SALT and Western Security in Europe," *Foreign Affairs* 57, no.5, Summer 1979; Josef Joffe, "Why Germans Support SALT," *Survival* 21, no.5, Sept/Oct, 1979.

34) 소련은 기본적으로 두 개의 모순을 보이는 딜레마에 직면하고 있었다. 그것은 소련이 서유럽에 대한 이해와 그것을 위한 희망이었다. 이런 이유에서 소련의 지도자들은 서유럽이 느슨해진 하위지역으로 분열된다면 좋다는 입장을 취하

유럽의 긴장완화의 촉진과 유럽의 현상유지에 열심이었다.[35] 그리고 NNA 그룹은 어느 쪽의 군사 블록에도 참가하지 않으면서 MBFR에서 어떤 역할도 수행하지 않았다. 그것은 그들의 안전보장 문제와 직접 관계가 있었기 때문이었다. 그들은 CSCE에 대해서 군사적인 교섭보다는 정당한 포럼이라고 인식하면서 이상주의적인 개념에 근거한 넓은 의미의 유럽 안전보장 시스템에 관심을 기울이고 있었다.[36]

4. CSCE와 미·소 관계

CSCE의 역사를 보면 이것은 단순히 전후 전개된 미·소 간의 권력정치만을 의미하는 것은 아니었음을 알 수 있다. 당시 '유럽안전보장'의 구상은 특히 모스크바의 전후 외교 구상의 하나로 계획되었고[37] 진행되었다. 처음으로 이것이 논의된 것은 1955년 2월 10일 베

고 있었다.

35) 그러나 이러한 소련의 소원과는 별도로 두 개의 도전에 직면하였다. 우선 미국이 유럽의 긴장완화에 중요한 역할을 맡는다는 도전이었다. 두 번째는 서독의 동방정책과 긴장완화 정책에 의해 행해지고 있던 것으로 경제적인 관계와 정치적인 침투로부터의 위험성을 동시에 가지고 있었다.

36) John J. Maresca, op.cit., pp.168-169.

37) 소련의 주된 목적은 먼저 동유럽에 대한 소련의 패권과 관련하여 서방 국가들로부터 승인을 받고 싶은 것이었다. 두 번째로, 동·서무역이나 기술 이전에 관심이 있었다. 마지막으로 독일을 제한하면서 유럽에 있어 미국의 관여를 저지하는 것이었다.

를린이었다. 당시 베를린 4개국 외무장관 회의에서 소련의 외무장관 몰로토프(Vyacheslav M.Molotov)는 '전유럽의 안전보장' 문제에 관한 플랜을 제시하였다. 이러한 유럽안전보장회의 개념은 1954년 이후 소련의 외교정책이 재현되는 과정에서 등장하였지만 그것은 특히 1960년대 중대한 사건에 의해 발전되면서 심각한 냉전구조를 완화시키는 역할을 하고자 하였다.

이러한 소련 측의 제안에 대해 서방 측은 그들의 결속을 약화시키는 것으로 인식하여 그 제안을 거부하고 있었다. 특히 미국은 유럽에 있어서 미국의 역할을 배제하려는 목적이 있다는 이유로 비판적이었다.[38]

소련의 관점에서 보면[39] 전후 미·소 간의 커다란 문제는 미국과 군사적 균형이었다. 그러나 소련의 군사적인 불충분함이라는 면에서 보면 그러한 목표를 달성하려면 어느 정도의 시간이 필요했다. 특히 전후 미국이 군사적인 분야뿐만이 아니라 전반적인 면에서 우위를 차지한 것과 달리 소련은 세계에 있어서 사회주의 확대의 문제에 착수했다. 소련은 전후 전개된 자신들의 외교 전략의 실패라는 교훈으로부터 보다 유효한 정책을 얻기 위해 외교정책의 강화를 진

---

38) Kissinger, op.cit., p.412.
39) Marshall D. Shulman, (A European Security Conference, (Survival, Dec.1969); Europa Archiv,(no.19, 1969); Boris Meissner, (The Soviet Union and Collective Security, Gerhard Wettig, (Soviet Shifts in European Seurity Policy, *Aussenpolitik*,(no.3, 1970); Mojmir Povolny, The Soviet Union and the European Security Conference, Orbis, (Spring, 1974); Robert Legvold, European Security Conference, (Survey, (Summer, 1970).

행하였다. 유럽에 있어서 유럽 안전보장정책의 구상은 이러한 교훈으로부터 제안되었고 장래 소련의 새로운 정치적 영향력을 구축하기 위한 목적을 가지고 있었다.

다른 하나의 목표는 유럽에서 소련의 정치적인 입장을 강화하기 위한 것이었다. 그리고 그러한 사상 속에서 소련의 지도자들은 주로 국내 문제에 목적이 있었지만 유럽에서 외교적 주도권을 잡는 것에 관심이 있었다. 이러한 문맥으로부터 역시 유럽안전보장 회의 문제는 다른 여러 가지 문제와 함께 중요한 위치를 차지하였다. 오랜 동안 소련의 외교를 담당하고 있던 안드레이 그로미코는 유럽은 「노(老) 귀부인」과 같으며 자유, 평등, 우애라는 진보적 사상을 세계에 넓히고 있던 지역이라고 평가하였다. 그리고 그는 제2차 세계대전 이후 유럽 국가들이 새로운 전쟁을 피하고 평화 협력을 위한 조건을 어떻게 만들어 낼 것인지에 대한 문제에 얼마나 전념했는지를 설명하고 있다. 또한 그로미코는 전후 유럽의 국경 문제에 대해서 전쟁의 종결로 성립한 국경선은 공평한 것이며 얄타, 포츠담 합의로 승인된 국경의 안정이야말로 유럽의 안전 보장의 핵심이라는 인식을 가지면서[40] 소련은 CSCE에 임하고 있었다.

당시 소련은 군사적인 면을 제외하고 이전 시대와 같이 대유럽정책을 기본적으로 전개하고 있었다. 그러나 소련은 전후 달성되지 못한 유럽 국가들과의 화해문제를 염려하고 있었다. 당시 그것을 달성

---

40) アンドレイ グロムイコ, 『グロムイコ回想録-ソ連外交秘史』(동경: 読売新聞社, 1989), p.294.

하기 위해서는 소련의 힘으로 유럽의 현상유지가 이루어지고 있다는 전제 아래 가능하였으며 소련의 지도자들 또한 그렇게 생각하고 있었다. 그러나 크렘린에 집단지도 체제가 등장한 이후 유럽에 있어 전략적 균형은 변화하게 되었다. 핵병기, 비핵 병기 수준에서 이러한 경향이 나타났다. 예를 들면 바르샤바 조약기구의 중부전선에 있어서의 전략 증강이 이러한 것을 의미하였다.

유럽에 있어서의 소련의 힘은 확실히 우위였음에도 불구하고 유럽안전보장회의를 요구했던 것은 다름 아닌 소련이었다는 것은 중요한 의미가 있었다. 이것은 소련이 CSCE회의를 통해서 서방 측 국경선의 안전보장을 소련의 안전보장의 최우선 과제로 평가하였다는 것으로부터 추정 가능하다. 그들은 대 유럽과의 군사적 또는 정치적인 면에 있어 예외적으로 어려운 문제는 유럽안전보장회의라는 장에서 처리하려 하였다. 그리고 핵무기 시대의 미국과의 관계에 대한 소련의 세계적인 전략은 이 회의와 구별하였다. 전후 그들의 외교안보 정책의 좌절로부터 구상된 이러한 전략은 국제 정치에 있어서 보다 적극적인 자세를 취하는 요소가 되었다. 당시 유럽안전보장 회의는 소련을 세계 정치의 무대에서 보다 유리한 입장에 두려고 하였고 소련은 외교 공세를 강화하기 시작하였다.

모스크바는 전략적 균형을 제일 중요한 정치적 목표라고 생각하였고 외교 정책의 과제는 미국과의 전략적인 교섭이라고 생각하였다. 예를 들면 체코슬로바키아 침공, 베트남 전쟁 등에서 외교적인 한계를 초래한 초강대국 미국·소련은 일시적으로 관계가 악화되었지만 미국의 닉슨 대통령의 '교섭의 시대'의 선언 이후 미국과 소련과의 사이 동서 간의 정치적, 군사적, 과학적, 문화적, 사회적 관계의 전 분야에 걸쳐 협정이 체결되었다.[41] 그 결과 미국과 소련은 '군비축소'라는 문제까지 교섭하게 되었다.

국제긴장완화의 프로세스와 함께 초강대국도 새로운 국면에 접어들었다. 쿠바 미사일 사건 이후 이러한 일련의 긴장완화는 긴장의 억지라는 교훈에서 배운 것이라고 볼 수 있다. 그리고 전후 그때까지 존재하지 않았던 현상이 나타났던 것은 긴장상태의 완화를 목표로 새로운 외교 정책 현장에서 활기를 불러일으켰다는 것으로 볼 수 있었다.

당시 전개되기 시작한 긴장완화의 특징은[42] 미국과 소련이 군사적으로 압도적 우월성을 갖고 있음에도 불구하고 국제사회의 미래에 영향을 주는 결정이 워싱턴과 모스크바 이외의 지역에서 전개되는 경우가 증가하는 국제 환경 속에서 미국과 소련 모두 양국 관계를 규정하고 제약해 가기 위해 공동의 행동을 취하게 되었다는 점이다.

스티븐슨의 설명에 의하면 독자 노선을 채택한 중국이 기존의 국제시스템에 재등장하면서 유럽과 일본이 정치적, 경제적 영향력을 증대시켜 왔기 때문에 힘의 균형에서 새로운 요소가 나타나게 되었다. 이렇게 국제 구조가 다극화 되어가면서 권력의 배분 구조도 붕괴의 위기에 직면하고, 한편으로는 동맹 내 다원주의적 경향이 나타

41) Stevenson, op.cit., chap.6.
42) LaFeber, op.cit., p.91.

나 기존의 안전보장 체제에 여러 가지 움직임이 생기기 시작하였다. 심지어 미국의 국력 중에서 유일하게 도전을 받지 않았던 분야, 즉 군사적인 분야조차 미국이 베트남에서 공산세력과의 분쟁으로 정책을 경직시켜 갔기 때문에 효과를 발휘할 수 없었다. 미국과 소련은 힘의 균형을 붕괴 시킬 수도 있는 사건이나 역동적인 요인을 제어하는 능력을 점점 더 잃어 갔기 때문에 급격하게 변동하고 있는 세계에서 경쟁의 틀을 만들려고 하였다. 특히 스티븐슨의 설명에 의하면 당시 미국과 소련은 양국이 함께 관심을 갖고 있던 문제를 해결하는 수단으로 긴장완화의 프로세스를 이용하고 있었다고 평가하고 있다.[43)]

소련은 자국의 전략적인 문제에 관심을 보이며, 미국과 전략적인 관계를 모색하였다. 그리고 모스크바는 그 문제를 보다 구체적으로 실현시키기 위하여 외교적인 면에 주의를 기울였다. 소련 측에서 보면, 유럽에 있어서 외교적인 진전이 이루어진 이후 특별히 눈에 띈 진전이 없었으므로 미국과의 관계에 있어서 여러 가지 문제(특히 핵병기 분야)에 관심을 보인 것은 어느 면에 있어서 당연한 것이었다고 말할 수 있을 것이다.

이러한 정치적인 분위기는 유럽의 긴장완화에 의해 좌우되었고 그 이후 동서 관계의 전략교섭에도 영향을 미쳤다. 특히 1972년 미국과 소련 간 체결된 SALT 협정은 동서관계에 있어서 공통의 문제로

---

43) Ibid., p.208.

다루어졌고 미국과 소련 간 진행된 긴장완화의 최고 성과로 평가되었다.

그리고 헬싱키 회의가 개최되기 전에 진행되고 있던 미국과 소련의 군비관리 교섭은 어떤 의미에서 보면 국제긴장완화의 제도화에 완만한 행동기준 혹은 가이드라인을 설정하는 것이었다. 미국과 소련의 군축에 관한 교섭에 대해 브레즈네프는 처음부터 유럽안전보장회의를 성공시키기 위하여 개인적으로도 깊은 관심을 가지고 참가하고 있었다. 그의 지도 아래서 소련공산당 제24회 당 대회에서 이른바 '평화 문제'가 다루어지고 그 중요성이 강조되었다. 그리고 이 문제는 다른 문제와 연계되고 있었다. 소련은 유럽안전보장회의를 유럽의 안전보장을 위한 핵심 부분이라고 생각하고 계속 서방 측에 주장, 선언하고 있었다.[44]

미국은 1975년까지 유럽안전보장회의에 관심을 가지고 있지 않았던 것은 아니다. 대신 소련이 미국으로부터 양보를 얻으려고 했다고 생각할 수도 있지만 미국의 닉슨과 키신저는 유럽안전보장회의는 2국 간 관계에 조약을 추가하는 것은 아니라고 생각하였다. 그들은 이러한 일반적인 다국 간 회의를 통해 소련과 동유럽의 상황을 개선하는 것에 난색을 표하고 있었다.[45]

---

44) John J. Maresca, Helsinki Accord, 1975(in Alexander L.George, Philip J. Farley, Alexander Dallin, edt., *U.S.-Soveit Security Cooperation: Achievement, Failures, Lessons, Failures,* Oxford: Oxford Univ., 1988, p.109.

45) Ibid.

유럽안전보장회의가 미국과 소련 간의 긴장이 최고조 때 개최되었던 것은 타이밍이 좋았다고 해석할 수 있으며 헬싱키 프로세스는 초강대국의 긴장완화를 다시 불러일으켰다.[46] 1972년의 닉슨의 모스크바 방문은 미국과 소련 간 양국 간 관계의 협정을 이루어 냈다.

미국 정부의 주된 목적은 소련과 전략 핵무기에 대해 어느 정도의 합의를 만드는 것이었으며 다른 분야에 관한 문제는 이차적인 것이었다. 유럽 문제 특히 NATO에 대해 미국의 대표단은 유럽안전보장회의의 준비 과정에서 중심적인 역할을 맡고 있었지만 그것은 비교적으로 낮은 수준에 머물러 있었다.

5. CSCE와 유럽

CSCE를 평가할 때, 그 배경에 있어서 역시 미국과 소련과의 관계가 중요하다는 것은 국제 환경의 다면적인 측면으로부터 보면 이해할 수 있다. 여기서 크고 작은 세계 규모의 문제 차원으로부터 거리를 두고 고찰해보면 지역적 관점이라는 유럽국가 간 차원이 있음을 알게 된다. 이러한 두 개의 국제적인 정부 간 관계 활동은 완전히 분리해서 생각할 수 없다. 왜냐하면 하나의 사건이 직접·간접적으로 다른 행동에 영향을 미치기 때문이다. 현실 국제정치에서 미국과

---

46) Richard Davy, op.cit., chap.1.

소련이 인식한 사실이 어느 지역의 정치 혹은 국내 정치에 많은 영향을 미치고 있다는 것으로부터 알 수 있다. 특히, 전후 유럽에서 냉전적인 이미지와 전략적인 면에서 국제적으로 뛰어난 유럽의 지도자는 지역 정치를 항상 미국과 소련의 정책결정자들의 전략 구상에 종속된 형태로 정책을 생각하지 않을 수 없었다. 그러므로 70년대 유럽에서 국제 긴장완화가 시도되고 있었던 것도 이러한 국제적인 환경 아래에서 진행되게 되었다.

CSCE 외에 1970년대 초 전유럽적인 안전보장에 관한 움직임으로 CSCE를 전제 조건으로 NATO 측이 밝힌 군사력 상호균형 감축 (MBFR, Mutually Balanced Force Reduction)에 관한 회담이 존재하고 있었다. 이론적으로는 두 개의 회의는 서로 보완적인 것이었지만, MBFR 구상은 실제의 군비삭감보다 빈 포럼에 그 교섭의 목적이 있었다. 특히, 회의에 있어 모스크바 측은 기본적으로 대칭적인 군비삭감을 요구하고 서방 측은 서방 측에 유리한 것을 주장하면서 비대칭적인 군비삭감을 요구해 결과적으로 합의에 이르지 못했다.

유럽에 있어서 동서관계의 정치적인 교류형태는 격렬한 냉전기와 달리 정부 간 정상차원에서 진행되게 되었다. 유럽의 정치가들은 유럽에 새로운 평화적인 분위기를 확실히 가져오려고 하였다. 정상들 간 회의에서 국제적인 문제에 관한 의견교환으로부터 국가 간 무역문제, 문화교류 문제, CSCE와 같은 외교적 과제에 이르기까지 상호정책에 대하여 대화하였다.

유럽의 정치지도자들은 현존하는 유럽의 정치적 틀 속에서 교류의 촉진이나 사회 간 관계를 활발하게 하기 위하여 유럽에 있어서 국제긴장완화에 관심을 쏟고 있었다. 이러한 것은 전후 국제정치에 있어서 새로운 '외교'로 나타났으며 '협조의 시대'를 예고하는 것이었다. 유럽의 지도자들은 개인적인 관점과 정보를 서로 교환하면서 '국제 긴장완화의 제도화'에 몰두하게 되었다. 1971년, 1973년, 1974년 브레즈네프는 서방 측 국가들 중에서 가장 가까운 관계를 유지하고 있던 프랑스를 세 번 방문하고 1973년 서독을 방문하였다. 그리고 미국과 소련이 정상회담 할 때 CSCE에 관한 대화도 진행하였던 것은 이 시대를 반영하는 것이었다. 특히 유럽안전보장 문제가 미국 · 소련 2국 간의 문제가 아니라 동서관계에 있어 중요한 사항이 된 것으로부터 시대의 흐름을 읽을 수 있었다. 어쨌든 이러한 정부 간에 있어서 교류의 빈번함은 '국제긴장완화의 제도화'의 주된 무대였던 유럽에 있어서 급격한 변화의 증거가 되었다.

이미 유럽의 전후의 역사에 있어서 유럽 대륙의 안전보장문제가 그 중요한 쟁점이 되어 있었다. 특히, 분단국가 동 · 서 독일을 둘러싸고 전개되고 있던 동서 이데올로기의 대립이 그 대표적인 것이었다. '독일문제'의 진전에 따라 유럽의 정치적인 분위기는 19세기의 '고전 외교'에 있어서와 같은 긴장에 대한 '위기의 관리'의 차원을 넘어 새로운 '국제긴장완화의 제도화'를 불러오기 시작했다. 당시 소련에 있어 '독일 문제'의 진전은 동서 관계의 정체 상태를 눈에 보일 정도로의 모습으로 해결하는 실마리를 가져온다고 인식되었을지도 모른다.

유럽의 안전보장 문제를 다극적인 교섭으로 해결하려는 소련의 구상은 50년대 초에도 존재했지만, 1957년 10월 폴란드 외무장관 애덤 라파츠키(Adam Rapacki)에 의해서도 중앙유럽의 비군사화 계획안이 제출되었다. 그리고 같은 구상이 1965년 1월 바르샤바 조약기구의 자문위원회 회의에서도 제안되었다. 이와 같이 유럽 안전보장 문제는 동서 두 블록에서도 중요한 관심사였으며 외교의 역할을 증대시키는 큰 요인이었다. 그리고 국제정치의 변화와 함께 1973년 헬싱키 예비회담이 열리기 전 이미 중요한 행위자였던 NATO와 바르샤바 조약기구와 함께 중립·비동맹 국가그룹(NNA states), 서독, 유럽정치 협력(EPC)이라는 새로운 주체가 유럽에 등장하게 되었다.

NNA그룹의 여러 국가들은 유럽의 국제문제에서 CSCE가 보다 큰 영향력을 발휘할 것이라고 생각하게 되었다. 적극적인 그룹의 출현은 헬싱키 프로세스에 있어서 보다 눈에 띄는 정치적인 현상이었다. 스웨덴과 오스트리아는 새로운 틀 아래에서 중요한 안전보장 문제를 논의할 수가 있다고 주장했지만 처음 단계에서 핀란드는 그러한 회담 준비에 보다 적극적인 촉매로서 역할을 하고 있었다.[47] NNA국가들은 제네바 교섭 단계에서 제1원칙으로 '중립 할 권리'를 인정하는 것에 진력했고, 또 CBM 문제를 계기로 그룹 내에서 정리되어 갔다. 원래 NNA그룹은 역사적으로도 문화적으로도 또 대외정책면에

---

47) Kenneth Dyson, The Conference on Security and Cooperation in Europe: Europe before and after the Helsinki Final Act(Kenneth Dyson, edt., *European Detente: Case Studies of the Politics of East-West Relations*, London: Pinter), p.91.

서도 다양한 국가집단이지만 동서대립의 긴장완화나 유럽이 국제정치의 장에서의 발언력 강화라는 점에 공통의 관심을 가지고 있었다. 그런 만큼 CSCE는 유럽안전보장 문제에서 NNA 국가들의 발언력 강화를 보장하는 절호의 장이었던 것이다. 이러한 측면에서 NNA국가들은 CSCE의 협의사항으로 군사영역의 확충이나 CSCE의 기구화라고 하는 공통목표의 아래에서 결속해 나갔다. 냉전기 CSCE 프로세스에서 NNA 그룹은 동서간의 의견조정의 '중개역'으로서 중요한 역할을 하고 있었지만 마드리드 재검토 회의부터 동서 간에서의 의견이 모두 나온 후 NNA국가들의 타협안이 제안되고 이 NNA안을 기초로 동서 쌍방이 서로 양보한다고 하는 합의 형성 패턴이 완성되게 되었다. 이렇게 NNA가 CSCE에서 점점 중요한 역할을 하게 되자 CSCE 프로세스에 대해 NNA뿐만 아니라 중소국의 지위가 전반적으로 향상 되고 거기에 따르는 대로 CSCE의 냉전구조가 침식 되 서서히 '국제 관계의 민주화'가 촉진되어 가게 되었다.[48)

다음으로 분단된 유럽의 지정학적인 상황과 독일의 분단을 배경으로 서독은 다극적(多極的) 외교를 위한 조정자로서 행동할 수가 있었다. 특히 서독은 동방정책과 통일정책을 수행하면서 동시에 NATO와 협의를 해, 어느 면에 있어 외교에 대해 독자성을 강조하게 되었다. 또한 동방정책의 제일 중요한 교섭 시기(1969~1972)에 국방장관을 경험하고 1974년 5월 서독의 총리가 된 슈미트는 '필요한 세

48) 吉川 元, 『ヨーロッパ安全保障協力会議 (CSCE):人権の国際化から民主化支援への発展過程の考察』(東京: 三嶺書房, 1994), pp.102-103.

력 균형'을 배경으로 하고 신뢰구축을 달성하기 위한 CSCE의 중요한 역할을 강조하였다. 그리고 그는 서독의 국내 정치에 있어 특히 야당 CDU/CSU는 CSCE에 대해 비관적인 입장을 취했지만 1972년 브란트가 국내 선거에 있어 결정적으로 승리함으로써 어느 정도 유럽의 국제긴장완화 문제에 대한 대립은 멈추게 되었다고 지적하였다. 또 1972년 결성되었던 유럽 각국 장관 간 특별실무그룹(IMAG)은 CSCE에 적극적으로 그 역할을 수행하면서 보다 통합적인 접근을 하고 있었다.

CSCE에 있어서 활동의 중심으로 등장했던 EPC도 중요한 행위자로 나타났다. 1969년 12월 헤이그 정상회담 개최는 역시 EPC의 외교적인 큰 성과였다고 말할 수 있다. 특히 EPC는 외교정책의 협조를 제도화시키는 노력을 통해 보다 명확하게 유럽의 정체성을 촉진시키려하고 있었다. 당연히 CSCE에 있어서 쟁점은 EPC의 중요사항이었다.[49]

6. 유럽과 미국

베트남 전쟁의 당사자인 미국의 닉슨은 재선에서 승리하고 베트남 전쟁을 빨리 종결시키면서 외교정책의 새로운 선택지를 취하게

---

49) Kenneth Dyson, *The Conference on Security and Cooperation in Europe: Europe before and after the Helsinki Final Act*, op.cit., p.92.

되었다. 닉슨 정권이 직면하고 있었던 문제는 여러 가지 있었지만 그 중에서도 중시되었던 것은 '도덕적인 딜레마'였으며 긴장완화 정책을 어떻게 성공시킬 것인가에 관심이 기울어져 있었다. 특히 미국은 소련과 중국 사이에서 보다 낙관적인 분위기를 만들기 위한 외교 노력을 우선하고 있었다. 닉슨은 자신의 집권 제1기의 업적에 대해 당연히 자랑하며 그것은 제2차 세계대전 이후의 세계역사에 있어서의 '긴 평화'를 가져오게 한 큰 진전이었다고 인식하고 있었다. 1월 23일 닉슨은 '명예로운 평화'를 달성하기 위하여 전국을 대상으로 텔레비전을 통해 그것을 발표하였고, 그 때 키신저는 베트남과의 전쟁 상태를 종결시키고 베트남에 평화를 되찾게 하기 위해서 협정을 체결할 준비 단계에 들어가고 있다고 표명하였다.

그 이후 미국의 외교는 적극적으로 전개되고 베트남 문제는 실질적으로 해결되었다. 그리고 미국은 긴장완화의 강화, 미국과 중국관계의 발전, 대서양 관계의 재활성화 등의 문제에 외교 정책을 집중시켰다.[50]

전후 미국과 유럽과의 관계는 유럽에서 만들어진 냉전 컨센서스에 의해 새로운 단계로 들어서게 되었다. 유럽은 전후를 총괄해 냉전의 긴장관계에 있어 사령탑으로 자리매김 되었다. 그래서 유럽은 분단되고 서유럽과 동유럽이라는 용어가 사용되게 되었다. 그 이후 소련과 미국의 대결이 계속 전개된 유럽은 전략적, 이데올로기적인

---

50) John J. Maresca, op.cit., p.31.

면에 있어서 블록화 되고 마지막에는 '냉전 동맹의 구조화'가 만들어
지게 되었다. 또 냉전은 유럽 이외의 지역에도 분명하게 영향을 주
어 냉전 활동의 세계화가 촉진되었다.[51]

1973년 1월 1일 영국, 덴마크, 아일랜드가 유럽공동체에 가맹한 결
과 EC 확대 문제가 중요하게 되고, 그 이후 1월 31일부터 MBFR 예비
교섭이 빈에서 진행되게 되었다. 또한 CSCE의 준비교섭도 헬싱키에
서 행해지고 시기적으로 유럽에 대한 미국의 관심은 더욱 더 높아지
게 되었다. 키신저는 4월 23일 뉴욕의 언론 협회의 연설에서 '대서양
관계의 이니시어티브'를 발표하였다. 그것은 신 '대서양 헌장'으로
이름 붙여져 그 이후 닉슨의 유럽 방문을 가져왔다.[52] 그러나 키신
저가 제안한 신대서양헌장은 약간 애매했다. 미국의 국익과 유럽 동
맹국의 지역적인 이익을 위해 발표했다고 하지만 자국의 이익과 공
통의 이익의 조화는 미묘했기 때문이다.

CSCE의 예비회담 작업은 진전되어 73년 7월 3일 CSCE의 예비회담
을 진행하기로 합의되었다. 73년 6월 14~15일 코펜하겐에서 NATO국
가들의 외무장관 회의가 열렸고 그곳에서 키신저와 함께 국제환경의
변화를 고려하여 동맹관계를 생각한다는 의견이 나왔다. 그 이후 미
국은 브레즈네프의 방미를 준비하였다. 이어서 6월 18~25일 브레즈
네프의 미국 방문은 국제긴장완화의, 어떤 의미에서 분수령이었다.

---

51) Michael Smith, chap.3 이하 참조.
52) Maresca, op.cit., p.32.

제5절. 헬싱키 예비 회담

1970년의 말이 되면서 유럽의 안전보장회의를 개최할 가능성이 높아지게 되었다. 서방 측의 입장은 브뤼셀의 NATO 회의에서 프랑스 외무장관 슈망(Schuman)의 발언으로 확실해졌다. 1970년 12월 서방 측의 입장은 4개국 베를린 협정은 유럽 안전보장회의 예비회담의 전제조건이라는 것이었다. 이 입장은 어떤 의미에서 결정적이었다고 볼 수 있다. 보다 구체적인 변화를 포기하고 지속적인 대화를 통해 진보하는 방식을 선택했기 때문이다.

서방 측은 보다 포괄적인 성과를 보여주는 사상을 분명하게 따르고 있었다. 특히 서독의 본 외교 당국자는 유럽의 긴장을 눈에 보일 정도로 완화시키기 위해 필요한 양보를 공산권에 행하고 있었다. 특히 브란트 정권의 동방정책과 통일정책의 결과, 서독과 공산권 사이에 국경 불가침조약이 성립하였다. 그리고 소련은 이러한 성과의 국제적인 승인의 장으로서 CSCE의 중요성이 더욱더 증대하고 있음을 인식하고 있었다. 만약 공산권이 없었으면 CSCE를 추진하는 자극은 애매하게 되었을지도 모른다.

1. 예비회담까지의 움직임

소련에 브레즈네프 정권이 등장함과 함께 소련은 전후 계속적으로 주장하고 있던 유럽 안전보장문제에 대해 다시 논의하기 시작하였다. 브레즈네프 정권의 유럽안전보장 구상은 단지 서방 측의 움직임을 저지하는 것이 아니라 현안인 독일문제를 현상유지로 해결하려고 하는 보다 넓은, 보다 적극적인 정치전략으로 이루어졌다. 그러나 그 무렵 소련의 지도자들은 적어도 일반적인 의미에서 CSCE와 관련된 사상이나 정보 및 문화 교류를 잘 이해하지 못한 채 소련 사회질서에 대한 CSCE의 잠재적 유해성만을 예상하면서 회피적인 행동을 취하고 있었다. 간단하게 말하면 외부 세계와의 빈번한 교류에 대해 두려워하고 있을 때, 소련 정권은 안전보장문제를 항상 소련국민을 고립시키는 것으로 이용한 것은 소련의 역사로부터의 교훈이었던 것이다. 그것은 일반대중이 이데올로기적인 일체성을 가짐으로써 안전보장을 확보하려고 하는 것이었다. 그것은 유럽의 긴장완화를 실시할 때 소련의 권위가 지속되지 않으면 미국과 보다 발전적이고 성숙한 관계 구축은 있을 수 없다는 것을 의미하고 있었다. 미국과 소련과의 긴장완화, 유럽의 긴장완화를 생각할 때 이러한 것들을 고려해야 했다.

동서 두 진영으로부터 각각의 구상이 갖추어 지기 시작하면서, 1970년이 되자 전 유럽회의의 실현을 위한 국제환경의 정비나 회의의 내용을 둘러싸고 WTO와 NATO와의 사이의 커뮤니케 대화가 궤

도에 올랐다. NATO는 그해 5월 26~27일 이사회에서 전년 12월의 제 안53)을 수정하고 '북아메리카의 NATO의 동맹국', 즉 미국과 캐나다 의 참가를 조건으로, 회의의 협의사항으로 먼저, 무력 불행사의 원 칙을 포함한 국가 간 관계의 원칙 확립, 두 번째로, 개인의 자유로운 이동, 사상과 정보 보급의 자유 및 문화, 경제, 기술, 과학 및 인간적 인 환경의 발전 등 두 가지 사안을 제안하고 또한 "상설기관의 설치 도 다국 간 교섭을 진전시키는 하나의 방법으로 생각 된다"고 지적 했다. 또한 NATO는 당초부터 유럽의 안전 보장 문제와의 관련에서 제창하고 있던 MBFR 문제에 대해서 MBFR를 CSCE의 협의사항에 포 함시키지 않고 별도의 교섭으로 독립한 회의에 맡기기로 제안했다.

이것에 대해서 WTO는 70년 6월 22일 WTO가맹국 외무장관회의 후 각서를 발표해 미국과 캐나다의 참가를 동의함과 함께 프라하 성 명에서 제안한 제2 의제(통상, 경제, 과학기술 관계의 확대)에 환경 문제와 문화영역에서의 관계 강화를 의제에 포함시키기로 NATO 제 안에 양보하고, 새롭게 유럽안전보장과 협력관계를 협의하기 위해 상설 기관의 설치를 제안했다.

WTO의 이러한 양보에 대해 NATO는 70년 12월 브뤼셀에서 개최 된 이사회에서 이미 같은 해 3월부터 미·영·프·소 4개국에서 개 최된 베를린 문제에 관한 교섭에서 '만족스러운 결과'가 얻어진다면 유럽의 안전과 협력 문제에서 다국 간 협의에 참가할 용의가 있다고

---

53) 吉川 元, op.cit., p.29.

발표하고, 베를린 문제의 해결을 유럽안전보장회의에의 참가조건으로 할 것을 확인했다.[54]

　1971년 접어들자 유럽안전보장에 대한 공산권의 열망은 서방 측의 외교관들에게 보다 좋은 양보가 무엇인지 이상한 생각을 하게하였다. 결국 최고의 외교는 공정한 보상(quid pro quo)을 손에 넣는 것이었다. 그 당시 유럽에 있어 실행가능한 분위기는 공적인 장을 통해서 발표되었다.[55] 그러나 모스크바 조약의 체결 이전의 상황에서 산업, 기술, 상업 분야에서 협력 관계의 범위를 제한하는 것은 어느 정도 한계가 있었다.

　소련에서 1971년 3월 제24회 당 대회가 열렸고 브레즈네프 서기장은 소련외교에 대한 4대 목표를 발표했다. 첫째, 다른 사회주의 국가들과 함께 사회주의와 공산주의의 건설에 있어서 유리한 국제환경을 확보한다. 둘째, 사회주의 국가들의 단결과 우호관계를 강화한다. 셋째, 민족해방운동을 지지하고 신흥국가들과 전면적인 협력을 실시한다. 넷째, 사회체제를 달리하는 국가들과 평화공존의 원칙을 지키고 침략에 반대하며 새로운 세계대전을 회피한다. 이러한 외교목표는 중앙위원회로부터 당 대회에 보고되었고 브레즈네프의 외교정책은 헬싱키 교섭에 있어서 외교문제의 지침이 되었다. 게다가 인간과 사상의 자유로운 교류에 관한 논쟁은 비교적 유럽안전보장문제와 관련하여 보다 폭넓게 이루어질 전망이었다. 그리고 브레즈네

54) Ibid, p.31.
55) Krantz, p.75.

프는 CSCE의 사상은 넓은 지지와 찬성을 얻고 있지만 동시에 그럼에도 불구하고 평화적 노력을 방해하는 것이 유럽에 있다고 주장하였다. 그러므로 각 국가는 예비회담을 확보하기 위해 보다 많은 노력을 하여야 한다고 역설하였다.

당시 현안으로 브레즈네프는 베를린 문제를 언급하고 있었다. 특히 그는 전후 소련과 서독의 정상적인 관계를 수립시키려고 생각하면서 동시에 동·서독이 유엔에 가맹하는 것에 대해서도 지지하였다. 그리고 브레즈네프는 전 세계에서 미국의 군사 행동이 발생하고 있지만 미국과 소련의 관계 향상과 2국 간 관계에 활기를 불어넣으려고 하였다.

1971년의 여름 이후 유럽안전보장 사상의 진전과 함께 소련은 포르투갈의 리스본(Lisbon)에서 진행되고 있던 NATO 회의의 논의에 관심을 표명했다.[56] 그리고 소련은 서독의 브란트 정권의 긴장완화 정책인 동방정책에서 국경불가침 조약의 성립과 베를린 문제에 관한 4개국 조약에 많은 관심을 보이고 있었다. 이렇게 유럽의 긴장완화 분위기가 성숙하는 가운데 1972년 봄 무렵 예비회담의 협의사항[57]이 결정되고 1972년 9~11월까지 헬싱키에서 간접적인 접촉이 이루어져 본격적인 예비회담이 준비되었다.

---

56) Ibid, p.79.
57) 우선 국가 간 안전보장문제에서 두 번째로, 경제, 과학, 기술, 환경 분야에 관한 협력 관계, 세 번째로, 인간의 자유이동, 정보, 사상을 포함한 문화관계, 네 번째로, 유럽의 안전보장과 협력관계를 수립할 수 있는 가능성 등으로 이루어졌다.

2. 예비회담과 그 내용

유럽의 국가지도자들은 그들과 관련 있는 모든 이해관계를 조정하기 위하여 국제적인 회담의 테이블에 나타나 서로 그들의 희망과 이상에 대해 다양한 관점에서 의견을 표시하였다. CSCE의 개최에 이니시어티브를 가진 핀란드는 한층 더 회의의 주최국으로 취해야 할 적극적인 활동에 나섰다. 1970년 4월 핀란드 정부는 경제협력개발기구(OECD)의 핀란드 상임 대표이었던 엔켈(Ralph Enckell)을 무임소 대사에 임명하여 50회에 걸치는 해외여행을 통해서 각국의 태도를 확인한 다음, 같은 해 11월 24일 관계국 모두에게 각서를 전달하고 CSCE를 위한 협의를 헬싱키에서 개최할 것을 제안했다. 또한 그 때 신중하게 이 협의에 참가하는 것이 실제 회의의 출석을 의무지우는 것이 아니라는 것, 또 유럽의 현상 유지를 의미하는 것이 아니라는 것을 덧붙였다.[58]

1972년 11월 22일 핀란드 정부의 초청으로 헬싱키의 교외에 유럽 국가들 및 미국, 캐나다 등 34개국 대표가 모여 CSCE의 개최의 준비를 위해 다국 간 협의를 시작하였다. 이 회의는 특히 유럽의 긴장을 완화하기 위하여 오랫동안 노력하고 있던 동서관계의 대화를 촉진하여 어떠한 형태로든 이해할 수 있는 결과를 가져오는 계기를 만들어 냈다. 참가국들은 국가의 규모와 관계없이 권리 상으로는 평등했

---

58) 百瀬 宏,「フィンランドのＣＳＣＥ政策」(百瀬 宏・植田隆子 編,『欧州安保議(CSCE) 1975-92』, 日本国際問題研究所, 1992, p.237.

다. 바꾸어 말하면 산마리노와 리히텐슈타인과 같은 소국의 발언은 미국과 소련의 발언과 이론적으로는 평등했다. 물론 이러한 소국은 어느 의미에서는 한계를 가지고 있었지만, 교섭에 있어 중요한 역할을 하고 있었다.[59]

그리고 소련과 동맹 국가들은 단기간에 그들의 목표를 달성하기 위해서 회의를 개최할 것을 바라고 있었지만, 서방 측 참가국은 교섭에서 어느 정도 목표를 달성할 움직임이 있을 때까지 고위 레벨에서의 본격적인 회의는 바라지 않았다. 이러한 이슈가 핀란드에 참가국이 초대되었을 때부터 문제되어, 그 후 서로 그 문제에 관해서 논의하고 있었다. 결국 CSCE에서 프랑스에 의해 제안된 3단계 협의[60]가 타협안으로 채택되었다.

예비회담에서는 CSCE 본회의와 관련된 모든 문제를 협의하기 위해서 네 개의 세션이 개최되었다. 우선 첫 번째 세션은 1972년 11월 22일부터 12월 15일까지 진행되고, 여기서 나온 방식에 따라 참가국이 각각의 의견을 표명하고 기본적인 절차에 대해 논의하였다. 두 번째 세션은 1973년 1월 15일부터 2월 19일까지 행해져 회의의 절차나 의제에 관한 제안을 다루었다. 세 번째 세션은 2월 26일부터 4월 6일까지 행해졌다. 그런데 프랑스 대사 앙드레(André)는 보다 일반적인 결론을 내기위해 ECC국가들과 대서양 국가들에게 새로운 가이드라인을 제안했다. 이것은 특수한 것으로부터 일반적인 것으로 서

59) John J. Maresca, op.cit., p.13.
60) Ibid, p.14.

서히 진행되고 있었다. 그 결과 2월 27일, 28일 실무그룹의 구성에 대해 토론하기에 이르렀다. 마지막으로 제4 세션은 4월 25일부터 6월 8일까지 진행되어 헬싱키 회의의 최종 권고가 이루어졌다.[61]

예비회의에서 CSCE를 추진하는 목적, 즉 유럽의 안전 보장을 위해서, 그리고 국제적인 룰이나 인적 교류, 또한 정치·경제·과학기술의 교류를 촉진시키려는 관점에서부터 논의가 이루어졌다. 그리고 준비회의에 관한 중요한 사실은 협의의 내용에 대한 동서블록에 의견의 차이가 있었지만 지역협력과 국제적인 긴장을 완화시키지 않으면 안 되는 국제적인 환경의 변화로부터 보다 넓은 의미에서 지역적 협력의 틀이 구축된 것이라는 것이다. 나아가 CSCE 준비회의에서 협의된 내용은 오스트리아와 스위스가 제안한 세 개의 바스켓에 각각 포함되었다. 우선 바스켓 I 은 주로 유럽의 안전보장에 관한 모든 문제를 해결하고자 제안되었다. 처음 소련이 생각하고 있던 전 유럽의 안전보장이라는 측면에서 소련은 CSCE에 있어 전후 유럽의 국경선을 확고히 하기 위해 헬싱키 프로세스에서 당초부터 스위스가 제안한 분쟁의 평화적 해결을 CSCE에서 다루기 위한 '유럽분쟁의 평화적 해결시스템'에 강하게 반대했다. NATO 제안인 CBM에 관해서 스웨덴과 같이 CSCE의 내용에 군비관리 문제까지도 포함해 검토하자고 주장하는 나라도 있었지만 CSCE를 MBFR와 관련짓기를 싫어하는 소련의 반대로 CSCE에서는 CBM으로 한정해 협의하게 되었

---

61) Luigi Vittorio Ferraris, *Report on a Negotiation: Helsinki-Geneva-Helsinki 1972-1975* (Sijthoff & Noordhoff International Publishers BV, 1979), chap.1.

다.[62]

그리고 CSCE의 틀 안에서 경제, 과학·기술 분야에 있어서의 협력을 촉진해야 한다는 생각은 주로 공산권에서 제기된 것으로 바스켓 Ⅱ에 포함되게 되었다. 공산권 국가들이 바스켓 Ⅱ에 기대하고 있었던 것은 크게 3가지였다. 먼저, 서방 측과 통상을 확대하기 위하여 최혜국 대우의 공여와 배타적인 수입 제한의 철폐에 대한 권고를 최종 문서에 포함시키는 것이다. 다만, 그것들은 순수하게 경제적인 동기에만 기초를 둔 것은 아니고 서방 측의 수출 조건의 개선을 경제 포럼으로 행하면서 최혜국 대우를 얻어냄으로써 주권국가 평등의 원칙을 확대하고자 하는 정치적인 목적이 있었다. 둘째로, 에너지, 운수, 광물자원의 개발 등에 대해 전유럽 차원에서의 산업 협력의 정치적 결정을 실시는 것이며, 셋째로, 서방 측의 과학·기술 협력을 추진하기 위한 틀을 설정하고 서방 측의 설비나 첨단기술을 도입하여 공산권 국가들의 기초설비(infrastructure)를 정비하는 것이었다.[63]

반면에 서방 측 국가들의 바스켓 Ⅱ에 관한 관심은 공산권 국가들보다 상당히 낮았지만 최혜국 대우의 무조건 공여는 서방 측의 일방적 양보가 된다고 생각하여 유럽 공동체(EC)가 주장하는 무역의 실질적인 '상호주의(reciprocity)'의 개념을 도입하고자 했다. 그리고 서

---

62) 吉川 元, op.cit., p.44.
63) 小久保康之,「東西経済協力(第三バスケット)」, (百瀬 宏·植田隆子 編), op.cit., p.65.

방 측은 공산권의 경제상황에 관한 정보의 투명화나 기업 활동의 환경 개선을 요청하고 있었지만 그것들은 바스켓 Ⅲ의 기본이념이나 어떤 의미에서 바스켓 Ⅰ의 신뢰구축 조치의 생각과 유사한 것이었다. 또한 소련이 주장하고 있던 전유럽 차원에서의 산업협력의 생각에 대해서는 서방 측의 경제정책에 공산권으로부터 간섭을 초래할 염려가 있어 서방 측은 공산권의 계획경제에 참가할 의지가 없다는 이유로 서방국가들은 거부하고 있었다. 다시 말해 서방 측은 민간기업의 역할 강화, 중소기업의 공평한 취급, 관료기구에 의한 장벽 제거, 서방 측 투자가의 이익 보호 등에 대한 일반 원칙을 규정하고 1차 자원 및 에너지 분야에 있어서 협력의 가능성을 검토하는 것만 승인하겠다는 입장이었다. 그리고 환경, 관광, 운수, 통신의 분야에서의 협의에 공산권을 끌어내기를 희망하고 있었다.[64]

다음으로 바스켓 Ⅲ에 있던 인권문제는 예비회담 이전부터 동서관계에 있어서 금기시 되던 문제였다. 서방국가들은 모든 개인은 인간으로서의 기본적인 인권을 가지고 있고 인권 존중은 국가의 의무라는 것을 주장해 왔다. 반면 소련과 공산권 국가들은 각 시민의 사회경제적 문맥 속에서 밖에 인권의 필요성을 인정하지 않고 인간으로서의 인권은 물론 인간성의 존재까지도 부정해 계급 모순을 해결한 국가, 즉 사회주의 국가에 있어서는 국가 권력의 남용은 있을 수 없다는 입장을 취해 왔다.[65]

---

64) Ibid, p.65.
65) ヴィクトール=イヴゲバリ,「人的次元(第三バスケット)」(百瀬宏・植田隆子 編),

동서 관계에 있어 인권문제는 1955년 제네바에서 개최된 미·영·프·소 4개국 회의에서 이미 다루어졌고 서방 측은 다음 3가지를 제안했다. 첫째, 정보나 사상에 대한 검열, 외국으로부터 라디오 전파에 대한 방해, 개인 여행자의 이동, 외국 언론인의 활동, 외교관의 국내 이동에 대한 제한이라는 일련의 억압 조치의 철폐를 권고하는 것. 둘째, 인적교류에 관한 것으로 전문직, 문화, 과학기술 분야에 있어서 인적교류의 발전, 국제회의를 통한 학자·연구자의 접촉, 문화·스포츠 교류, 교환 유학의 촉진 그리고 소련과 서방의 주요 3개 도시 간 직항 편 취항을 제안했다. 셋째, 회의 참가 제안. 4개국에서 공개 정보 센터의 설립, 외국 외교단 간행물의 자유로운 배포, 외국 서적·정기간행물·신문의 자유로운 판매, 정부간행물의 교환촉진, 국제박람회 개최, 국제적인 사건에 관한 라디오 방송의 교환 등이 제안되었다.[66] 소련 측은 서방 측의 제안이 소련의 주권에 관한 문제이자 내정간섭으로 보고 난색을 표시했다.

그 이후 인권문제는 CSCE 예비회담에서 동서 간 거래의 재료가 되어 최종적으로 헬싱키 최종합의서에서 두 개의 문장[67]이 되었다. 소련은 헬싱키 교섭 과정에서 서방 측이 제안한 문서에 반대 의견도 내지 않고 기본적으로 서방 측의 인권개념을 제시하게 되었다.

op.cit., p.95.
66) Ibid., op.cit., pp.96-97.
67) 첫째, '사상, 양심, 종교, 신념의 자유를 포함한 인권 또는 기본적 자유의 존중'이고, 둘째는, '인적분야 및 다른 분야에 걸친 협력'이었다.(ヴィクトール=イ ヴゲバリ, p.97).

예비회담은 1973년 6월 8일 헬싱키 회의에 참가하는 모든 국가들이 '헬싱키 회의의 최종 권고(Final Recommendation)'를 채택하면서 종료했다. 그 내용은 회의의 조직, 자세한 의제, 회의의 결정 절차, 의사의 일정, 재정의 평가, 회의의 조직에 관하여 각국에 권고를 실시하는 것이었다.[68] 예비회담에서 채택된 이 최종권고는 이후 CSCE 프로세스에 있어 하나의 중요한 문서가 되었다.

제6절. 교섭의 프로세스

1. CSCE의 제1단계(73년, 7월 3일~7일)[69]

73년 7월 35개국의 외무장관이 핀란드의 헬싱키에 모여 예비회담의 최종 권고에 근거한 문서를 비준하게 되었다. 그들의 입장은 실제 '형식적'이었다. 이러한 전유럽 규모의 국제회의는 제2차 세계대전 후 처음 진행된 것으로 국제정치의 역사로부터 보면 빈 회의나 파리강화 회의와 비교되는 것이었다. 게다가 이러한 역사적인 국제회의는 전승국이 패전국에 대해서 심판을 내리고 국제질서 형성을

---

68) John J. Maresca, op.cit., p.16.
69) Ibid., chap.6.

목표로 하는 전승국 주도의 회의와 비교하면 CSCE는 승자와 패자의 구별이 없고 유럽 '공통의 안전보장'을 강화하고 다른 체제의 사이에서 '국제 협력의 틀'을 확립하려고 하면서 전후 국제적인 위기를 완화시킨 것으로 이러한 역사적인 회의와는 성격을 달리했다.[70] 그리고 이 회의는 공식적으로는 이러한 고위급 외교차원에서 훌륭한 회의에 시간을 사용하고 있었다. 또한 비공식적으로는 대표단의 사이에 많은 이야기가 이루어져 CSCE의 활동은 외무장관들에 의해 진행되고 있었다.

이 시기 CSCE에 대해 특히 관심을 가지고 있던 소련의 그로미코 외무장관은 회의 장소에서 특별한 연설을 했다. 그가 목표로 하고 있던 것은 CSCE의 최종권고에서 제기된 정치적인 원칙에 주도권을 잡는 것이었다. 그는 과거의 역사적인 교훈으로부터 유럽의 안전보장을 확보하기 위해서 전후의 국경선을 인정하지 않으면 안 된다는 전제조건을 강조하고 인적 접촉이나 정보에 대한 협력은 주권 존중이나 내정 불간섭의 원칙을 완전히 준수한 상태에서 진행되지 않으면 안 된다고 주장했다. 서방 국가들은 그로미코 외무장관의 연설을 표면적으로 받아들이고 있었지만, 내용적으로는 불충분한 것으로 보고 있었다. 당시 서방 측도 인적 교류나 정보의 교환에 협력할 필요가 있다고 강조하고 있었다. 특히, 유럽에 있어 문제의 중심인 서독은 EC에 있어서 장래의 국제 통합이나 자결권의 행사에 의한 독일

---

70) 吉川 元, op.cit., p.124.

의 통일 실현을 위해서도 국경의 영속적인 고정화에 반대하고 '국경의 평화적인 변경'의 가능성을 남기지 않으면 안 된다고 주장했다.[71]

동독의 오토 빈저(Otto Winzer) 외무장관은 소련과 같이 전후의 영토나 국경선 불가침 원칙을 인정하는 것에 대한 중요성을 지적하고 최종 권고에 있는 국가 간 원칙의 확립이야말로 CSCE의 최우선 과제라고 말하면서 동시에 CSCE 이후를 대비하여 '상설협의 위원회'의 설립을 제창했다. 그리고 동유럽 국가들은 소련과 동독과 같이 전후의 현상유지와 정치적인 현실을 인정하는 것을 전제로 하면서 유럽의 안전 보장 문제를 협의하는 CSCE에 큰 기대를 하고 있었다.

2. CSCE의 제2단계(73.9~75.7)

제2단계에서 전문가들은 회의 장소를 헬싱키로부터 제네바로 이동하여 실질적인 회의를 진행하고 있었다. 우선 최종 권고에 근거해 유럽의 안전 보장 문제를 논의하는 제1위원회, 경제나 과학기술 문제를 심의하는 제2위원회, 인적교류에 관한 문제를 취급하는 제3위원회가 설치되었고, 거기에 각 위원회 아래에도 소위원회가 설치되었다.

---

71) Ibid., pp.49-50.

제1위원회는 74년 1월 각국의 대표단이 제네바에 모여 4월까지 어떠한 성과를 올리려고 했지만 현실적으로 할 수 없었다. 그러나 74년 최초의 난관은 유럽평화질서에 관한 스위스의 제안이었다. 1월말 소련은 스위스의 안에 비판하였다. 소련은 그들이 제안한 계획을 신속하게 처리하려고 생각하고 있었지만 평화를 정착시키는 메커니즘에 관한 사상에 대한 논의를 계속하려는 주장과 차이가 있어 시작부터 난관에 봉착 하였다.[72]

소련은 전후의 현상유지를 주장하면서 평화공존을 목표로 국제정치의 장에서 소련의 영향력을 강화하려고 하고 있었다. 반면 서방국가들은 전후 유럽의 분단자체에 불만이 있어 '유럽의 평화질서'를 만들면서 동유럽의 변화를 유도하고 있었다. 이러한 입장의 차이는 다시 동서관계에 있어 큰 과제로 표면화 되었다.[73] 즉 얄타협정이나 포츠담 선언 이후 설정된 유럽의 국경선은 소련과 동유럽 국가들과의 일련의 상호원조 조약으로, 또 1970년대의 소련·동유럽과 서독간에 행해졌던 국교정상화 교섭에 의해 국제적으로 인정받은 전후유럽 현상은 '고정화' 되어 있었다.

이윽고 최종 권고에서 국경불가침에 관한 원칙에 대해 유럽 국가들 간 합의가 이루어졌다. 첫째, 위원회에 있어서 같은 원칙에 관한 소련의 안은 현존하는 국경은 오늘도 그리고 장래에도 불가침이며 서로 영토적 요구를 행하지 않는다는 것이었다. 특히 소련과 독일

72) John J. Maresca, op.cit., pp.88-89.
73) 吉川 元, op.cit., pp.51-52.

간의 조약에 평화적인 변화의 개념에 대해 아무 언급도 없었으므로 소련은 CSCE에서 그것을 인정할 필요성이 없다고 보고 있었다. 그들은 본과의 조약을 파기할 수 없는 조약이라고 보고 있었다.[74] 한편 EC국가들과 서독은 이미 체결되고 있던 일련의 동방조약은 무력행사의 부정을 약속한 것으로 전후의 국경선의 문제는 별도라고 생각하고 있었다. 서독은 국경불가침의 원칙에 관한 제안에 대해 "국경은 국제법에 근거해 평화적 방법에 따르고 인민의 자결권에 대한 정당한 배려에 근거해 합의에 의해 변경될 수 있다"고 주장했다. 게다가 서독의 이러한 완고한 입장은 EC국가들의 지지를 배경으로 한 것으로 EC국가들은 유럽공동체가 정치통합을 발전시켜 감에 따라 국경을 영속적으로 고정화하는 것 같은 국경불가침 원칙에 반대하고 있었다.[75]

3. 헬싱키 선언

1966년 CSCE에 관한 제안이 이루어진 10년 후 유럽의 국제정치는 새로운 시대의 도래를 예고하고 있었다. 베르사이유 강화조약 이후 처음으로 유럽 국가들이 모였던 것은 유럽에 있어 역사적으로 큰 의미가 있었다. 유럽 국가들이 희망하는 것은 여러 가지였지만 전후

74) John J. Maresca, op.cit., p.92.
75) 吉川 元, op.cit., p.52.

유럽의 현상을 극복하고자 하는 것은 서로 일치하고 있었다. 참가국
은 세 개의 바스켓을 채택하고 회의의 결과를 정리하여 선언서를 채
택하였다. 먼저, 유럽의 안전보장문제에 관한 바스켓76)은 참가국의
이해 대립을 근거로 신뢰구축 조치77)까지 규정한 것으로 국제긴장
완화에 많은 영향을 주었다. 그 바스켓은 10가지 원칙으로 이루어
졌고 '참가국의 상호 관계를 규율하는 원칙에 관한 선언'78)(이하,
'10원칙'으로 표기)이라 불렀다. 그 후반 부분은 신뢰구축조치(CBM)
에 관한 규정이 있다. 특히 참가국 사이에 문제가 된 것은 제7 원칙
인권문제에 관한 것이었다. 이 원칙은 동서의 인권 사상을 반영한
것으로 보면 된다. 소련안은 "참가국은 종교의 자유를 포함하여 인
권과 기본적 자유를 존중한다"라는 입장으로 최종 권고의 표현을 반

76) 바스켓 I 은 전반 부분이 10원칙으로 되어있다. 그 원칙은 주권평등, 무력행사
의 억제, 국경 불가침, 국가 영토 보전, 분쟁의 평화적 해결, 내정불간섭, 인권
및 기본적 자유의 존중, 자결권존중, 국가 간 협력, 국제법 의무를 성실히 이행
하는 것이었다. 또 후반부분은 신뢰구축 조치에 관한 규정이었다. 이 바스켓
I 은 이후 다국 간 협력관계를 촉진하는 것이 되었다.
77) 신뢰구축조치는 서방측이 MBFR에서 군사력 감소를 행하기 위해 사용하고 있
었던 2차적 억지(collateral constraints)와 관련된 개념으로 CSCE 회의의 군사적
분야에서 더 중요하게 다루어졌다. 미국과 소련은 이 조치에 신경 쓰지 않는
태도를 보이고 있었다. 반면 NNA그룹은 MBFR보다 이 조치가 군사적인 교섭을
위한 정당한 광장이라고 평가하였다. John J. Maresca, *To Helsinki*, op.cit.,
pp.168-170.
78) 10원칙은 첫째, 주권평등, 주권에 고유한 권리의 존중, 둘째, 무력에 의한 위협
또는 무력사용의 억제, 셋째, 국경 불가침, 넷째, 국가 영토보전, 다섯째, 분쟁
의 평화적 해결, 여섯째, 내정불간섭, 일곱째, 사상, 양심, 종교, 신조의 자유를
포함한 인권과 기본적 자유의 존중, 여덟째, 인민의 동일한 권리와 자결, 아홉
째, 국가 간 협력, 열 번째, 국제법 의무의 성실한 이행이다.

복하고 있었다. 그리고 동유럽 국가들은 사회적 권리나 경제적 권리의 존중에 중점을 두는 제안을 하였다. 반면 서방국가들은 보다 구체적인 제안을 하고 있었다.

다음으로 제9원칙 '국가 간의 협력' 문제로 참가국은 유럽의 안전보장을 강화하기 위하여 노력하였다. 참가국은 협력 관계를 촉진하는데 있어서 CSCE에서 정해진 분야를 중요시하면서 '완전한 평등의 조건'의 아래서 상호이해, 신뢰, 우호, 선린 관계, 국제 평화, 안전 및 정의를 촉진하고자 노력하고 있었다.[79]

바스켓 Ⅰ의 또 하나의 기둥인 신뢰구축 조치는 미국과 소련의 군축·군비관리에 관한 의견 차이 때문에 소극적이었다. 이것은 CSCE에 미국과 소련의 의사가 반영되기 어려운 것이었기 때문이다. 그러나 새롭게 등장한 NNA 그룹 등의 노력에 의해 구체적인 결정을 할 수 있게 된 것[80]은 의미가 있는 진전이었다.

둘째로 바스켓 Ⅱ는 경제, 과학기술, 환경 분야에 관한 것이다. 동서 간의 경제협력이나 과학기술 협력을 촉진하기 위해서 심의되고 있던 바스켓 Ⅱ의 교섭은 비교적으로 순조롭게 진행되었다. 당시 참

---

79) 吉川 元, op.cit., pp.69-71.
80) 헬싱키 선언에서는 병력 25,000명 이상의 군사연습에 관해서, 연습개시 21일 이전에 전참가국에 통고하도록 의무 지우고 또 적용지역을 유럽 내 영역 및 인접하는 해·공 지역으로 규정하고 참가국이 유럽이외에 영역을 가지고 있는 경우는 다른 유럽의 참가국의 국경에서 250Km 이내로 하기로 합의하였다. 그 이외, 소규모 군사연습의 사전통고를 장려하고 옵저버 교환을 임의로 2국간 기지에서 행하는 것 등 주요한 군의 이동에 관한 통고도 장려했다.(吉川 元, op.cit., pp.72-73.)

가국은 협력관계의 영역을 특정 짓고 있었다.[81] 그리고 경제교류의 일환으로 국민생산이나 국가 예산에 관한 데이터 공표나 대외무역의 데이터 공표 등 경제나 상업관련의 정보의 공표와 보급을 촉진하기로 합의하였다.[82]

마지막으로 바스켓 Ⅲ은 인도적 및 그 외의 분야에 있어서의 협력에 대해 규정하고 있었다. 전문에서 참가국은 "모든 국민들 사이에서 평화와 상호이해를 촉진하고, 인간성의 정신적 풍요로움"에 기여하는 것을 목표로 기존의 국제협력의 방법을 발전 강화시키면서 동시에 새로운 방법이나 적당한 조치를 만들어낼 것을 결의하였다. 그리고 국제 협력을 '인도적 및 그 외의 영역까지의 협력'으로 자리매김하고 헬싱키 선언의 독자적인 결정을 실시하였다.[83] 우선 '인적접촉'의 의미를 보면, 참가국은 인적접촉의 확대가 "모든 국민들 사이의 우호관계나 신뢰의 강화에 있어서 중요한 요소"라고 확신하였다. 그리고 그들은 "참가국의 개인, 조직, 국가기관 사이의 이동이나 접촉, 그것이 공적 목적인지 사적 목적인지를 불문하고 촉진시키고 이것과 관련되어 생기는 인도적 문제의 해결에 기여한다"고 합의했다.[84] 다음에 '정보' 부분에서 정보의 자유에 대해서는 언급하지 않

---

81) 여섯 가지 영역에서의 협력으로 첫째, 무역, 둘째, 산업협력 및 공동사업계획, 셋째, 무역 및 산업협력에 관한 조항, 넷째, 과학기술, 다섯째, 환경, 여섯째, 그 이외의 분야에 관한 협력 등이다.
82) 吉川 元, op.cit., p.73.
83) Ibid., p.74.
84) Ibid., p.75.

고 참가국은 "다른 참가국으로부터 정보를 넓히고, 정보의 입수를 쉽게 하는 것이 중요하다고 인식하고, 모든 종류의 정보를 보다 자유롭고 한편으로는 보다 광범위하게 보급하는 것"을 촉진하기로 합의하였다.[85] 이와 같이 바스켓 Ⅲ의 인적 접촉과 정보전파의 자유는 헬싱키 선언의 대상이 되어 국제긴장완화를 촉진시키는 중요한 요소가 되었다.

---

85) Ibid., p.76.

제5장
국제긴장완화의 재구조화

이 장에서는 국제긴장완화의 전개 결과 국제정치 구조가 국제긴장완화의 재구조화라는 결과를 가져오게 되었다는 것을 설명할 것이다. 먼저, 제1절에서 국제긴장완화의 구조인 초대국의 긴장완화, 유럽의 긴장완화, 분단국가의 긴장완화를 구별하면서 당시의 긴장완화의 구조를 설명할 것이다. 제2절에서 유럽의 안전보장은 유럽의 국가 간 관계에 있어서 어떠한 것이었는가에 대하여 설명한다. 마지막으로 제3절에서 평화질서로서의 안전보장체제와 긴장완화에 대해서 설명할 것이다.

제1절. 국제긴장완화의 구조

국제정치에 있어서 국제긴장완화의 구조라는 것은 '냉전의 역사'가 만들어낸 것이었다. 냉전의 영향으로 동서 대립이 심각했던 1950년대는 어느 정도 끝나고, 60년대 초반 '쿠바 미사일 위기'와 '베를린 장벽의 건설'이라는 세계적인 위기를 계기로 긴장완화가 시작되었다. 특히 미국, 소련 두 강대국은 협정과 교섭을 서로 유리하게 하도록 하기 위해서 '억지'라는 요소를 도입하였다. 결국 이러한 협정 및 교섭은 '평화적 경쟁'을 가져왔으며 나아가 '협력을 위한 틀'을 형성하기 시작하였다.

그 이후 미·소 관계는 동서관계의 시스템을 안정화시키면서 권력

정치의 입장을 지켜나갔다. 할리데이(Fred Halliday)는 이러한 1960~
1970년대의 긴장완화의 특징에 대해서 긴장완화라는 것은 전반적인
군비경쟁으로부터의 후퇴, 평화의 미사여구 및 합의 가능한 수준의
군비추구에 지나지 않았다고 혹평하였다. 사실상 이 시기의 긴장완
화라는 것은 양국 어느 쪽에 있어서도 실질적인 군비, 즉 무기수준
의 근본적인 감축을 수반하는 것은 아니었다. 그러나 군비경쟁의 일
정한 제한, 즉 군비관리가 긴장완화기의 중요한 목표였으며 성과였
다고 말할 수 있다.

또한 긴장완화기 상대방의 사회질서에 대하여 관용적인 태도를
보이기 시작했으며 그 성격에 대한 관심과 정확한 정보도 증대하였
다. 실제로 당시 양국의 정보 분석자들을 보면 상대방의 결점을 어
느 진영에서도 잘 알려진 것보다 과소평가하여 두 체제 사이의 대립
의 정도를 경시하려는 경향이 있었다.

긴장완화는 군비관리, 제3세계의 분쟁, 유럽에 관한 여러 협정 등
과 같은 결과를 가져왔다. 냉전기의 마취상태와는 완전히 대조적으
로 정상회담, 장기간에 걸친 회담, 국가 정상들의 방문이 이루어지
면서 '외교'가 활발해졌다. 또한 긴장완화를 특징짓는 것은 서양 국
가들이 제3세계 국가의 대립에서 몸을 빼고 그때까지 싸우고 있던
혁명세력에게 분명하게 선을 그으려 하였다.

동유럽 블록에서는 긴장완화 보다 먼저 정치적 통제에서 약간의
완화가 이루어지면서 1970년대 국외 이주 통제의 완화로 이어졌다.
그와 동시에 긴장완화는 자본주의 국가들의 반공 감정의 약화 및 기

존질서의 여러 가지 면들을 쟁점으로 하는 사회운동의 성장을 가져왔다. 마지막으로 긴장완화의 특징은 냉전시대에 동서 대립에 의해 하나로 묶여있던 여러 국제적 긴장들을 떼어놓든지 혹은 풀어버리려는 시도가 이루어졌다는 것이다. 세계의 모든 문제들이 냉전시대에서처럼 단일한 주요 적대관계의 일부로 간주되지 않게 된 것이다.[1]

이러한 긴장완화의 구조를 이해하면서 초강대국과 그 동맹국의 시점의 차이를 이해하는 것이 중요하다. 초강대국의 관점에서 보면 긴장완화는 변화의 프로세스를 관리, 통제하려는 시도로 이해할 수 있다. 그 변화의 프로세스는 동맹국 사이에서 적어도 준비된 것에 관한 어떤 측면의 변화를 의미하는 것이었다. 한편, 동맹국의 관점에서 보면 긴장완화라는 것은 상대적인 패권 시스템 내부에서 어느 정도 행동의 자유(freedom of manoeuver)를 얻기 위한 도구로써 사용되는 것이었다. 이러한 상이한 관점에서 전후 냉전구조라는 국제시스템 속에 긴장완화의 구조가 형성·전개되었다.

1970년대의 긴장완화 프로세스 속에서 중요한 두 개 차원은 미국과 소련의 긴장완화와 전 유럽적인 긴장완화의 프로세스였지만[2] 그 이후 국제정치의 장에 냉전국면의 완화기가 도래함으로써 보다 다극적인 분위기로 전개된 이후 국제정치의 긴장완화라는 것은 초강대국의 일방적인 행동보다는 동맹국 간의 협조에 의해 전개되게 되

---

1) Fred Hallidy, op.cit., pp.10-11.
2) Adrian Hyde-Price, op.cit., p.36.

었다. 그 때문에 국제긴장완화의 구조는 세계적 차원에서의 초강대국의 긴장완화, 지역적 차원에서는 유럽의 긴장완화 구조, 지방(local) 차원에서는 분단국가의 긴장완화 구조를 낳았다. 그러므로 지구적인 긴장완화 구조는 이러한 세 개의 긴장완화 구조로부터 형성된다고 전제한다. 이하에서는 국제긴장완화의 틀인 초강대국의 긴장완화(Superpowers Detente), 유럽의 긴장완화(European Detente), 분단국가의 긴장완화(Divided Nations Detente) 구조를 구별하면서 설명할 것이다.

1. 초강대국의 긴장완화

(1) 미국

전후 미국은 전략적 측면에서 소련이 유럽에서 힘을 강화할 가능성이 있다고 생각했다. 또한 초강대국과 동맹국 사이에는 여러 가지 이익 다툼이 심해졌다. 유럽, 중동, 동남아시아에서의 경쟁은 긴장완화의 경향이 나타나는 시기에도 격렬하게 전개되었다. 그러한 다툼은 어떤 측면에서 미국과 소련의 전략적인 대결에까지 격화되게 되었다. 냉전시대의 그러한 분쟁은 다른 지역에 그대로 파급되었다. 특히 세계적인 영향력을 가지고 있는 미국과 소련은 자국의 이익을 둘러싼 경쟁을 통해서 세계 각 지역의 긴장을 높이고 핵전쟁을 일으킬 위험성을 점점 높이고 있었다.

1960년대부터 1970년대를 통해 전개된 초강대국 간의 긴장완화의 중요한 목적은 세계적인 세력권의 다툼이 핵전쟁으로 발전하지 않도록 방지하는 것이며 또한 동맹국 사이에서 자국의 영향력을 증가시켜 양극 시스템을 안정시키는 것이었다고 말 할 수 있다. 미국과 소련 간의 긴장완화의 형성과 발전은 1962년의 '쿠바 미사일 위기' 이후 냉전의 위험한 대결정책을 피하는 것을 지향한다는 서로의 희망에 의해 진행되었다. 미국과 소련의 외교정책의 기본적인 목적은 국가 간 관계를 '관리'하면서 '협력관계'로 발전시키는 것이었다고 할수 있을 것이다. 특히 국제환경의 변용기에 있어서 자국의 안전보장을 유지하면서 복지를 높이기 위해서는 그러한 정책이 합목적적이었다.

1970년대의 긴장완화는 1950년대 초강대국이 진행한 긴장완화와는 다른 정책에 기반하고 있었다. 특히 미국과 소련의 지도자들은 장거리 탄도 미사일과 전략방위시스템 등의 그들의 가장 중요한 군사 시스템을 제한하는 협정을 맺는 노력을 행하였다. 그 결과 초강대국은 일련의 군비관리 협정을 체결하면서 1972년에 처음으로 전략무기시스템에 어느 정도의 제한을 가하고 군사력 균형의 근본적인 요소에 영향을 미쳤다. 이러한 의미에서 ABM 조약은 전략 시스템의 전체적 부문에서의 경쟁을 제한하는 역할을 하고 있었다. 또한 아직 불완전하고 불충분하다고는 하지만 SALT협정은 선례가 없는 협력관계를 만들어냈다고 할 수 있다. 덧붙여서 그것은 어떤 의미로는 미국과 소련의 안전보장관계에 있어서 하나의 억지수단으로서 커다란 의미를 가지고 있었다.

다음으로 1970년대의 긴장완화는 미국과 소련 사이에서 '행동의 룰'을 통한 지·전략적(Geostrategic)인 경쟁관계를 명확히 하면서 발전하였다. 1972년의 BPA(Basic Principles of Relations Agreement)는 선례가 없는 것으로 인식되면서 1970년대 초강대국의 긴장완화에 중요한 영향을 미쳤다고 간주된다. 또한 이것은 상호억지력을 발동시키면서 정치적, 군사적인 대결을 조정, 제한하는 규범으로서 공유되게 되었다.[3] 그리고 미국과 소련 사이에서는 어느 정도 공유되는 이익과 규범을 만들어가면서 정치적, 군사적인 경쟁관계를 극복하려고 하였다.[4]

이렇게 미·소는 세력균형에 근거한 긴장완화정책을 실시하였다. 그러한 인식에서 전개된 미·소의 긴장완화는 유동적이고 불안정하여 어느 쪽에게도 통제 불가능한 지역으로 퍼졌다. 특히 유럽지역에서의 미·소의 냉전과 긴장완화로 분단된 동서독일은 유럽의 동서 대결구조의 중심이 되었다.

먼저, 미국의 긴장완화의 견해[5]에서 보면 데탕트에서의 미국의

3) Steve Weber, Realism, detente, and nuclear weapons, *International Organization* 44(1), Winter 1990. p.56.

4) Ibid., p.57.

5) Raymond L.Garthoff, *Detente and the Confrontation: American-Soviet Relations from Nixon to Reagan*, The Brookings Institution, 1985, pp.25-36; Ernst-Otto Czempiel, Military and Political Detente in American Foreign Policy,(F.A.M. Alting von Geusau, *Uncertain Detente*, Sijthoff & Noordhoff, 1979), chap.8; Arthur M.

최소한의 목적은 핵전쟁의 위험성의 제한과 방위비 지출의 삭감, 베
트남 전쟁과 워터게이트 사건 후의 미국의 외교적 영향력의 재조정
이었다. 당시 미국 외교의 과제는 국제질서의 형세와 초강대국 간
관계를 재조정하여 확립하는 것에 있었다.[6] 냉전기의 국제시스템
속에서는 서로 바람직한 환경을 만드는 것이 중요하였기 때문에 국
제관계를 순조롭게 이끌어가는 것이 초강대국의 이해였다. 또한 미
국에게는 미소 관계에서(특히 정책적인 면에서) 보다 유리한 조건으
로 이니시어티브를 잡기 위해서 이른바 대전략(grand theory)의 개념

Schlesinger, Jr., Detente: An American Perspective, (George Schwab & Henry
Friedlander, edt., *Detente in Historical Perspective*, Irvington Publishers, Inc., New
York, 1981), pp.125-137; David M. Abshire, Grand Strategy Reconstructed: An
American View, (Eleanor Lansing Dulles & Robert Dickson Crane, *Detente: Cold
War Strategies in transition*, Frederick A. Praeger, New York, 1965), pp.241-279;
Robert J.Pranger(edt), *Detente and Defense: A Reader*(American Enterprise
Institute for Public Policy Research, Washington, D.C., 1976); Robert S. Litwak,
*Detente and the Nixon Doctrine: American Foreign Policy and the Pursuit of
Stability, 1969-1976,* Cambridge: Cambridge Univ. Press, 1984; Keith L. Nelson,
The Making of Detente: Soviet-American Relations in the Shadow of Vietnam,
Baltimore: The Johns Hopkins Univ. Press, 1995, pp.91-118; David N. Schwartz,
Detente: A United States View, (Richard Crockatt and Steve Smith, ed., The Cold
War Past and Present, London: Unwin HymanLtd., 1987), pp.79-90.

6) 1960-1970년대 미국의 지도자들은, 미국의 힘의 쇠퇴를 어떻게 잘 관리할 것인
가라는 문제에 직면했다(Paul Kennedy, *The Rise and Fall of the Great Powers:
Economic Change and Military Conflict 1500-2000,* New York: Vintage Books,
1989). 특히 그러한 문제는 미국이 당면하고 있는 외교정책의 과제라고 생각되
었다. Stanley Hoffmann에 의하면, 당시 미국은 고전적인 우위(Primacy)정책과
혁신적인 세계질서 정책 사이에서 어떠한 선택을 할 것인가에 대해 고민하고
있었다.(Stanley Hoffmann, Primacy or World Order: American Foreign Policy since
the Cold War, New York: McGraw-Hill, 1978)

이 요구되고 있었다. 마지막으로 적절하게 개념화된 외교정책은 대전략을 수행할 때 특별한 수단과 적당한 전술이 될 것이라고 이해되었다.[7]

새롭게 대통령에 취임한 닉슨은 초강대국 간 관계를 무리하게 하면서 또 한편으로 조정하면 어느 정도의 이익이 있다고 생각하였다. 실제로 닉슨정권은 대결에서 협조로 정책전환을 꾀하였으나, 당시 정권의 안전보장정책 조언자였던 키신저는 전임자들보다 포괄적으로 정리된 개념에 따라 그 정책을 전개하였다. 미국의 냉전정책이 이데올로기적 적대의식을 하나의 중요한 요소로 삼고 있었다는 점을 생각하면 엄격한 반공산주의자로 알려진 닉슨이 긴장완화를 중시한 것은 큰 의미를 가지고 있었다고 볼 수 있다.

그 반면에 키신저는 소련을 어떻게 보다 효과적으로 봉쇄할 것인가라는 일관적인 목적을 가지고 외교정책을 전개하고 있었다. 그들은 처음에는 소련과 중국에 손을 쓰는 명확한 긴장완화정책을 계획하고 있지 않았다. 그러나 닉슨이 대통령에 취임할 때 충분히 계획한 긴장완화정책을 가지고 있지 않았다고는 하지만[8] 그들의 정책은 국제시스템의 단기적인 필요성뿐만 아니라 장기적인 변화에 반응하여 이루어졌다. 닉슨 정권이 직면한 외교정책의 과제는 먼저 베트남전쟁을 종결시키는 것이었으며 다음 문제는 전쟁 후 국제시스템 속

7) Alexander L.George(edt), *Managing U.S.- Soviet rivalry,* (Westview Press: Boulder, 1983), p.18.
8) Mike Bowker & Phil Williams, op.cit., p.43.

에서 소련과 중국과의 관계를 순조롭게 유지하는 것이었다. 미국의 긴장완화 정책은 그러한 두 가지 외교적 과제를 달성하기 위하여 진행되었다. 닉슨과 키신저는 베이징과 모스크바와의 화해가 하노이에 대한 원조와 지배를 약화시키는 것으로 이어지기를 바랐다. 그에 따라 전쟁을 종결시킬 의논을 할 계획이었다. 동시에 닉슨 정권은 외국에 대한 영향력에 미국 국내로부터 압력이 강해지는 가운데 미국의 외교정책의 일관성과 계속성을 유지하려고 하였다.

전후 많은 미국인들은 소련의 행동과 긴장완화 자체에 불쾌감을 가지고 있었으나[9] 과거를 돌이켜 보면 그것은 미국이 긴장완화에 대해서 과다한 기대감을 가지고 있던 사실의 반영일지도 모른다. 또한 데탕트에 대한 불쾌감은 역사적, 심리적인 측면에서 생겨난 것일지도 모른다.[10] 왜냐하면 전후 미국과 소련의 긴장완화는 야누스적인 면을 가지고 있었다. 그것은 긴장완화 정책과 전통적인 억지정책 바로 그것이다. 이 두 가지 정책이 이원적으로 이루어져 서로 그 문제를 인식하게 되었다.

〈그림 1〉 '미국의 긴장완화'는 소련에 대한 미국의 긴장완화의 특징을 나타내고 있다. 직사각형은 당시 미국이 행하고 있던 정책개념이고, 원형은 그 정책이 지향하고 있는 목적 개념이다. 당시 미국과

---

9) 미국의 불만에 대해서는 John Lewis Gaddis, *Strategies of Containment: A Critical Appraisal of Postwar American National Security Policy*, New York: Oxford University Press, 1982, pp.310-311.

10) John Lewis Gaddis, *Russia, The Soviet Union and The United States: An Interpretaive History*, (McGraw-Hill Publishing Company, 2nd, 1990).

소련이 중요시한 정책이 긴장완화정책과 억지정책이었다는 것을 전제하고, 그 정책이 적극적으로 진행되고 있었는지 소극적으로 행해지고 있었는지를 볼 수 있다. 먼저, 긴장완화 정책이 상대방을 향해 자신의 행위를 교환하려는 의사를 전제로 하고 있다고 한다면 당시 미국의 긴장완화 정책은 소련에 대해 적극적이었다는 것을 알 수 있다. 다음으로 억지이론에서는 적에 대해 내재적으로 공격적일 것이라고 가정하고 있다. 그러므로 자기 자신을 지키는 것과 복수를 결정하는 것을 전제한다면 억지정책은 당시 소련에 대해 소극적인 자세를 취하였다.

<그림 1> 미국의 긴장완화

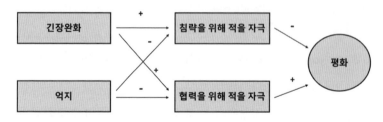

(출처 : Kjell Goldmann, *Change and Stability in Foreign Policy*)

(2) 소련

소련의 긴장완화[11]는 1960년대 후반까지 정책의 별다른 진전이

---

11) Raymond L. Garthoff, op. cit., pp. 36-68; Leonid Brezhnev, *On the Policy of the*

보이지 않았으나 1966년부터 1971년까지 소련의 정치국은 분명히 외교정책을 재평가하는 작업에 착수하고 있었다. 그 결과 긴장완화에 대한 소련의 영향력을 증대시키게 되었다. 그것은 새로운 기회나 위기 시 적절한 반응을 보인다는 것이었다. 그 때 사용된 데탕트라는 단어는 국제적인 긴장을 완화하여 모든 국가가 냉전 상황을 극복하는 것이라는 의미로 사용되고 있었다.[12]

그와 같은 소련의 입장의 변화는 1960년대 말 국제환경에 많은 영향을 끼치게 되었다. 그러나 그러한 정책을 전개할 때 역사적인 선

Soviet Union and the International Situation, Doubleday, 1973; Robert J.Pranger(ed.), op.cit., pp.178-189; Richard Pipes, *U.S.-Soviet Relations in the era of Detente,* Boulder, Colorado: Westview Press, 1981; Arthur Macy Cox, *The Dynamics of Detente: How to End the Arms Race,* New York: WWNorton & Company.Inc, 1976, chap.2; Dmitry Proektor, Military Detente: A Soviet View, *Survival, XVIII, No.6, 1976;* Mike Bowker, The Soviet Union and Detente, Richard Crockatt and Steve Smith, ed., pp.128-145. 소련의 민주화운동과 긴장완화에 대해서는 Frederick C.Barghoorn, Detente and the Democratic Movement in the USSR, New York: The Free Press, 1976; 소련의 긴장완화정책은 미국과 안전보장 관계를 유지하면서 프랑스와도 화해관계를 발전시키고 있던 아데나워에게는 '위협'으로서 인식되고 있었다. William Griffith, *The Ostpolitik of the Federal Republic of Germany,* MIT Univ. Press, 1978, p.61.

12) 1973년경, 브레지네프와 그로미코의 긴장완화에 대한 인식은 세계정치의 변화에 대응하는 소련의 자세를 여실히 나타내고 있다. 긴장완화는 단순한 일시적인 현상이 아니라 국제관계의 근본적인 재구축의 시작이라고 이해하였다. 동시에 소련의 평론가들(N. Lebedev, V.F. Petrovsky)도 긴장완화는 정적인 것이 아니라 역동적인 프로세스라고 주장하고 있다. 또한 Nygren의 연구에 의하면 소련의 긴장완화는 세 가지 차원에서 이루어지고 있었다. 첫 번째 차원은 전쟁과 평화문제에 관한 정치적인 차원이다. 두 번째는 계급투쟁과 관련된 이데올로기 차원이다. 세 번째는 경제적인 경쟁과 협력에 관한 경제적 차원이다. (Kjell Goldmann, Change and Stability in Foreign Policy, p.131에서 재인용)

례와 이데올로기적인 이유가 커다란 제약요인이 되기도 하였다.[13] 러시아의 역사에서(특히 1917년 혁명 이후) 국가 간 협력관계는 안전보장 상 커다란 '위협'으로 이해되고 있었기 때문이다. 예를 들면 1939년 나치와 소련과의 조약은 그러한 전통을 구성하는 사건의 하나였으며, 또한 이데올로기적인 반감이 있음에도 불구하고 소련의 국익이나 안전보장을 어떻게 판단할 것인가의 문제로 고민하는 것도 그러한 사례였다. 만일 러시아인과 소련의 외교정책이 미국과의 관계에 있어서 보다 좋은 발전을 위해 다수의 선례를 제공했다고 한다면 소련의 이데올로기는 초강대국의 긴장완화를 정당화할 때 도움이 되었을지도 모른다. 1956년까지 주목을 끌었던 '평화공존'이라는 변증법적 시도는 상대방과 협력하여 협조와 분쟁을 잘 관리하는 복잡한 관계에 있어서 소련의 지도자로 하여금 잘 대처하게 만들었다. 소련의 긴장완화는 바로 평화공존과 관련 있는 전략이었다. 이러한 의미에서 이데올로기는 유연한 것이었다. 소련은 미국의 세계전략의 변화에 의해 진행된 긴장완화 정책에 대해 그들은 전략적인 정체 상태를 타개하기 위해서도 필요한 것으로 인식하고 있었다.[14] 다시 말해 '평화공존'을 현실화하기 위해 진행되었다고 생각되는[15]

---

13) 역사적결정론에 근거한 마르크스 레닌주의(Marxism-Leninism)는 사회경제적인 힘이 계급투쟁을 통해 역사를 기본적으로 움직이고 있다는 신념을 가지고 있다. 사회주의 국가로서의 소련은 계급투쟁을 통해서 국가 간 관계를 해결하려는 사상을 내세우고 있다. 그러므로 그 지도자들은 미국의 군사적인 강함이 그러한 역사를 움직이는 힘을 위협하고 있다고 생각하였다. 그 결과 미국에 대항하는 군사적인 힘이 사회주의를 지키는 울타리가 될 것이라고 생각하고 있었다.
14) Mike Bowker & Phil Williams, op.cit., pp.31-32.

소련의 긴장완화정책은 실제로 '유럽의 현상유지'라는 것과 문맥을 같이 하면서 국제관계의 심각한 상황을 개선하고자 하였다.[16]

긴장완화에 대한 소련 국내의 논쟁은 미국과 비교하면, 대조적으로 1960년대 말부터 1970년대 초 까지 국내문제가 되었다. 주요 내용은 미국과의 관계 속에서 군사적인 우위를 확보하기 위해 진행되고 있던 전략적인 균형과 핵보복 능력의 달성을 위한 것으로, 소련은 당시 긴장완화의 개념을 사용하면서 사회주의 국가를 지키려고 하고 있었다.[17]

그것은 브레지네프가 그의 대서방 외교정책을 정식화할 때 진행하여야 할 이유가 있었기 때문이다. 1971년의 당 대회에서 정식으로 긴장완화라는 정책이 정당화되었고 그것은 상당히 수미일관 이루어졌다.[18]

1970년대 초반 미국과 소련 사이에 체결된 일련의 조약과 협정은

15) Richard Allen에게 있어서 '평화공존'이란 세계에 공산주의를 확대시키기 위한 복잡한 전략이었고, 소련의 긴장완화정책은 분쟁을 해결하는 전략이 아니라 공산주의를 촉진시키는 전술이었다고 주장한다. Richard V.Allen, Peace or Peaceful Coexistence?, Eleanor Lansing Dulles & Robert Dick-son Crane, edt., Detente: Cold War Strategies in Transition, New York: Frederick A. Praeger, 1965, pp.23-62.

16) S. Flanagan, The CSCE and the development of detente, D. Leebaert(eds), European Security: Prospects for the 1980s, Lexington, Mass.: Heath, 1979, p.189.

17) Raymond L.Garthoff, op.cit., p.38. 그 후 소련의 입장도 기본적으로 자본주의와 사회주의 사이에서 군사전략적인 균형이 중요한 역사적 업적이라고 생각되고 있었다. On the International Situation and Foreign Policy of the Soviet Union: Resolution of the Plenum of the Central Committee of the CPSU, June 23, 1980.

18) Mike Bowker & Phil Williams, op.cit., pp.187-188.

당시의 국제환경을 반영하면서 대국 간의 게임을 진행시키고 있었다. 양국 간의 안전보장문제도 중요한 것이었지만 그 당시 소련은 특히 경제적인 문제에 관심이 있었다. 미국과 소련 사이에 수립된 기본합의와 핵전쟁 방지 협정은 그 당시 가장 중요한 룰로 위치하고 있었다.[19]

'쿠바 미사일 위기' 이후 미국 외교정책은 미소관계에서는 양국 간 관계를 중시하면서 대 동맹 관계에서는 다국 간 관계를 중시하는 두 개의 정책구조를 보이고 있다. 특히 유럽의 안전보장문제에서 미국은 공통의 교섭 틀을 만들어내는데 힘쓰고 아르멜 보고 등을 통해 그 의사를 체현시키고 있었다. 세계적 전략 차원에서의 다양한 발전은 미국과 소련의 양국 간 관계를 보다 좋은 방향으로 나아가도록 자극하였다.[20]

이러한 발전으로부터 보면 미국과 소련의 긴장완화는 60년대의 전략적 정체 상태에 조건 지워진 것으로 이해해도 좋을 것이다. 1960년대의 소련 지도자들에게 있어서 '평화공존'과 긴장완화는 한편으로는 미국과 핵전력의 전략균형을 달성하기 위한 것이었지만[21] 다른 한편으로는 당시 소련이 직면하고 있던 여러 내정/외교상의 문제들을 극복하고 봉쇄하기 위한 것으로 생각되고 있었다. 미국과 소

19) Kjell Goldmann, *Change and Stability in Foreign Policy: the Problems and Possibilities of Detente*, New Jersey: Princeton Univ. Press, 1988, p.92.
20) Haftendorn Helga, op.cit., p.123.
21) Coit D. Blacker, The Kremlin and Detente: Soviet Concepts, Hopes and Expectations, in George, Alexander L., *Managing U.S.-Soviet Rivalry*, p.134.

련의 이러한 긴장완화에 대한 관점과 접근의 차이는 긴장완화라는 개념자체의 애매함을 불러일으켜 그 뒤에도 계속되었다.

〈그림 2. 소련의 긴장완화〉는 당시 소련이 미국과의 관계에서 인식한 긴장완화의 특징을 나타낸 것이다. 앞에서 설명한 미국의 긴장완화 인식과 같이 상대방에 대한 인식은 이원적이었지만, 소련의 인식의 특징은 자국의 군사적 능력을 긴장완화의 전제조건으로 생각하고 있었던 것이다. 그 결과 이루어진 소련의 재무장은 상호의 힘의 관계에 상당한 변화를 일으켰지만 소련의 긴장완화는 1970년대에 이르러 서로의 협력관계의 회복으로 미국과 신뢰관계를 가지게 되었다.

<그림 2> 소련의 긴장완화

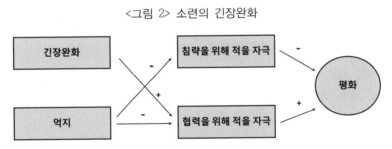

(출처 : Kjell Goldmann, *Change and Stability in Foreign Policy*)

2. 유럽의 긴장완화

(1) 전후 냉전

전후 20년 이상 혹은 1970년대부터 정상적인 유럽의 긴장완화에 이르기까지 동서 블록에 있어서는 상호 '학습의 시기'이었다.[22] 1947년까지 유럽의 정세는 부분적으로 고립되어 있는 상태였다. 사람들은 전쟁의 상처를 극복하는 반면, 점령 4개국은 독일을 지배하고 있었다. 미국은 전시체제에서 동원을 해제하기 시작했다. 특히 병력 면에서 1945년 3천만 명에서 1947년 140만 명으로 삭감하였다. 1947년 1월 6일 의회에 보낸 연두교서에서 트루먼 대통령은 7월까지 군을 107만으로 감축할 것이라고 하였다(여기서는 48년까지 현역 병력이 55만 4,030명으로 축소한다고는 예측하지 않았다). 그는 병력을 그 정도까지 삭감하면 점령에 필요한 병력의 유지에 중대한 장애를 초래할 것이라고 생각하였다. 이 교서 속에서 트루먼은 "현대 세계에서 평화 애호국가들의 힘이 침략에 대한 최대의 억지이다"라고 주장하고 있다.[23]

반면, 소련은 무장한 병력을 갖추고 약 600만 명을 배치하고 있었다. 특히 폴란드, 불가리아, 루마니아에 대해 마찰이 점점 격화되었다. 소련의 확장에 위기의식을 느낀 미국은 유럽 대륙에 개입할 것

---

22) Richard Davy(eds), op.cit., p.3.
23) Louis J. Halle, op.cit., p.82.

을 결정하였다. 소련의 스탈린은 미국이 진행하고 있는 정책은 소련의 국익에 반한다고 강하게 반발하였다.

미국과 소련의 다툼에 의해서 유럽의 분열은 진행되고 있었다. 특히 유럽 전후 부흥 문제에서 그러했다. 소련은 자국의 통제하에 있는 국가들이 다른 국가와의 관계 강화를 싫어하여 유럽은 이미 동서유럽으로 나누어진 상태였다.

1940년대부터 50년대까지 유럽은 이렇게 초강대국의 영향으로 지역적으로 분단되어 각각의 블록의 논리에 통합되게 되었다. 유럽 분단의 책임문제[24]는 별개로 하고, 그 후 유럽은 냉전구조의 정치·경제 분야에 있어서 커다란 의미를 제공하고 있다.

냉전시대의 유럽은 적대적인 두 개의 진영으로 나누어져 있었다. 먼저, 유럽의 분단과 독일의 분단은 경제적·정치적·사회적·문화적·인권적인 면에 있어서 거대한 비용을 지불하고 있었다. 두 번째로, 냉전은 두 개의 진영의 각각의 국가들의 주권을 엄격하게 제한하고 있었다. 세 번째로, 냉전은 각 국가의 군사조직에 권력집중을 촉진시키는 경향이 있었다. 네 번째로, 그것은 유럽에도 미국에도 사회적 경제적으로 커다란 비용을 동반하는 군비경쟁을 일으켰다. 마지막으로, 냉전은 지역분쟁을 가속화시키고 있었다.[25]

---

24) Mary Kaldor의 설명에 의하면 (1)소련에 내재하고 있는 팽창주의, (2)미국의 제국주의, (3)적대하는 세력 간의 전 지구적인 충돌, (4)냉전에 대한 인식과 이해의 잘못, (5)'대서양주의'와 '스탈린주의' 사이의 암묵적 공모(共謀)라는 점 등에서 유럽분단의 원인이 있었다고 설명하고 있다. Mary Kaldor,(edt) The New Détente: Rethinking East-West Relations, London: Verso, 1984, p.13.

냉전기 유럽에서의 소련의 군사적 전략의 목적은 미국이 독점하고 있는 핵무기의 위협에 대항하여 소련의 안전보장상의 위험성을 저하시키는 것이었다. 또한 미국이 유럽에서 행하고 있던 군사전략의 우위성을 확보하고 있는 것에 비해 소련은 서유럽에서 군사적인 균형을 유지하고자 하였다.[26]

그리고 유럽에서의 소련의 또 다른 목적은 '유럽의 분단'과 '독일의 분단'을 고정화시키는 것에 주안점을 두고 그 다음으로 동독에 대한 소련의 영향력을 서방에 인정시키는 것이었다. 그리하여 유럽에서 미국의 존재를 약화시키려 하였다. 결국 모스크바는 유럽에서 미국의 힘을 저하시켜 서유럽을 '핀란드화'하려고 했던 것이다.

1950년대 격렬한 동서 분쟁의 중심에 있던 냉전 위협의 인식은 유럽 각국의 국내 · 국제정치에 커다란 영향을 끼쳤지만 냉전의 중심무대가 유럽에서 아시아로 이동함에 따라서 유럽은 전후 새로운 시대를 맞이하였다.

그것은 1960년대부터 유럽 국제시스템의 안정화[27] 현상이었다. 냉전의 엄격한 국면 후 찾아온 동서의 외교적인 움직임은 그러한 조짐이라고 볼 수 있다. 1955년 7월 열린 제네바 회의는 제한적이긴 하지만 그 시대 국제정치의 분위기를 개선시켰다.[28]

25) Adrian Hyde-Price, op. cit., pp.54-55.
26) Joseph D. Douglass, Jr., *Soviet Military Strategy in Europe,* New York: Pergamon, 1980; William E. Griffith, *The Superpowers and Regional Tensions: The USSR, the United States, and Europe,* Lexington Books, 1982.
27) Adrian Hyde-Price, op.cit., pp.33-35.

1950~1960년대는 유럽에 있어서 유럽 안전보장 시스템이 변화하는 시대였다. 그리고 안전보장관계와 동맹정책은 유럽의 안전보장 시스템을 규정하는 것으로 전후 유럽 질서는 안정기에 들어서고 있었다. '베를린 위기'와 '쿠바 미사일 위기'와 같은 극적인 사건 이후 유럽은 상당히 안정적이면서 예측가능한 안전보장의 틀을 가지게 되었다.

(2) 냉전에서 긴장완화로

초강대국의 변화와 같이 유럽의 긴장완화는 일련의 실패한 경험을 거쳐 60년대 말부터 서서히 진행되게 되었다. 그러나 분단된 유럽의 처리에 대한 결정이나 이해에 있어서 여전히 격렬한 논쟁이 이어지고 있었다. 예를 들면 서방은 독일과 동유럽에서 자유선거를 주장하고 소련 측은 통일독일의 중립화를 주장하였다.[29] 전후 유럽의 분단선은 각각의 거대한 군사블록에 의해 고정화되고 핵병기의 두려움에 의해 어찌할 수 없는 상태가 되었다. 세계와 유럽에서의 그러한 대립구조는 강력한 이데올로기적인 적대관계로 특징되었다. 소련 측에서 보면 미국은 자국뿐만 아니라 다른 국가들의 무산 계급마저 이용하고 있는 제국주의 단계에 이르렀다고 보였으며 미국을 팽창주의자라고 정의하였다. 반면에 서방 측은 소련을 팽창주의자

---

28) 인도차이나 전쟁의 일시적인 안정, 오스트리아 조약의 조인 및 핀란드를 점령한 소련군의 철수가 대표적인 사례다.

29) Richard Davy(eds), op.cit., p.2.

로 보고 있었다. 공산주의의 도그마를 가지고 세계질서의 전복을 꾀하고 있기 때문이다. 특히 전후 혼란스러운 서유럽과 제3세계에서 공산주의가 강하게 주장되었다는 점에서 보다 큰 '위협'이라고 생각되었다. 그 때문에 서방 측의 '봉쇄 정책'은 외부적 위험으로부터의 방어뿐만 아니라 내부적인 안전보장정책으로도 평가되었다.

서유럽은 미국과 함께 전쟁의 위험으로부터 안정적으로 군비관리, 동서 블록의 교류의 확대를 바라고 있었지만 전후 유럽의 국경선의 현상유지라는 면에서는 적어도 불만이었다. 그렇기 때문에 서유럽 국가들은 국가 간 무역의 확대, 정치적 관계에서의 직접적 이해관계의 증대와 인권문제에 보다 많은 관심을 가지고 있었다. 또 서유럽 국가들은 적극적인 정치, 경제 관계가 동유럽의 개방적인 정책을 촉진시킬 수단이 될 것이라고 생각했다.

많은 유럽 국가들은 유럽의 주체성을 보다 강화하여 미국으로부터 어느 정도의 자립성을 확보하기를 바랐다. 그들은 초강대국의 긴장완화는 긴장관계를 완화시키기 위해서 중요하다고 환영하면서도 한편으로는 애매한 태도를 보였다. 그 이유는 초강대국이 그들의 문제에 대해서 고압적으로 처리할 것을 경계하고 있었기 때문이다. 그들은 미국에 의해 확실히 보호되면서도 보다 자주적이 되기를 원했다. 유럽 국가들은 초강대국에 의해 전쟁이 억지되고 있다고 인식하면서도 동시에 초강대국에 의해 다른 지역의 분쟁에 말려들 것을 두려워하고 있었다. 이러한 비대칭성이 유럽과 미국 사이에 장기적으로 계속된 '긴장'의 하나였다.[30]

유럽 지역시스템은 엄격한 냉전 시스템에 의해 제약되고 있었지만 국제환경의 변화에 대응하여 그들의 정치적인 목표를 달성하기 위해 노력하고 있었다. 당시 유럽이 안고 있던 과제는 동서의 정치적, 군사적인 안정화 문제와 기능적인 분야의 협력문제였다.[31] 냉전기의 동서위기는 미국과 소련 사이에서 어느 정도 관리되고 있었지만 상대방에 대한 위협 자체는 실제로 지역 차원에서 나타나고 있었다. 유럽의 긴장완화는 그러한 위협을 어떠한 행동이 룰을 통해 관리하여 위기 자체를 넘어서려는 것이었다. 그러한 의미에서 유럽의 긴장완화 정책과 프로세스는 유럽 지역에 주어져 있던 공통의 목표에 대하여 그 역할을 적극적으로 수행하고 있었다.

그러한 관점에서 보면 1960년대 중반 동유럽 국가들을 또 다시 억압하려 한 크렘린의 시도는 충분히 성공하지 못했다. 초강대국의 긴장완화가 정체상태를 유지하고 있던 시기였음에도 불구하고 유럽 국가들의 문제의 정상화와 화해의 과정이 본격적으로 진행된 것은 전후 역사에 있어서 획기적인 것이었다. 서독은 동유럽 국가들과의 접촉을 활발히 해가면서 1967년 1월 루마니아와 외교관계를 수립하였다.[32]

특히 서독은 유럽 국가들 중에서도 긴장완화에 대해서 가장 관심

30) Ibid, pp.8-9.
31) Kari Mttl, System Crisis: Lessons of Regional Detente, Daniel Frei, edt., Managing international Crisis, London: Sage, 1982, p.187.
32) Stevenson, op.cit., p.192.

을 가지고, 전후정책을 깊이 재평가한 후에는 긴장완화에 대한 개념화를 진행시켰다. 1948년 이래 서독은 동독의 존재 자체를 부정하고 동독과 외교관계를 가지는 국가들과의 관계를 거절하는 정책을 전개했다. 즉 재통일 이전에는 어떠한 긴장완화도 있을 수 없다는 정책을 추진했다. 그 후 1960년대 중반부터 기독교민주동맹 정권에 의해 동유럽과의 관계개선 정책이 이루어졌지만 동독이 고립화할 것을 걱정한 소련이 재빨리 그 정책을 차단하였다.

그 후 사회민주당이 정권을 담당하게 되어 그 이전까지의 정책과는 반대 방향에서 '현실외교'를 실시하였다. 그것은 긴장완화가 없으면 어떠한 재통일도 있을 수 없다는 것이었다. 브란트 총리의 취임 후 계속적으로 동유럽 국가·소련과의 관계를 개선하면서 교류를 확대하려는 시도를 한다는 것은 냉전기에는 생각하기 어려운 일이었다.

1970년 8월 서독과 소련의 '모스크바 조약' 체결은 전후 냉전의 심각함을 완화 및 약화시키는 것이며 또한 유럽에서의 긴장완화의 개시이기도 하고 끝나지 않은 '전후 문제'를 안정화시키는 일이라고 인정되게 되었다.[33] 본, 모스크바, 브란트의 희망, 베를린 문제의 진전과 같은 것들은 동방정책과 직접 관련되지만 베를린 교섭은 한층 더 점령 4개국에 기술적으로 책임이 주어졌다. 그것은 미국에게 유럽에서의 국교정상화를 진행시킬 때 보다 유리한 기회를 주었다. 미국의

---

33) Mike Bowker & Phil Williams, op.cit., pp.87-89.

닉슨 정권은 키신져와 아나톨리 도브리닌(Anatoly Dobrynin)의 채널을 통해 일련의 교섭을 하고 있었다.

또한 1960년 이후 '유럽 안전보장 시스템'은 1970년대 초반 무렵부터 새로운 단계에 들어섰다.[34] '쿠바 미사일 위기'와 '베를린 장벽의 건설'에 의해 어느 정도 완화되고 있던 유럽에서의 두 개 블록 시스템은 급격한 정치적 변화에 의해 새로운 국면으로 향하게 되었다는 것을 의미하는 것이었다. 그것은 다름 아닌 유럽에서의 국제긴장완화의 출현이다. 유럽에서의 국제 긴장완화는 세계정치에도 영향을 끼쳤다. 동서 관계의 진전은 전후 얼마 지나지 않아 형성된 양극 시스템의 국제구조를 서서히 파괴하는 경향을 보여, 결과적으로 지역에서의 새로운 파워 센터를 만들기 시작하게 되었다. 중국과 소련의 분쟁은 소련에게 어느 정도의 압력을 가하여 또 바르샤바 조약국들도 NATO국가들과의 관계의 문제에서 고민하였다. 다중심적인 세계로 이행하는 분위기 속에서 서유럽 자체는 국제정치에 중요한 행위자로 등장하여 그들에게 알맞은 경제적인 힘과 정치적인 주체성에 의해 그 역할을 수행하게 되었다. 그러므로 유럽에 나타난 국제긴장완화의 흐름은 전후에 형성된 양극질서가 새로운 단계로 향하도록 촉진했다고 할 수 있다.

유럽의 긴장완화는 초강대국의 긴장완화에 의해 유지되었다고 할 수 있지만 그 '추진력'과 '특질'에 있어서 부분적으로 차이가 있다. 유

---

34) Adrian Hyde-Price, op.cit., pp.35-39.

럽의 긴장완화를 서방 측에서 촉진시킨 행위자가 워싱턴이라기보다는 오히려 본(Bonn)이었다는 점을 보면 잘 알 수 있다. 더욱이 유럽의 긴장완화는 소련의 브레지네프가 실시한 '서방정책'과 서독의 브란트가 진행시킨 '동방정책'의 관계였다고 할 수 있다. 그러한 정책은 70년대 국교정상화의 프로세스에서 중요한 요점이 되었다.[35]

제4장에서 설명했지만 그 당시 전후 유럽의 중립 국가는 국제긴장완화를 강력히 지지하는 역할을 하고 있었다. 특히 그들은 동서 블록의 긴장을 중재하면서 국제긴장완화를 보다 강하게 지지하고 있었다. 긴장완화기의 긴장의 수준은 중립국가가 유효한 역할을 수행하기에 충분해졌다. 유럽이 안전보장의 '제도화'는 서방 측이 주장하고 있는 것과 같이 인권문제나 다른 문제에 있어서 적극적으로 이루어져 동서 간의 교섭을 촉진시키면서 유럽의 전반적인 전략적 안정에도 공헌하고 있었다.[36] 또한 중립 국가는 군비관리나 동서 무역의 면에서도 특히 협력적이었다고 할 수 있다. 군사적인 동서 블록과 초강대국은 긴장완화 시대에서도 중요한 행위자였지만, 유럽의 중립 국가들은 대립이 심각한 문제영역에서도 문제를 해결하면서 교섭에서 커다란 영향력을 발휘하고 있었다.[37]

그러므로 유럽안전보장회의(CSCE)는 전후 유럽의 긴장완화의 구조적인 기둥이며 중요한 초점이었다. 헬싱키 선언은 회의의 중심적

35) Mike Bowker & Phil Williams,op.cit., p.86.
36) Adrian Hyde-Price, op.cit., pp.48-49.
37) Kari Mttl, Ibid. p.189.

인 요점을 남긴 서류일 뿐만 아니라 '행동 프로세스'를 작동시켜 최근까지 계속되고 있다. 그러한 국제긴장완화의 제도화에 의해 동서 블록의 긴장이 완화, 제도화되어 전후 유럽은 블록 정치의 한계를 극복하고 새로운 지역정치, 경제를 활용하여 발전을 계속하고 있다.

3. 분단국가의 긴장완화

분단국가 독일은 1949년 '냉전의 산물'로 탄생하였다. 동서 독일은 탄생 때부터 미국, 소련과 밀접한 관계를 가지고 있었다. 당시 각각의 동맹국은 독일을 부분적으로 억제하면서 자기들의 안전보장에 유리한 방향으로 분단 독일을 이용하고 있었다. 그것은 전쟁을 일으킨 것에서 오는 결과였으며 독일은 그러한 엄격함을 감수해야만 하였다. 따라서 두 개의 독일은 냉전의 '주체'와 '객체'였다.

(1) 전후 냉전

제2차 세계대전 후 동서 대립은 '철의 장막', 서방 측 민주주의 국가들의 안전보장조약 및 두 개의 세력권으로 유럽의 분단을 가져왔다. 이러한 분단의 결과는 독일에게 두 독일 국가의 성립 및 베를린의 분단이었다. 벤더는 독일의 분단을 "냉전 속에서의 다른 출발이며, 이웃하여 존재하는 생활양식이 아니라 서로 상대방을 배제하는 두 개의 정치 철학이었다"고 설명하였다.[38] 서독은 그 이후 소련의 '위협'으로부터 안전보장을 유지하는 것, 서구 동맹의 멤버가 되는 것, 자유세계로의 복귀, 재통일 등과 같은 전후 목표를 달성하기 위하여 전전의 외교와 결별하였다.

동독은 1950년 CMEA(Council for Mutual Economic Cooperation)의 구성원이 되었고, 1955년 WTO(Warsaw Treaty Organization)의 일원이 되어 동유럽 블록에 통합되었다. 동독은 소련의 전략상 중요시되었으며 정치적으로도 사회주의의 최전선이 되었다. 또한 경제적으로도 상대적으로 효율적인 생산을 하였기 때문에 중요시되었다. 동서 블록이 적대관계로 되자 동독은 소련과 친밀한 동맹국이 되어 사회주의국가들의 방파제가 되었다. 그 이후 독일 문제의 기본적인 구조[39]는 '대칭적 분쟁 체계'가 되었다고 할 수 있다.

먼저, 서독으로부터 보면 아데나워가 이끄는 연방정부는 소련을 세계지배를 추구하는 제국주의 국가로 간주하였다. 그렇기 때문에 서독의 최우선 과제는 자국의 생존을 보장하기 위해 소련의 공격을 저지하는 것이었다. 그러나 아데나워는 소련의 국내체제는 약하다고 생각하였다(특히 사회적, 경제적 문제에 있어서). 따라서 아데나워의 '힘의 정책(Politik der Stärke)'은 독일 문제에 대한 영원한 방침

38) Bender, Peter,『ドイツの選択: 分断から統一』, Deutsche Parallelen: nmerkungen zu einer geminsamen Geschichte zweier getrennter Staaten, Berlin: Siedler, 1989.
39) 高橋 進, "西欧のデタント: 東方政策試論,"『戦後デモクラシの変容』, 犬童一男・山口定・馬場康雄・高橋進 編, 岩波書店, 1991, p.7.

이 아니라 소련의 상황이 변화할 때까지 유지하도록 의도되었다. 즉 이 정책은 소련이 현상을 유지할 수 없게 되면 서방 측과 화해할 것이라고 가정하고 그 이후 독일 재통일의 기회가 주어질 것이라고 기대하였다. 아데나워는 전후 초기의 경험에서 특히 소련의 동유럽에서의 행동이 독일 분단과 1950년의 한국전쟁 발발을 초래하였다고 인식하고 있었다. 또한 소련의 위협은 정치적, 군사적인 측면에서도 있었기 때문에 그것은 선전과 파괴의 의미를 동시에 포함하고 있다고 생각하였다. 게다가 아데나워는 소련은 미국과의 결정적인 대결에 대비하여 탄탄한 경제적, 군사적 기반을 완성시키기 위해 서유럽 지배를 꾀하고 있다고 생각하여 서독이 제일 중심적인 목표로서 점령될 것이라고 생각하고 있었다.[40]

따라서 아데나워의 관점에서 보면 서독의 안전보장, 국제사회로의 복귀, 통일 등의 국익은 서방 측과의 동맹관계에 의해 충족되는 것이므로 서방 측 통합은 독일 통일의 장애가 아니라 오히려 전제조건이었다.[41]

그 때 서방 측 동맹국은 서독의 철 이른 긴장완화의 시도를 탐색하고 있었다. 그 결과 서방 측은 아데나워의 의견과 대립하였다. 서독의 관점에서 보면 긴장완화라는 것은 교섭에 대해서 논쟁을 일으

40) Hans-Jrgen Rautenberg, The Federal Republic of Germany in the 1950s, in Carl-Christoph Schweitzer, ed., The Changing Western Analysis of Soviet Threat, Pinter, London, 1990, pp.221-43.
41) 아데나워의 '강함의 정책'을 통한 서독의 재통일에 대해서는 Peter Siebenmorgen, Bouvier Verlag, Bonn, 1990, Chapter Ⅲ.

키는 긴장의 원인이 된다고 생각했다. 그러나 아데나워의 관점에서 보면 긴장의 근본적인 원인은 소련의 위협이며, 독일 영토의 일부에 대한 부당한 소련의 지배였다. 그러므로 그는 소련의 정책에 근본적인 변화가 있을 때까지 그 어떠한 의미의 긴장완화에 대해서도 신용하지 않았다. 현존하는 유럽 안전보장 시스템의 틀에 있어서 긴장완화 정책은 전후 유럽의 현상유지를 받아들인다는 것을 의미했다. 그와 같은 관점에서 보면 서독이 재통일 문제에 적극적으로 공약하는 것은 불가능했다는 것을 잘 알 수 있다.

당시 서독 국내에서 아데나워를 비판하는 움직임이 나타났다. 많은 사람들은 긴장완화와 군비축소에 대한 부정적인 반응은 재통일을 방해하는 이롭지 못한 것이라고 간주하고 있었다. 더군다나 서독 사람들은 강한 반군사적인 감정의 교육을 받았기 때문에 마지못해 재군비를 받아들이고 있었다. SPD는 '평화로 향한 길'과 독일 재통일은 서방 측과의 동맹관계를 통해서가 아니라 소련의 안전보장상의 국익이 인정되는 유럽 안전보장 시스템의 구축을 통해서 달성된다고 주장하였다. 왜냐하면 그러한 문맥에서 소련은 독일 통일에 동의할 것이기 때문이었다.[42]

전후 서독의 여러 가지 변화 중에서 중요한 것은 역시 '독일 통일정책'에서의 변화라고 할 수 있다. 특히 아데나워에 의해 행해진 '통일정책'은 국제적인 환경의 변화와 국내적 환경의 변화에 의해 정체

---

42) SPD의 안전보장정책에 관한 자세한 논의와 '독일문제'에 대해서는 Siebenmorgen, op.cit., Chapter Ⅶ.

되고 있었다. 1961년 8월 13일 베를린을 둘러싼 문제에서 동서 긴장은 정점에 달하였으며, 동독 측이 서베를린과의 사이에 장벽을 쌓기 시작하였으며 독일 분할을 결정적인 것으로 만들었다. 그리하여 베를린 장벽은 아데나워의 '힘의 정책'의 실패의 상징이라는 목소리가 서독에서 높아졌다. 이러한 어려운 상황에서 고안된 슈레더 외무장관의 '움직임의 정책'은 모든 국민이 공존하는 새로운 유럽질서를 목표로 추진되었고 그리고 서독과 동유럽과의 사이에 문화적, 인간적인 관계를 만들어 경제적인 교류를 시작할 것을 지향하였다. 이 정책은 동독을 고립화시키는 결과가 되어 서독 내부에서 '할슈타인 원칙'에 대한 의문을 야기하였다. 1966년에 탄생한 대연립 정권에서는 전후 계속된 '할슈타인 원칙'과 동독의 외교적인 고립화를 지향한 외교정책은 더 이상 지속될 수 없게 되었다. 그 이후 브란트 정권에서 서독은 보다 적극적인 동방정책을 통해 긴장완화를 진행시켰다.

소련은 1952년부터 서독의 NATO가맹을 저지할 목적으로 '스탈린 노트'라고 불리 우는 통일구상을 내세웠다. 즉 소련은 '독일의 비동맹화'와 '오데르·나이세 선의 승인'을 조건으로, 독일이 독자적인 국방군을 가지는 것을 인정하고, 동독의 '사회주의적 획득물의 확보'라는 것을 전제하지 않고 그때까지의 서방 측의 주장이었던 자유선거를 기본으로 한 통일을 달성하자는 독일 무장·중립안이 제기되었다. 그러나 이 제안은 서방 측에 의해 거부되고 서독이 NATO에 가맹함으로써 독일은 두 개의 사회체제, 두 개의 블록으로 분열하게 되었다.

전후 동독은 SED에 권력을 집중시킨 '스탈린 모델'과 개인에 대한 행정 관료와 국가의 절대적인 우위와 당규에 대한 종속, 중앙 계획 경제, 지배 이데올로기와 불만의 억압이라는 체제가 강요되었다. 이렇게 하여 동독은 안팎으로 어려움을 떠안게 되었다. 그리하여 그들은 가능한 한 서구로부터 동독을 고립시키려 하였다. 처음부터 동독의 정치지도자들은 긴장완화에 대해 불분명한 태도를 보였다. 즉 그들의 외교와 안전보장 정책에 대해서 찬성했지만 자신들의 국가를 서구에 개방하는 것은 원하지 않았다. 그들은 '베를린 장벽'의 건설을 동독에 대해 서구가 전개해 온 '힘의 정책의 붕괴'를 증명했다고 주장했다. 또한 그들은 서방 측의 긴장완화의 제안에 대해서 지극히 의심스럽다는 입장을 보였다. 특히 서독의 에곤 바(Egon Bahr)[43]에 의해 작성된 공식 '접근에 의한 변화(Wandel durch Annherung)'[44]는 두 개의 자극적인 요소인 '접근'과 '내부의 변화'의 의미가 포함되어 있기 때문에 동독으로 부터 완전히 거부되었다. 그 때 서독과 접근하는 것은 SED에게는 논외로 생각되었다. 두 개의 독일은 대항하는 동맹체제에 있었기 때문에, 그 이후 정치, 경제, 법률, 사회심리 등의 분야에 있어서도 따로따로 떨어지게 되었다. 동독에 명백한 단점이 있음에도 불구하고 많은 시민들은 그것을 자본주의 서독에 대한 유

---

43) 브란트의 측근으로 그의 동방정책의 입안자로 알려져 있다. 그는 모스크바 조약 교섭에서 소련의 그로미코와 함께 중심적인 역할을 담당하고 있었다.

44) Egon Bahr는 1963년 7월 Tutzing에서 행한 유명한 연설에서 서독의 통일정책의 방향성을 제안하였다. 그는 독일 분단은 대결정책이 아니라 동서 독일 간의 긴장을 완화하는 형태로 극복되어야 한다고 설명하였다. 그의 연설은 Boris Meissner, ed., *Die Deutsche Ostpolitik 1961-1970*, Documentation, Cologne, 1975, pp.45-48.

효한 선택지라고 생각하였다. 1967년 4월 사회주의 통일당 제7회 당
대회는 동독의 이후 수년간에 걸친 정책의 전환점이 되었다고 할 수
있다. 회의의 중심은 경제문제였지만 그 때 사회주의 독일 민주공화
국은 제국주의 서독과 통일하는 것은 불가능하다고 선언하였다.[45]

　전후 '베를린 장벽'의 건설은 동서 독일의 최종적인 분열을 완성하
는 것이 되었지만, 반면 이 때부터 문제가 된 것은 두 독일 사이의
주요 경제 분야에서의 '격차'이었으며 동독 국내정치에서 분쟁이 증
가하는 문제였다.[46] 그러나 동독은 안전보장정책과 외교정책에서
긴장완화로부터 얻을 수 있는 구체적인 이익이 있었다. 그리고 그들
은 60년대 말부터 70년대에 걸쳐 평화공존 원칙의 수행과 자본주의
국가들과 보다 넓은 협력관계를 촉진하는 정책으로서 긴장완화 정
책을 추진하였다.

(2) 냉전에서 긴장완화로

　동서 독일의 관계 악화는 미국·소련의 직접적인 간섭이 원인이
었다고 할 수 있다. 그러나 1970대 접어들어 동서독은 초강대국의
정책에 충분히 조화하게 되었다. 그것은 어느 정도까지 동서독이 미
국·소련 관계의 변화에 따르는 자세를 취한다는 것을 의미하였다.

---

45) Hans-Hendrik Kasper, A East German View, in Richard Davy, (eds)., European
　　Detente: A Reappraisal, Sage, 1992.
46) 많은 동독 사람들이 그들의 친척이나 친구와 떨어져 서독이나 서 베를린으로
　　향했다. 지도자들은 스스로 악순환에 직면하였으며 그 후 국내개혁 문제에 맞
　　서야만 했다.

그 당시 긴장완화라는 것은 동서 독일이 각자의 동맹국 속에서 어느 정도 자국의 입장을 강화하는 것을 의미하였지만 그것은 블록 내에서 동서 독일의 충성도 문제까지는 논의되지 않았을 것이다. 특히 동서 독일은 자신들의 정치적, 경제적 우위를 얻기 위하여 또한 동맹관계 속에서 중심적 지위를 확보하기 위하여 국제 긴장완화체제의 분위기에 보다 적극적이었다. 긴장완화 자체가 그러한 동서관계의 상황을 강화한다고 판단하였기 때문이다.

동맹관계 속에서 동서 독일의 정치적, 경제적인 중심적 역할은 경제적, 군사적인 통합 정도의 높이를 보면 분명히 알 수 있었다. 서독의 대 동유럽 무역(특히 동서 독일간의 무역)에는 어느 정도 주의가 기울여졌음에도 불구하고 동서 독일의 국경선은 여전히 두 개의 강력한 정치적, 군사적, 경제적 분단선으로서의 역할을 수행하고 있었다. 서독은 세계의 제3위의 무역국이 되어 OECD 국가들과 함께 세계무역의 75%를 차지하게 되었다. 특히 수출의 5.4%를 동유럽 국가를 비롯하여 사회주의 국가에 의존하고 있었다.[47)]

같은 시기 동독도 서독도 동쪽 블록에 경제적으로 의존하고 있었다. 동독의 대외무역의 3분의 2는 CMEA 국가들과 함께 이루어지고 있었고, 3분의 1은 소련과의 무역이 차지하고 있었다. 동독은 석유 공급의 80%, 천연가스의 100%를 소련으로부터 수입하고 있었다.[48)]

---

47) Eric G.Frey, Division and Detente: The Germanies and Their Alliances, New York: Praeger, 1987, p.65.
48) Ibid, p.65.

1971년부터 동 베를린의 SED 내부에 변화가 보이면서 먼저 최고 지도자 울브리히트를 대신하여 호네커가 등장하면서 동서독 사이의 긴장완화는 중요한 국면으로 접어들었다. 지도자의 변화는 위기의 책임으로부터 당을 해방시켰다. 특히 호네커는 외교정책에서 유연한 태도를 보이고 있었다. 그는 동서독 관계의 진전을 강조하면서 유럽의 긴장완화에 공헌하고자 하였다.

서독의 브란트 정권 등장 후 진행된 모스크바와 바르샤바 사이의 외교교섭을 통해 이루어진 전후 유럽의 국경선을 인정하는 조약의 체결은 호네커에게 좋은 양국 간의 관계를 유지하는 기회를 부여했다. 그러한 최초의 관계 정상화가 '베를린 4개국 협정'이었다. 그 이후 동서 독일은 그 협정을 보다 효과적으로 이행하기 위하여 교통문제에 관한 개별교섭에 착수하였다.[49]

브란트가 정권에 들어갔을 때, 서독은 기존 외교정책의 기둥이었던 '할슈타인 원칙'을 이어 갈 수 없게 되었다. 서독이 동독과 직접 접촉함으로써 서독 내부에서는 여러 논의가 이루어졌지만 정당들은 급격한 변화에 대응하지 못했다. 그러한 상황 속에서 브란트는 동서 간을 연결시켜 긴장완화로 향하도록 노력하고 있었다. 브란트가 외무장관이 되었을 때부터 행하고 있던 대연립정권의 외교정책은 동독에 대해 실시해온 고립정책을 축소하는 것이었으며 평가할 만한 것이었다.

브란트가 1969년 선거 후 조직한 SPD/FDP 연립정권은 국내정치에

---

49) Hans-Hendrik Kasper, op.cit., p.150.

서 긴장완화의 진전을 예상하는 계기로 평가할 수 있는 것이었다. 브란트가 추진하고 있는 동방정책은 제2차 세계대전 후의 유럽의 현실을 인정하면서 소련 및 동유럽 국가들과의 관계정상화를 시도한 것으로 그의 정책은 동독을 국제법적으로 인정해야만 하는 것이었다. 그는 자신의 동방정책의 일환으로서 '1민족 2국가'라는 공식을 사용하면서 동독과의 관계를 촉진시키려고 하였다.[50]

　서독의 긴장완화를 정리하면 〈그림 3〉과 같다. 앞에서 설명한 미국과 소련의 긴장완화와는 다르게 균형(equilibrium)의 개념이 포함되어 있다. 그것은 기본적으로 서독이 당시 동방정책을 전개하면서 보다 넓은 의미에서 긴장완화를 행하고 있다는 것을 의미한다. 특히 서독은 소련과의 관계에서 미국보다 신뢰관계를 만들고 있었다는 점은 동방정책의 성공을 가늠할 수 있는 척도였음을 알 수 있다.

<그림 3> 서독의 긴장완화

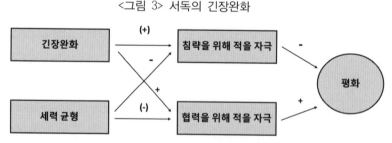

(출처 : Kjell Goldmann, *Change and Stability in Foreign Policy*)

50) Wolfram F. Hanrieder, Germany, America, Europe: Forty Years of German Foreign Policy, New Haven, Conn.: Yale University Press, 1989, pp.195-196.

제2절. 유럽과 안전보장

1. 유럽 안전보장의 의미[51]

유럽의 안전보장은 유럽의 국가 간 관계의 특수한 역동성으로 부터 유래하는 것이다. 하지만 전후 유럽의 시스템은 전전과 다른 동서 분쟁이라는 냉전구조에 의해 그 성격이 새롭게 달라졌다.[52]

부잔(Barry Buzan)은 안전보장은 기본적으로 충분히 연구되고 있는 논쟁적인 개념이라고 이해하면서도 국제정치와 전략 분야에 몇 가지의 상이한 개념이 있다고 설명하고 있다. 그리고 안전보장은 군사적, 경제적, 환경적 요소에 의해서 새롭게 정의할 수 있으며 그러한 각각의 차원의 관계는 세계 시스템에 있어서 모든 차원을 구성한다고 지적한다.[53] 즉 안전보장 개념은 단순히 국가의 인전과 불안을 가리키는 절대적인 개념이 아니라 상대적인 개념이라고 생각할 수 있다. 근본적으로 절대적인 안전보장 개념은 결국 자멸적인 것이 될

---

51) Adrian Hyde-Price, op.cit., pp.9-10.
52) 초강대국의 지배 아래 각자의 동맹관계가 유지된 것이 중요하지만 그 중에서 동서 독일의 분단, 핵무기의 억지, 비동맹 중립국가의 존재가 전후 유럽의 안전보장 시스템 구조였다고 이해한다.
53) Barry Buzan, *People, States and Fear: An Agenda for International Security Studies in post-Cold War Era,* Hemel Hempstead: Wheatsheaf, 1991; Barry Buzan, Morten Kelstrup, Pierre Lemaitre, Elzbieta Tromer and Ole Wæver, op.cit., Introduction.

수 있다. 왜냐하면 그것은 이른바 현실정치에서의 '안전보장의 딜레마'[54]의 문제를 구성하고 있기 때문이다. 특히 현대사회에서 안전보장이라는 개념은 다른 가치관이나 여러 가지 이익과 관련시킴으로써 각각의 본질을 이해하지 않으면 안 된다. 그렇지 않으면 진정한 의미를 파악하는 데에 한계가 생기기 때문이다.

그러한 의미에서 유럽의 안전보장문제는 혹독한 냉전과 함께 문제제기 되었다. 부잔(Barry Buzan)이 1990년대에 설명한 안전보장의 다섯 개 요소인 군사적 안전보장(Military Security), 정치적 안전보장(Political Security), 경제적 안전보장(Economic Security), 사회적 안전보장(Social Security), 환경적 안전보장(Environmental Security)[55]이라는 개념으로부터 우리는 대체로 전후 유럽과 깊게 관련된 전후 유럽에서의 안전보장의 의미의 중요성을 잘 알 수 있다.

유럽에게 냉전 패턴은 세계 시스템의 구조적인 요소와 국내 사정에 의해 여러 가지 불안정 요소가 되었으며, 사회가 변화하지 않으면 안 되는 상태가 되었다. 특히 그러한 심각한 염려 속에서 유럽의 국가들은 냉정하게 변화하여, 그 결과 각국은 경쟁의 제도화에 의해

---

54) Robert Jervis, "Cooperation under the Security Dilemma," *World Politics* 30, January, 1978; John H.Herz, "Idealist Internationalism and the Security Dilemma," *World Politics* 2, January, 1950; Herbert Butterfield, *History and Human Relations,* London: Collins, 1951.

55) 인간 공동체의 안전보장은 이하의 분야에 의해 영향을 받았다: 군사적 안전보장(Military Security), 정치적 안전보장(Political Security), 경제적 안전보장(Economic Security), 사회적 안전보장(Social Security), 환경적 안전보장(Environmental Security), Barry Buzan, Morten Kelstrup, Pierre Lemait-re, Elzbieta Tromer and Ole Wver, op.cit., p.4.

제약된 채로 긴장완화 시대를 맞이하였다. 또한 그러한 영향으로 유럽의 안전보장 개념이 나타나고 있었다.

2. 유럽 안전보장과 힘(Power) · 위협 · 상호의존[56]

전후 유럽의 안전보장은 동서 대립의 국제정치의 상황 가운데 형성되었다. 그리고 전후 유럽 국제정치의 중심은 안전보장 문제였으며 미국, 소련, 유럽 국가들의 관계가 그 대표적인 행위자였다. 특히 유럽의 안전보장은 '파워', '위협', '상호의존'이라는 세 개의 요소에 의해 국제질서의 존재 형식이 결정되었다.

(1) 냉전기

유럽 안전보장 시스템에서 중요한 문맥은 동서 대립과 그 하부구조[57]였다. 냉전구조의 쇠퇴와 함께 유럽의 안전보장 시스템은 세 개의 대표적인 행위자인 미국, 소련, 유럽의 상호관계에 의해 결정되어지게 되었다.

---

56) Barry Buzan, Morten Kelstrup, Pierre Lemaitre, Elzbieta Tromer and Ole Wver, Ibid., pp.166-174.
57) 먼저 '東-東' 관계로 소련과 동유럽 국가들의 관계이며, 다음은 '西-西' 관계로 서유럽 국가들의 관계와 서유럽과 미국과의 관계이다. 마지막으로 '독일 문제' 이다. 이 3가지 구조가 동서 시스템의 하부 구조라고 할 수 있다. Barry Buzan, Morten Kelstrup, Pierre Lemaitre, Elzbieta Tromer and Ole Wæver, Ibid., p.58.

국제정치에서 널리 사용되는 '파워'[58]의 관점에서 보면 전후 유럽은 정치적, 군사적, 경제적 및 사회적인 면에서 어느 정도 통합되어 냉전 시스템의 형성에 있어서 그 역할을 수행하였다. 제2차 세계대전 이후 유럽은 당연히 '파워'가 약해지고 대신 미국과 소련은 정치적, 군사적으로 강해졌다. 냉전기 유럽은 분단되고 강대국이 운영하고 있는 양극구조에 편입되었다.

그 결과 유럽은 블록 시스템이 되고 블록 간 경쟁이 점점 격화되자 상대방을 배제하면서 심리적으로나 군사적으로 대립되는 상황에 직면한 결과, 서로 상대방을 '위협'으로 인식하면서 그것이 이데올로기 대립에 이르기까지 격화되어 갔다. 또한 유럽은 전후 미국과 소련이 만들어낸 냉전 시스템 속에서 그러한 '위협' 인식은 높아져 다양한 형태의 위기가 나타났다. 전후 유럽 국가들은 냉전 상황하에서 미국이나 소련과 동맹관계를 맺고 그러한 '위협'에 대처하려 하였다. 그 결과 전후 유럽의 안전보장개념이 중시되어 각국은 동맹관계를 맺는다.

유럽의 안전보장의 문맥은 동서대립과 그 구조 아래에 있는 세 개의 형태에 의해 설명할 수 있다는 점은 위에서 언급한 대로이지만, '파워'와 '위협'뿐만 아니라 상호의존이라는 것도 유럽의 냉전구조 속에서 등장하였다. 그것은 행위자뿐만 아니라 행위자 사이에서 상호작용하고 있는 것을 전제로 하고 있었다. 냉전 시스템하에서 미국과

---

58) Kenneth N. Waltz, *Theory of International Politics,* Mass.: Addi-son-Wesley, 1979.

소련 사이에서 그러한 관계는 낮은 차원이긴 하였지만 양국은 자기들의 구조를 지키는 것에 열심이었다. 그러므로 유럽과 미국은 서로 무역관계나 투자관계를 증대시키면서 경제적 의존관계를 밀접히 하고 있었다. 또한 서유럽 국가들은 EC라는 시장에서 관계를 심화시키고 있었다.

물론 소련과 동유럽도 미국과 서유럽의 관계처럼 무역과 재정 메커니즘을 만들어서 보다 효과적인 사회주의 경제를 만드는 것을 지향하고 있었던 것은 틀림없을 것이다.

그러나 냉전 시스템 속에서 완전히 분단되어 있던 유럽은 구조적으로도 블록화되어 있었기 때문에 서유럽과 동유럽의 의존관계는 낮은 차원에 머무르고 있었다.

(2) 그 이후

'파워', '위협', '상호의존'이라는 요소의 연계는 전후 유럽의 국제질서의 존재 형식을 결정하였으며 각 요소의 관계가 변화함으로써 미국과 소련, 미국과 유럽, 유럽과 소련의 관계는 냉전이라는 혹독한 상황 속에서 '긴장완화'라는 상호 협력 가능한 환경으로 전환할 수 있게 되었다.

먼저 '파워'의 관계에서 보면, 심각한 냉전기와 달리 유럽 각국의 경제는 회복 단계에 접어들었다. 유럽은 유럽합중국과 같은 국가가 아니기 때문에 '파워' 관계에 대해 설명하기 어렵지만 전후 EC와 같은 것이 만들어져 유럽 내부에서 세력균형과 세계적인 의미에서의 힘의 관계를 잘 균형 시키게 되었다. 그리고 긴장완화기에는 냉전기와 달리 상호관계가 심화되면서 정치적 및 경제적 영향력이 강화되었다. 그 결과 유럽은 국제 긴장완화기 동서 냉전구조 속에서 중요한 열쇠로 위상을 차지하게 되었으며 여러 면에서 그 역할을 발휘하였다.

다음으로 '위협' 그 자체는 힘의 관계보다 냉전기 유럽에서 심각한 문제였다. 그것은 엘베 강을 사이에 두고 동서가 대립하고 있었기 때문이다. 그러한 '위협'은 유럽 사람들의 의사와 관계없이 언제라도 공격을 받을 가능성으로부터 생겼다. 그것은 항상 양극 구조의 적의 이미지와 관계되었다. 이렇게 초강대국인 미국과 소련의 이데올로기적인 논리가 바뀌지 않으면 유럽은 전쟁에서 멀어지기 어려웠다. 냉전 상황의 쇠퇴와 EC의 발전 및 일본, 중국, 인도의 전후 피로로부터 성장은 새로운 국제환경을 낳았다. 그것은 전후 미국과 소련이 만들어낸 양극 구조가 아니고 '다극화 구조'이었다. 그 다극화 구조의 논리는 한편으로는 미국과 소련이 완성시킨 블록 시스템을 약화시키면서 다른 한편으로는 초강대국의 '위협'의 수준을 보다 낮추어 국제긴장완화에 공헌하고 있었다.

특히 초강대국인 미국과 소련은 전략적인 면에서 대화를 계속하며 서로 행동 룰을 만든 것은 다른 유럽 국가들에게 커다란 영향을 끼쳤다. 또한 동서관계의 문맥에서 양극관계의 변화는 다른 지역의 다극화를 촉진시켰다. 구체적으로 전략적인 면에서 이데올로기의 차이까지 그러한 변화가 발생했다.

그러한 변화의 결과, 유럽 지역에는 국가 간 상호의존관계가 냉전기와 같이 블록 간 내부의 교류가 아니라 보다 넓은 범위에서 이루어지게 되었다. 특히 1960~1970년대의 국제긴장완화에서 전후 유럽의 혹독한 상황은 변화하여 국교정상화 외교와 서독의 적극적인 긴장완화 정책에 의해 CSCE와 같은 다국 간 교섭이 가능하게 되었다.

3. 유럽 안전보장의 요소[59)]

전후 유럽 안전보장 시스템의 프로세스는 냉전초기부터 여러 가지 요소에 의해 형성, 변용, 전개되고 있었다. 그러한 유럽의 전후 시스템은 전후질서의 내부요소의 변화에 의해서 정치적, 군사적인 면에 있어서 점진적인 발전을 이루고 있었다.

냉전의 시작에 의해 세계정치는 특수한 시대에 들어서고 그 이후 세계는 미국과 소련이라는 두 개의 정치적, 군사적으로 강대한 국가에 의해 운영되게 되었다. 전후 유럽도 국제정치의 힘의 구조에 편입되어 현대 '유럽 안전보장'이라는 '위기' 구조가 나타나 지구적인 위기가 늘 사람들의 생활을 지배하고 있었다.

전후 유럽에서 볼 수 있는 특징적인 요소는 과거에서 현재까지 다

---

59) Adrian Hyde-Price, op.cit., pp.5-8.

음과 같은 것을 지적할 수 있다. 먼저 초강대국의 경쟁이 유럽의 역사적 운명을 좌우한다는 것이다. 유럽이라는 지역이 세계적인 사건의 중심지역이었던 점에서, 제2차 세계대전의 결과로 등장한 양극세계 속에서는 초강대국의 경쟁의 영향을 피할 수 없는 구조였다.[60] 또한 각 세력권의 내부구조에 있어서 미국과 소련의 지배적인 역할이 정당화되었다. 동시에 초강대국의 분쟁에 의해 관리되는 이러한 양극구조는 변동하는 국제시스템 속에서 분쟁을 관리하면서 어느 정도 안정적인 틀을 제공하였다.

전후 유럽에서 미국과 소련이 형성하고 있던 '대서양 동맹'과 '사회주의 공동체'는 유럽의 전통적인 구조와 형태를 단절시켜 전혀 다른 새로운 안전보장 시스템이라는 환경을 만들어냈다. 그리고 유럽은 전통적으로 대국이었던 프랑스, 독일, 영국이 아니라 토크빌 (Alexis de Toqueville)이 1830년대에 예언한 바와 같이 대륙에서 볼 때 주변부에 있던 미국과 러시아에 의해 그 미래가 결정되게 되었다.[61]

두 번째 요소는 전후의 이데올로기적인 적대감이었다. 그것은 전후 형성되어 있던 냉전구조 아래에서 상이한 가치관과 조직원리, 정치적인 관례를 가지고 있던 대립하는 두 개 진영의 충돌의 결과였다.[62] 그 기원은 볼세비키 혁명과 함께 제1차 세계대전 이후의 불안

60) Mike Bowker & Phil Williams, op.cit., p.11.
61) Adrian Hyde-Price, op.cit., p.47.
62) Fred Halliday, The Making of the Second Cold War, 2nd edition, London: Verso,

정한 시기까지 거슬러 올라가지만 세계정치에 있어서 결정적인 요
소가 된 것은 제2차 세계대전 후의[63] 유럽과 아시아로의 공산주의
확산에 의해서이다. 그러나 이 이데올로기 대립은 상이한 사회 시스
템 간의 분쟁뿐만 아니라 각각의 시스템 내부에서의 다툼이기도 했
다. 보다 구체적 설명을 덧붙이면 사회 속에서 자유를 추구할 것인
가 혹은 평등을 달성할 것인가, 개인인가 혹은 집단인가, 또는 시장
을 중시할 것인가 혹은 사회적인 정의를 우선할 것인가의 문제를 어
떻게 처리할 것인가라는 문제였다. 따라서 냉전의 이데올로기적인
차원은 현대화와 산업화의 무거운 부담에 그 근본이 있었다. 그리고
이러한 프로세스도 부분적으로는 그 정치, 사회적인 분단에 원인이
있었다. 그 결과 그러한 현상은 전후의 현대사회에 국제적인 긴장으
로 나타났고 특히 냉전기 이데올로기의 차원은 국제적 및 국내적으
로도 커다란 영향을 끼쳤다.

세 번째의 전후 유럽의 요소는 전통적인 대국 간의 다툼이었다.
그것은 동서분쟁의 중요한 구성요소가 되었다. 세력균형에 대한 전
통적인 대국 간의 다툼은 동서관계의 대립구조에도 포함되어 있었
다. 원래 그것은 소련 팽창주의에 대한 영국의 경계심에 의한 것으
로 결국 영국제국과 전제정치 국가 러시아 사이의 대립의 계속이었
을지도 모른다. 그러나 유럽에서의 전통적 권력정치의 주요 관심은
'독일문제'의 해결조건을 부여했지만 동시에 그 분단은 유럽에서 전

1984, pp.9-10.
63) Adrian Hyde-Price, op,cit,, p.6.

통적인 대국 간 경쟁과 보다 넓은 의미의 동서 분쟁과의 사이에 불가결한 관계를 만들어냈다.

네 번째 요소는 군비경쟁이다. 전후 동서 분쟁 자체는 보다 중요한 군비경쟁을 불러일으켰다. 또한 군비경쟁은 분쟁을 군사화 하여 동서 블록에 의해 강력하고 영향력 있는 '군·산 복합체'의 구조를 만들어냈다. 특히 미국과 소련의 군비경쟁은 동서분쟁을 지속시키는 작용을 하였다. 그 결과 그러한 시스템은 정치적, 이데올로기적인 대립구조를 대체하게 되었다. 동서 간의 군비경쟁은 60년대부터 새로운 협조의 시대로 진전하지만 초강대국의 국익과 국내적인 논리에 의해 불가피한 것이 되었다. 어떤 의미에서 냉전은 현대의 군사기술과 군비경쟁의 필요에 의해 이루어졌다고 할 수 있을 것이다.

그러나 엄격한 냉전구조도 전후 경제부흥에 의해 종합적인 동서분쟁 속에서의 이러한 요소들의 관계는 점차 변화하기 시작했다. 1940년대 말부터 1960년대에 걸쳐 그러한 요소들이 초강대국 사이에서는 중요했지만 상대적인 중요성은 유럽 각 국의 경제적 및 정치적인 자신감의 증가에 의해 쇠퇴하게 되었다. 일반적으로 전후 동서분쟁 속에서 가장 중요한 요소는 초강대국의 분쟁과 이데올로기적인 적대관계였다고 지적할 수 있다.[64]

또한 유럽 시스템에서 동서분쟁[65]은 안전보장상의 중요과제이며

---

64) Werner Link, Der Ost-West-Konflikt. Die Organisation der inter-nationalen Beziehungen im 20Jahrhundert, Stuttgart: Kohlhammer, 1988.

65) Ibid., pp.5-6.

동시에 전후의 '독일 문제',[66] 소련의 대 독일 정책,[67] CSCE=European Peace Order[68]의 문제이기도 했다.

여기서 주된 관심은 개별국가의 안전보장 전략을 다루는 것도 아니고 유럽 지역의 동맹관계에 있어서의 안전보장문제를 논하는 것도 아니다. 그 관심은 상호관계의 각국의 안전보장의 종합적인 구조와 유럽의 관계와 구조적인 네트워크에 대해서 생각하면서[69] 국제 긴장완화의 형성과 전개를 살펴보는 것이다.

1950년대 안전보장[70]의 개념은 소련의 위협에 대항하여 동유럽의 '소련화'를 저지하기 위한 것으로, 그것이 전후 유럽에 미친 영향은 크다. 그렇게 제시된 안전보장개념은 국제정치의 환경의 변화와 함께 서서히 변화해갔다. 특히 NATO 동맹국 중에서 군사적인 면에서 커다란 공헌을 하고 있던 서독이 정치적인 힘을 강화해 가는 사이에

---

66) Helga Haftendorn, op.cit., pp.58-68.

67) Ibid., pp.68-70.

68) Reimund Seidelmann, The CSCE Process: A way to European Peace in Security, (in *Arms Control and European Security*, Graeme P. Auton edt, Praeger, New York, 1989), chap.7.

69) Adrian Hyde-Price, Ibid., pp.11-12.

70) 전후 냉전구조에서 만들어진 안전보장 시스템은 동서 대결구조에 영향을 미쳤으며, 그 구조는 권력정치적인 지역분쟁과 전후 이데올로기에도 결정적인 것이 되었다. 유럽에는 NATO와 WTO와 같은 군사동맹체제가 형성되어 블록화를 완성시켰다. 그러한 결정에 의해 서로 자국의 이익을 확보하기 위해서 미국과 소련은 기본적으로 지역 전략적인 타협을 하였다(Wolfram, F.Hanrieder, Germany, America, Europe, pp.109-110). 특히 군비관리나 군비축소문제가 50년대 유럽 안전보장문제에서 중요한 과제였고 그중에서도 초강대국이 외교는 중요한 역할을 하고 있었다.

서유럽의 안전보장 시스템은 보다 통합되고 있었다. 그 결과 유럽의 안전보장 시스템은 유럽의 분단과 분단국가 동서 독일을 '힘의 체제'에 편입시켜 전후 시스템은 현실정치에서 명백하게 되었다. 그 이후 동서독은 블록 속에서 그 위치를 높여가면서 전후 정치의 파도에 올라탔다.

그러한 현상은 상당히 오래 계속되었으나 '쿠바 미사일 위기'와 '베를린 위기' 이후 미국과 소련 사이의 교섭에 의해 핵무기에 관한 회담이 시작되고 냉전구조의 변용이 진행되었다. 그것에 의해 초강대국의 전략적인 환경 변화-즉 핵무기를 둘러싸고 이루어지고 있던 논쟁의 봉착상태-가 대립의 구조에서 협조의 구조로 변화하는 형태로 나타난 것이다. 특히 미국과 소련 간 항상 존재하던 상대방에 대한 위협감이 변화하는 동시에 안전보장에 관한 인식도 변화해갔다. 아르멜 보고서와 같이 정치적인 긴장완화에 의해 군사적인 긴장완화도 이루어지게 된 것은 그 구체적인 사례다.

분단국가 서독도 예외 없이 냉전구조의 경험을 거쳐 긴장완화의 시대로 나아가기 시작했다. 시대의 흐름과 함께 서독은 자국이 직면하고 있는 현실을 파악하면서 새로운 정책을 시도하고 있었다. 본의 새로운 동방정책은 그것을 반영한 것으로, 그것은 유럽 평화질서는 동서의 균형으로서가 아니라 중부유럽의 화해가 필수조건(sine qua non)이라는 기초에 근거한 것이었다. 본의 새로운 외교정책으로 내세워진 동방정책은 독일 문제를 유럽화 하여 제시하는 것이었다. 서독은 독일 문제를 유럽화 하면서 그 문제를 악화시키지 않기 위해서 국제환경의 변화에 맞추는 형태로 신 동방정책을 전개했다.[71] 이와 같은 의미에서 신동방정책은 유럽의 문맥에서 새로운 '유럽 평화질서' 형성에 기여했다.

냉전기부터 긴장완화기에 이르기까지 유럽의 안전보장문제를 구체화하면서 유럽의 평화질서를 통하여 현상유지를 극복하는 것이 전후 서독의 외교목표였다. 그러한 과정 속에서 중심적인 문제는 역시 '독일의 분단'을 어떻게 극복할 것인가라는 것이었다. 거기서 서독은 유럽의 안전보장 개념을 스케치 하여 서독의 국익을 보다 명확히 하려고 노력하였다.[72] 먼저 서독이 당시 상정하고 있던 안전보장 개념 A(Conception A)의 관점에서 보면 그것은 기존의 동맹관계 속에서 긴장완화를 계속하면서 중부유럽의 통상병력의 삭감을 주장하는 것이었다. 다음으로 개념 B(Concept B)는 NATO와 바르샤바 조약기구가 공통의 기관에 의해 하나가 되는 중간 단계로 유럽 질서의 구조적인 지붕의 구축을 꾀하는 것이었다. 세 번째로 개념 C(Conception C)는 기존의 NATO와 바르샤바 조약기구를 대신하는 새로운 유럽 안전보장 시스템을 의미하는 것으로 1966년 바르샤바 조약기구의 부카레스트 선언이 제시한 제안과 비슷한 것이었다. 그러한 유럽 안전보장 시스템은 본부를 베를린에 두고 동서 독일, 베네룩스 국가들,

71) Wolfram F.Hanrieder, *Germany, America, Europe: Forty Years of German Foreign Policy,* New Haven and London: Yale University, 1989.

72) Timothy Garton Ash, *In Europes Name: Germany and the Divided Continent,* New York: Random House, 1993, pp.79-80.

폴란드, 체코슬로바키아를 '비핵지역'으로 만들려는 것이었다.

제3절. 평화질서로서의 안전보장체제와 긴장완화

1. 평화질서로서 안전보장체제

전후 NATO의 역사를 통해보면 서방 측의 안전보장정책의 핵심은 억지의 논리였고 그 대상은 미국의 동맹국에 대한 소련의 위협이었다. 그러나 미국에게 있어서 억지는 정치적인 봉쇄를 하기 위한 군사적·전략적 보완수단이었다. 또한 미국이 주로 생각하고 있던 '봉쇄정책'과 '억지전략'은 동서관계에 있어서 미국이 직면하고 있는 세계전략으로서 행해지고 있었다.

유럽에서의 미국의 봉쇄 전략은 두 개의 대상을 가지고 있었다. 첫 번째는 소련에 대한 것이고 두 번째는 서독에 대한 것이었다.[73] 50년대를 통하여 미국의 봉쇄정책과 억지정책은 서로 보완하면서 그 효과를 강화하게 되었다. 소련을 봉쇄하면서 억지할 수 있었고 서독도 봉쇄하는 동시에 안심할 수 있었다. 전후 미국의 대 유럽 전략은 전후의 정치적 논리에 의해 주어진 유럽의 안전보장이라는 목

---

73) Wolfram F.Hanrieder, op.cit., pp.29-35.

적을 수행하는 것이었다.

전후 유럽의 분단과 독일의 분단은 냉전기의 정치와 이데올로기에 의해 더욱 심각해져 동서관계는 블록화 되었다. 이러한 현상은 분단되어 있는 지역을 정치적, 경제적으로 통합하여 각각의 안전보장을 우선하는 전략을 진행하고 있었다. 서방 측, 특히 미국과 서유럽 국가들은 서방 측 동맹 시스템을 만들어 서유럽에서 군사적인 대결이나 세계적인 억지를 행하고 있었다. 특히 NATO라는 안전보장 시스템은 분단되어 있는 유럽과 서독을 지키기 위해 창립된 안전보장 시스템이었다.

유럽에서의 안전보장이라는 것은 전후 독일 문제를 해결할 때에도 중요한 것이었다. 왜냐하면 유럽의 안전보장문제는 전후 유럽의 분단과 독일문제의 해결이 주된 내용이었기 때문이다. 전후 서독이 전개한 외교정책도 그러한 관점에서 이해할 수 있다. 유럽의 안전보장과 관계되는 국가들은 전후 서로 '위협'으로 인식하고 있는 전후 현상을 유지하면서 실제의 긴장상태를 완화하는 시도를 외교정책으로서 내세웠다. 이러한 정책은 기본적으로 유럽의 구조를 평화적으로 안정화시키려고 했다. 60년 이후 동서 양쪽에서 이루어진 여러 가지 선언과 제안의 뿌리에는 기본적으로 평화적인 유럽을 생각했을지도 모른다.

예를 들면 서독의 브란트 총리도 "전쟁은 정치적 목적을 달성하는 수단이어서는 안 된다. 단순히 전쟁을 제한하는 것이 아니라 이것을 근절하지 않으면 안 된다. 오늘날 어느 나라의 이해도 평화에 대한 공동의 책임에서 떨어져 생각할 수 없다. 이러한 것은 모든 외교관계에서도 인정되어야 하는 사실이다. 그러므로 외교정책은 유럽 및 세계의 안전보장을 달성하는 수단으로서 긴장을 완화하고 각 국 간 의사소통을 촉진하는 것을 목표로 하지 않으면 안 된다"[74]고 말한 바와 같이 유럽은 유럽 문제를 해결하기 위해 이성을 모으고 있었다. 브란트 총리는 인류자멸의 위협 아래서 공존은 인간의 존속 자체의 문제라고 하면서 공존은 인간이 살아남는 몇 가지의 가능성 중 하나에 지나지 않는 것이 아니라 그 유일한 기회라고 생각하고 있었다. 전후 유럽의 발전, 즉 경제적인 부흥과 긴장의 연속이라는 점에서 특징짓는다면 동서의 충돌의 위험에서 평화유지에 공헌하는 것을 강조한 것도 그 시대의 흐름과 관계가 있을 것이다.

브란트 총리는 평화의 보장을 위해 각 국은 정책의 방침을 분명히 하지 않으면 안 된다고 강조하였다. 이것을 실천하기 위해서 정부는 특정한 공헌을 분명히 정하는 것이 중요하다고 하였다.[75] 서독이 동방정책을 실시하면서 전개한 정책들은 바로 그러한 관점이다. CSCE의 안전보장과 협력문제도 기본적으로 동유럽에 대항하는 블록을 만들려는 것이 아니라, 유럽의 사회적 구성을 강화하여 균형 잡힌 유럽 안전보장체제를 건설하는 것이었다고 볼 수 있다.

---

74) Klaus Reiff, edt., *Frieden by Willy Brandt*(Friedrich-Ebert-Stiftung, 1971), 『平和のための戦い』(直井武夫 訳, 東京: 読売新聞社, 1973), p.226.

75) Ibid., p.241.

2. 국제긴장완화로서의 안전보장[76]

1960년대에 접어들어 동맹국 사이에서 커다란 문제가 된 것은 핵무기 문제였다. 서독의 입장에서 보면 미국은 미국우선의 외교정책을 취할 것이라고 예측하였다. 이것은 '유럽 중심적인 전략에서 세계적인 전략으로'라는 미국의 변화에 대한 걱정과 염려이기도 하였다. 제2차 '베를린 위기' 이후의 미국의 자세에 어느 정도 납득할 수 없는 감정을 가지고 있었던 서독 측에서 보면 그것은 당연한 것이었을는지도 모른다.

그 이후 서독은 변화하는 서방 측 동맹의 군사적, 전략적 개념에 대해 전략적인 대응을 해야만 하는 상황에 직면하였다. 서독의 본 정부는 격렬한 국내 논쟁과 외교적인 부담에 직면하면서 자국의 핵 전략의 방위계획을 변경하였다. 미국도 서독의 전략변경과 함께 자신의 대량보복 전략(Massive Retaliation Strategy)에서 유연반응 전략(Flexible Response strategy)으로 전략을 바꾸었다. 결국, 정치적인 분야에서의 이러한 전략적 변화는 군비관리에 의해 보완되게 되었다.[77]

---

76) Helga Haftendorn, op.cit., chap.3 긴장완화 정책도 안전보장 정책의 하나로 추진되었다고 인식하고 있다. 특히 대연립 정권 이후 서독이 행한 주요 정책은 그러한 의미로 이해되었다.

77) William W.Kaufmann, *The Mcnamara Strategy,* New York: Harper & Row, 1964; Thomas C. Schelling and Morton H. Halperin, *Strategy and Arms Control,* New York: The Twentieth Century Fund, 1961.

NATO 군사동맹 속에서 서독은 자국의 영향력을 강화하면서 핵문제에 대해서 발언력을 갖기 위하여 노력하고 있었다.[78] 그 이후도 미국과 서독은 NATO에서의 핵무기에 관한 협력을 통해 동맹국 간의 정책을 조정하고 있었지만 미국과 서독의 인식의 차이는 구체적인 정책에서 나타나게 되었다. 특히 미국의 전략변화는 서독의 긴장완화 정책이나 동맹정책, 안전보장 정책에 커다란 문제가 되어 이 문제를 둘러싸고 서독 국내정치는 대서양파(Atlanticist)와 드골주의자(Gaullist)라는 두 개의 진영으로 나누어졌다.

대연립 정권의 등장과 함께 외무장관이 된 브란트는 유럽에 '평화'와 '화해'를 달성하는 의지를 명확히 하면서 '독일문제'를 해결하는 방법으로써 전 유럽을 포함하는 '평화질서'를 시도하고자 하였다. 특히 그는 국내정치에서 어느 정도의 책임감을 가지면서 '유럽의 현실'을 받아들이고 있었다.[79]

서독은 대연립 정권 성립 후 동유럽 국가들과의 관계를 개선하는 움직임을 보이면서 유럽에 새로운 바람을 불어넣어 새로운 국면을 이끌었다. 그 방법은 처음에는 바르샤바, 부다페스트 및 부카레스트

---

78) 1962년 4월 국방장관 F.J. Strauss 는 다음과 같이 요구하였다. 먼저 유럽에 배치되어 있는 미국의 핵무기의 위치와 그에 관련된 정보를 제공할 것, 두 번째, 유럽에 배치되어 있는 핵무기를 관련국의 동의 없이 철수시키지 않을 것을 보증할 것, 마지막으로 핵무기의 사용에 관한 적극적이고 부정적인 관리. 이와 같이 요구하면서 서독은 제4의 원자력으로 NATO 안을 지지하면서 정치적인 결론에 이르렀다.

79) SPD는 서독의 핵무기에 관한 문제는 동유럽 국가들과의 관계 정상화의 전제조건으로 간주하면서 유럽의 긴장완화를 위해서는 현상유지라는 현실을 인정해야 한다는 입장을 취하고 있었다.

에 무역사무소를 개설하고 나아가 본 정부는 '평화노트'나 '무력포기'라는 제안을 하고 있었다.[80] 이렇게 서독이 행하고 있던 동방정책은 성격적인 측면에서 긴장완화 정책, 독일통일 정책 및 안전보장 정책이라는 세 가지의 의미를 가지면서 세계정치에 있어서 새로운 유럽 시스템(질서)을 만들어내려고 하였다. 유럽이라는 지역 속에서 이루어진 서독의 외교정책은 동맹국 간의 협력을 중요시하며 결국 본 정부는 유럽의 안전보장의 틀 속에서 자국의 외교정책 구상을 짜고 있었다. 그 결과 서독이 시도한 것은 이른바 동방정책이었다. 그것은 장래 '독일문제'를 해결하는 전제조건으로 제기되었고 동시에 소련과 동유럽과의 관계정상화를 계획한 것이라고 생각되었다.

그 이후 긴장완화 정책의 다극화라는 국제적인 환경 속에서 소련에서 나온 CSCE 구상은 적극적으로 전개되게 되었다. 그때까지 동서독은 국제연합에 동시 가입하여 서로 국제적인 위신을 높인 후 CSCE에도 참가하도록 되어 있었다.

CSCE의 프로세스는 소련의 주장에 미국과 서방국가들이 호응하는 형태로 이루어졌다. 특히 그 중에서 중요시된 것은 안전보장문제를 어떻게 다룰 것인가라는 점이었다. 본의 관점에서 보아도 CSCE의 중요성은 높았다. 특히 그 회의는 베를린 문제나 서독이 추진하고 있는 긴장완화 정책에 대해서 어떠한 성과를 얻는 특별한 기회로 생각되었다. 또한 그것은 서독의 브란트 총리가 제안한 '유럽의 평

---

80) Helga Haftendorn, op.cit., p.120.

화질서'를 구축하기 위해서도 도움이 되는 것이었다. 실제로 행해진 CSCE 회담은 서독이 동방정책을 추진하도록 하는 동시에 다극적인 국제긴장완화로 향한 접근을 가능하게 하였다.

CSCE 프로세스는 그 이후 CSCE의 틀 속에서 동서 간 군비삭감에 관한 교섭을 시작하면서 다른 한편으로는 유럽에서 인권문제를 진전시켰다. 이렇게 CSCE의 틀에서 이루어진 여러 가지 프로세스는 그것들의 중요성을 활용하면서 역할을 증대시켜 나갔다. 그러한 의미에서 CSCE는 유럽에 있어서 새로운 집단적 안전보장 시스템의 중심으로 발전한 것이다.

나가면서

　지금까지 1960년대 중반 이후 진행된 국제긴장완화의 형성·전개·제도화·재구조화에 대하여 설명하였다. 이 과정은 분단을 극복하기 위하여 무척 어려운 과정이었다. 나아가 분단국 자신들의 정책뿐만 아니라 주변 국가들과의 조화 속에서 변화하는 국제상황을 읽어내는 지혜가 절실하게 필요하였다.

　분단국가 서독은 이러한 험난한 과정을 거치면서 통일국가라는 국가의 목표를 달성하였다. 이 책에서 본 대로 그들의 노력은 치밀한 계획과 우수한 정책으로 서서히 접근하였다. 그들이 전개한 동독에 대한 접근과 그리고 소련을 중심으로 한 동유럽 국가에 대한 접근 또한 서방국가에 대한 정책은 감히 무방하기 어려울 정도로 체계적으로 진행되었다. 또한 정책결정자들의 수준 또한 뛰어났음을 확인할 수 있었다.

　이렇게 보면 분단국가를 통일국가로 만들어 나가기 위해서는 어느 정도의 노력이 필요한가를 잘 알 수 있다. 냉혹한 냉전질서 속에서 진행된 그들의 정책들은 교과서와 같은 것이었다. 변화하는 국제정치질서 속에서 그들은 자신들의 정책을 동맹국들과 협력이라는 틀 속에서 점점 강화시켜 나가면서, 결국 자신들의 강한 정책이 동맹국들의 지지를 받아가며 대소련과 동유럽 국가들과의 관계를 정상화시켰다. 이러한 서독의 노력은 20세기 외교사와 국제정치를 설명하는 데 있어서 중요한 역사적인 사건이 되었다.

서독은 이러한 체계적인 외교정책과 통일정책으로 분단국가에서 통일국가가 되었다. 즉 분단종식의 통일외교의 기초를 잘 전개하였기 때문이다.

이 책의 내용 또한 60년대를 거쳐 70년대를 맞이하면서 분단국가가 긴장완화 정책을 어떻게 전개하였는가에 관한 설명이었다. 그러므로 다음과 같이 정리할 수 있다.

먼저 1970년대 이후 국제적인 긴장완화 환경 속에서 강대국이 전개하고 있는 긴장완화에 분단국가가 적극적으로 자신들의 외교정책을 전개하여 통일의 기초를 쌓았다고 평가할 수 있다.

둘째로 분단국가가 긴장완화를 전개하는 과정에서 많은 저항에 직면하였고, 그것을 극복하는 과정도 잘 보았다. 그리고 긴장완화를 제도화하는 과정에서 서독은 주변 국가들을 안심시키면서, 치밀한 논리로 대응하였다. 이러한 것들은 냉전을 종식시키는 과정에서나 통일과정에서도 잘 확인할 수 있었다.

셋째로 미국과 소련 그리고 서독은 국제긴장완화의 핵심적인 행위자였음을 확인할 수 있었다. 이 3국은 그 이후에도 국제질서의 중심 행위자로 탈이데올로기화를 주도해 나가면서 결국 냉전종식을 이루어냈다. 또한 70년대 미국과 소련에 의해 진행된 유럽의 긴장완화는 유럽안전보장회의로 귀결되는 상황을 만들어냈다. 그 이후 서독이 제안한 협력적 안전보장과 같은 개념은 소련을 변화시키는 역

할도 하였다. 결국 냉전종식을 통해 유럽은 포괄적인 안전보장을 달
성하게 된다. 이러한 긴장완화와 통일외교는 좋은 정책적 아이디어
와 국제환경 그리고 훌륭한 지도자에 의하여 이루어진다는 것을 알
수 있다.

넷째로 이 책에서는 냉전정책과 긴장완화 정책의 긴장관계를 확
인할 수 있었다. 냉전초기의 냉전정책은 자신의 진영을 공고히 하는
정책이었다. 그러나 이러한 정책들은 국제상황의 변화에 따라 서서
히 변화하여 새로운 긴장완화 정책을 요구하였다. 이러한 요구에 정
부와 정당 지도자들이 적극적으로 대응하면서 대화의 기회를 증가
시켰다. 특히 빌리 브란트와 에곤 바의 역할은 정책의 구상에서부터
실천에 이르는 과정에서 빛났다. 그들은 본과 모스크바 사이에서 전
개되는 외교게임에서 탁월한 능력을 발휘하여 전후 유럽의 질서를
현상유지라는 상태로 유지하면서, 새로운 안전보장 회의를 시작하
는 계기를 마련하였다. 두 사람의 협력관계는 긴장완화 시대를 극복
하고 통일의 시대를 여는 기초가 되었다.

마지막으로 통일문제는 매우 어려운 작업이다. 수많은 국제회의
와 정책들을 가지고 끊임없이 노력해야 한다. 그만큼 긴장완화의 제
도화와 통일의 길은 험난하다. 그렇지만 계속 노력하여야 한다. 국
내정치에 있어서 정부는 좋은 정책을 전개하여야 하며, 동시에 정당
간의 치열한 경쟁이 필요하다. 즉 정책면에서 경쟁과 협력이 중요하
다. 그리고 외교와 안전보장 분야에 있어서 전문가들이 필요하다.
자신들의 외교와 국제적인 차원에서의 외교를 종합적으로 이해할

수 있는 전문가가 필요하다. 또한 변화하는 국제정치를 잘 활용하는 능력 있는 지도자가 필요하다. 관련 국가들과의 관계를 잘 관리할 줄 아는 국제적인 전문가가 지도자가 되어야 한다는 것을 이 책을 통하여 통감한다.

참고문헌

1. 단행본

Abshire David M., Grand Strategy Reconstructed: An American View, (Eleanor Lansing Dulles& Robert Dickson Crane, *Detente: Cold War Strategies in transiton*, Frederick A. Praeger, New York, 1965)

Adenauer Konrad, *Erinnerungen 1953-1955*(DVA, Stuttgart, 1966)

Alexander L.George(edt), *Managing U.S.-Soviet rivalry(Westview Press: Boulder, 1983)*

Allen Richard V., "Peace or Oeaceful Coexistence?,"(Eleanor Lansing Dulles & Robert Dickson Crane, *Detente: Cold War Strategies in transiton*, Frederick A. Praeger, New York, 1965)

Ash Timothy Garton, *In Europe's Name: Germany and the divided continent*(New York: Random House, Inc., 1993)

Barghoorn Frederick C., *Detente and the Democratic Movement in the USSR*(New York: The Free Press, 1976)

Baring, Arnulf, *Machtwechsel, die Ara Brandt-Scheel*(Stuttgart: Deutsche Verlag- Anstalt, 1982)

Bark Dennis L. and David R.Gress, *Democracy and its Discontents 1963-1988*(Oxford: Basil Blackwell, 1989)

Barnbaum Karl, *East and West Germany: A Modus vivendi*(Saxon House, 1973)

Bell,Coral., *Diplomacy of Detente: The Kissinger Era*(Lodon: Martin Robertson, 1977).

Ben Lowe, "NATO and Domestic Politics: Britain, Italy, and West

Germany during Cold War and Detente".

Birnbaum Karl, *Peace in Europe*(London: Oxford Univ. Press, 1970).

Birnbaum Karl, "East-West Diplomacy in the Era of Multilateral Negotiations: The Case of the Conference on Security and Cooperation in Europe(CSCE)", in Andr n and Birnbaum, Beyond Detente.

Blacker Coit D., The Kremlin and Detente: Soviet Concepts, Hopes and Expectations, in George, Alexander L. *Managing U.S.-Soviet rivalry., Westview Press: Boulder, 1983)*.

Bluth Christoph, "A West German View", Richard Davy(edts), European Detente: A Reappraisal(London: Sage, 1992).

Bloed Arie (eds), *The Challenges of Change: The Helsinki Summit of the CSCE and its aftermath*(Dordrecht: MartinusNijhoffPublis hers, 1994).

Brzezinski Z.K., Alternative to Partition,(McGraw-Hill,1965).

Butterfield Herbert, *History and Human Relations*(London: Collins, 1951).

Buzan, Barry, *People, States and Fear: An Agenda for International Security Studies in post-Cold War Era*(Hemel Hempstead: Wheatsheaf, 1991)

Buzan, Barry, Morten Kelstrup, Pierre Lemaitre, Elzbieta Tromer and Ole Wæver, *The European Security Order Recast: Scenarios for the Post-Cold War Era* (Pinter, 1990)

Callo David, *The German Problem Reconsidered: Germany and the World Order, 1870 to the Present*(Cambridge: Cambridge Univ. Press, 1978).

Chomsky, N. *Towards a New Cold War*(London: Sinclair Brown, 1982).

Cox Arthur Macy, *The Dynamics of Detente: How to End the Arms Race*(New York: W W Norton & Company.Inc, 1976).

Czempiel Ernst-Otto, "Military and Political Detente in American Foreign Policy",(F.A.M. Alting von Geusau, (edts), *Uncertain Detente*(Sijthoff & Noordhoff International Publishers B.V., Alphen aan den Rijn, The Netherlands, 1979).

Freeman John, *Security and the CSCE Process: The Stockholm Conference and Beyond*(London: Macmillan, 1991).

Dallin Alexander(eds), *U.S.-Soviet Security Cooperation: Achievements, Failures, Lessons*(Oxford: Oxford Univ. Press, 1988).

Dawisha Karen, *The Kremlin and the Prague Spring*(Berkeley: University of California Press, 1984)

Dyson Kenneth, "The Conference on Security and Cooperation in Europe: Europe before and after the Helsinki Final Act"(Kenneth Dyson, edt., *European Detente: Case Studies of the Politics of East-West Relations*, London: Pinter).

Ferraris Luigi Vittorio, *Report on a Negotiation: Helsinki-Geneva -Helsinki 1972-1975*(Sijthoff & Noordhoff Internationa lPubli shersBV, 1979).

Frei Daniel, edt., *Managing International Crises*(London: Sage, 1982).

Frey Eric G., *Division and Detente: The Germanies and Their Alliances* (New York: Praeger, 1987).

Gaddis, John Lewis, *Strategies of Containment: A Critical Appraisal of Postwar American National Security Policy*(New York: Oxford

University Press, 1982).

Gaddis, John Lewis, *Russia, The Soviet Union and The United States: An Interpretaive History*, (McGraw—Hill Publishing Company, 2nd, 1990).

Garthoff Raymond L., *Detente and the Confrontation: American— Soviet Relations from Nixon to Reagan*, (The Brookings Institution, 1985).

Geusau Frans A.M. Altingvon (eds), *Uncertain Detente*(Sijthoff & Noordhoff, 1979).

Goldmann Kjell, Change and Stability in Foreign Policy: the Problems and Possibilities of Detente(New Jersey: Princeton Univ. Press, 1988).

Griffith William, The Ostpolitik of the Federal Republic of Germany(Cambrideg, Massachusetts, MIT Univ. Press, 1978).

Griffith William, The Superpowers and Regional Tensions: The USSR, the United States, and Europe(Lexington Books, 1982).

Haftendorn Helga, *Security and Detente*(NewYork: PraegerPublishers, 1985).

Halliday Fred, *The Making of the Second Cold War*, 2nd edition(London: Verso, 1984).

Hanrieder Wolfram F., *Germany, America, Europe: Forty Years of German Foreign Policy*(New Haven and London: Yale University, 1989).

Hanrieder Wolfram F., *Germany, America, Europe: Forty Years of German Foreign Policy*(Yale University Press. 1989)

Hans—Hendrik Kasper, "A East German View", in Richard Davy,(eds).,

European Detente: A Reappraisal(Sage, 1992).

Hans-Jürgen Rautenberg, The Federal Republic of Germany in the 1950s, in Carl-Christoph Schweitzer,ed., *The Changing Western Analysis of Soviet Threat*(Pinter, London, 1990).

Hans peter Neuhold, "The M(B)FR: Negotiations, the Military Balance and Detente in Europe,"(P.Terrence Hopmann,ed., *Rethinking the Nuclear Weapons Dilemma in Europe*, London: Macmillan Press, 1988).

Haroto Hakovirta, *East-West Conflict and European Neutrality* (Oxford Univ. Press, 1988).

Heaclides Alexis, *Helsinki-II and its Aftermath: The Making of the CSCE into an International Organization*(New York: Pinter Publishers, 1993).

Hildebrand Klaus, *German Foreign Policy from Bismarck to Adenauer: The limits of statecraft*(Winchester, Mass.: Unwin Hyman, 1989).

Hoffmann Stanley, *Primacy or World Order: American Foreign Policys in the Cold War*, New York: McGraw-Hill, 1978).

Hyde-Price Adrian, *European Security beyond the Cold War:Four Scenarios for the Year 2010*(Sage, 1991).

IanM.Cuthbertson(eds), Redefining the CSCE: *Challenges and Opportunities in the New Europe*(New York: Institute for East West Studies, 1992)

Igor I. Kavass, Jacqueline Paquin Granier and Mary Frances Dominick(ed.), *Human Rights, European Politics, and the Helsinki Accord: The Documentary Evolution of the*

Conference on Security and Cooperation in Europe 1973–
1975(Williams S. Hein & Co., Inc.: Buffalo, New York, 1981).

Jacobson, Jon, Locarno Diplomacy: Germany and the West, 1925–1929
(Princeton Univ. Press, 1972)

Jacobsen, Hans–Adolf und Wilfried von Bredow, Nachbarn
Mi trauische: Deutsche Ostpolitik 1919–1970(Droste Verlag,
1970).

Jiri Valenta, Soviet Interventionin Czechoslovakia, 1968(Baltimore:
Johns Hopkins University Press, 1979).

Joseph D. Douglass, Jr., Soviet Military Strategy in Europe(New York:
Pergamon, 1980).

Kaldor Mary, The Imaginary War: Understanding the East–West
Conflict(Basil Blackwell, 1990).

Kaldor Mary and Richard Falk, Edt. Dealignment: A New Foreign
Policy Perspective, (The United Nations University, 1987).

keesing's Research Report, Germany and Eastern Europe Since 1945:
From the Potsdam Agreement to Chancellor Brandt's
Ostpolitik(New York: Charles Scribner's Sons, 1973).

Keith L.Nelson, The Making of Detente: Soviet–American Relations in
the Shadow of Vietnam(Baltimore: The Johns Hopkins Univ.
Press, 1995).

Kennedy Paul, The Rise and Fall of the Great Powers: Economic
Change and Military Conflict 1500–2000(New York: Vintage
Books, 1989).

Keohane Robert O.(edt), Neorealism and Its Critics(New York:
Columbia Univ., 1986).

Kissinger Henry, *The White House Years*(London: Weidenfeld and Nicolson and MichaelJoseph, 1979).

Kratochwil Friedrich V., *Rules, Norms, and Decisions: On the Conditions of Practical and Legal Reasoning in International Relations and Domestic Affairs*(Cambridge Univ., 1989).

Larrabee F. Stephen, "The view from Moscow" in F. Stephen Larrabee(eds), *The Two German States and European Security*(London: Macmillan, 1989).

Litwak Robert S., *Detente and the Nixon Doctrine: American Foregin Policy and the Pursuit of Stability, 1969-1976*(Cambridge Univ. Press, 1984).

Mastny Vojtech, *Helsinki, Human Rights ,and European Security: Analysis and Documentation*(Durham: DukeUniv., 1986).

McGhee George, *At the Creation of a New Germany: from Adenauer to Brandt*(Yale University Press, 1989).

Meissner Boris, ed., *Die Deutsche Ostpolitik 1961-1970* (Documentation, Cologne, 1975).

Merkel Peter H., *German Foreign Politics, West&East: On the Threshold of a New European Era*(Santa Barbara, California: Clio, Press, Inc., 1974).

Moreton N. Edwina, *East Germany and the Warsaw Alliance: The Politics of Detente,*(Boulder, Colo.: Westview Press, 1978).

Möttöl Kari, "System Crisis: Lessons of Regional Detente" (Daniel Frei, edt., Managing International Crises, London: Sage, 1982).

Peter Bender, *Die Ostpolitik Willy Brandts*(ReinbekbeiHamburg:

Rowohlt, 1972).

Peter Bender, *Deutsche Parallelen: Anmerkungen zu einer geminsamen Geschichte zweier getrennter Staaten*(Berlin: Siedler, 1989).

Pipes, R., *US-Soviet Relations in the Era of Detente*(Westview Press, 1981).

Plock Ernest D., *The Basic Treaty and the Evolution of East-West Germany Relations*(Westview Press, 1986).

Pranger Robert J.(edt), *Detente and Defense: A Reader*(American Enterprise Institute for Public Policy Research, Washington, D.C., 1976).

Richardson James L., *Germany and the Atlantic Alliance: The Interaction of Strategy and Politics*(Cambridge, Massachusetts: Harvard Univ. Press, 1966), Part I.

Rittberger, Volker,(edt), International Regimes in East-West Politics(London: Frances Pinter, 1990).

Schlesinger, Jr ArthurM., "Detente: An American Perspective",(George Schwab & Henry Friedlander, edt., Detente in Historical Perspective, Irvington Publishers, Inc., New York, 1981).

Schelling Thomas C. and Morton H. Halperin, *Strategy and Arms Control*(New York: The Twentieth Century Fund, 1961).

Schmidt Helmut, *Die Deutschen und ihre Nachbarn*(Siedler Verlag, 1990).

Schwartz David N., "Detente: A United States View", (Richard Crockatt and Steve Smith,ed., The Cold War Past and Present, London:

Unwin HymanLtd., 1987).

Seidelmann Reimund, *The CSCE Process: A way to European Peace in Security, in Arms Control and European Security*, Graeme P. Auton edt, Praeger, New York, 1989).

Shulman Marshall. D., *Beyond the Cold War*(Yale Univ Press, 1966).

Sowden, J.K. *The German question 1945-1973*(Bradford Univ.,Press, 1975).

Spencer R.(eds), *Canada and the Conference on Security and Cooperation in Europe*(Toronto: Centre for International Studies, University of Toronto, 1984).

Stanley Timothy W. & Darnell M. Whitt, *Detente Diplomacy: United States and European Security in the 1970s*(New York: The Dunellen Company., Inc., 1970).

Stevenson, Richard W., *The Rise and Fall of Detente*(London: Macmillan Press, 1985).

Mastny Vojtech, *Helsinki, Human Rights and European Security*(Durham: Duke University Press, 1986).

S. Flanagan, The CSCE and the development of detente, D. Leebaert (eds), *European Security: Prospects for the 1980s*(Lexington, Mass.: Heath, 1979).

The North Atlantic Treaty Organization: Facts and Figures, (Brussels: NATO Information Service, 1981).

The Treaty: between the Federal Republic of Germany and the People's Republic of Poland(the Press and Information Office of the Federal Government, 1971).

Ulam Adam B., *Dangerous Relations: Soviet Union in World Politics,*

1970−82 (Oxford Univ. Press, 1984).

Van Oudenaren John, *Detente in Europe: The Soviet Union and the West since 1953*(Durham: Duke University Press, 1991).

Waltz Kenneth N., *Theory of International Politics*(Mass.: Addison −Wesley, 1979).

Wall, Roger, G. *The Dynamics of Polarization: An Inquiry in Process of Bipolarization in the International System and Its Regions, 1946− 1970*(Stockholm, 1975).

Werner Link, *Der Ost−West−Konflikt. Die Organisation der internationalen Beziehungen im 20 Jahrhundert*(Stuttgart: Kohlhammer, 1988).

White Stephen, *The Origins of Detente: The Genoa Conference and Soviet−Western Relationas, 1921−1922*(Cambridge Univ. Press, 1985).

Willy Brandt, Klaus Reiff, edt., Frieden by Willy Brandt(Friedrich−Ebert−Stiftung, 1971, 『平和のための戦い』, 直井武夫 訳, 東京: 読売新聞社, 1973).

William W.Kaufmann, *The Mcnamara Strategy*(New York: Harper & Row, 1964).

Windsor Philip, *Germany and the Management of Detente*(London: Chatto and Windus Ltd, 1971).

Waldemar Besson, *Die Aussenpolitik der Bundesrepublik: Erfahrungenund Massstäbe*(M nchen: R. Piper& Co, Verlag).

Wolfgang Klaiber, Laszlo Hadik, Joseph Harned, James Sattler, Stanislaw Wasowski, *Era of Negoriations: European Security and Force Reductions*(Lexington: Lexington Books, 1973).

Willy Brandt, *A Peace Policy for Europe*(New York: Holt, Rinehart & Winston, 1969).

Willy Brandt, *People and Politics*(London: Collins, 1976).

坂本義和, 「冷戦状況の政治構造」, 江口朴郎 坂本義和 編, 『岩波講座 現代6 冷戦-政治的考察』(岩波書店, 1963).

佐瀬昌盛, 『西ドイツの東方政策』(国際問題研究所, 1973年).

高橋 進, 「西欧のデタント-東方政策の試論-」, 『戦後デモクラシーの変容』 (犬童一男 山口 定 馬場康雄 高橋 進 編, 岩波書店, 1991).

永井清彦, 『現代史ベルリン』(朝日新聞社, 1984).

吉川 元, 『ヨーロッパ安全保障協力会議(CSCE): 人権の国際化から民主化支援への発展過程の考察』(東京: 三嶺書房, 1994).

アンドレイ グロムイコ, 『グロムイコ回想録ーソ連外交秘史』(東京: 読売新聞社, 1989).

百瀬 宏, 『小国: 歴史にみる理念と現実』(東京: 岩波書店, 1988).

百瀬 宏, 「フィンランドのCSCE政策」(百瀬 宏 植田隆子 編, 『欧州安保会議(CSCE) 1975-92』, 日本国際問題研究所, 1992).

小久保康之, 「東西経済協力(第三バスケット)」, (百瀬 宏 植田隆子 編).

2. 논문, 잡지, 신문

Brandt Willy, "German Policy toward the East"(*Foreign Affairs*, vol.46, no.3, April, 1968).

Christoph Bertram, "The Politics of MBFR", (*The World Today*, Jan, 1973).

Clemens, W.C., The Impact of detente on Chinese and Soviet Communism, *Journal of International Studies*(vol.28, No2, 1974).

Dmitry Proektor, "Military Detente: A Soviet View", (*Survival*, XVIII, No.6, 1976).

Fran ois de Rose, "The Future of SALT and Western Security in Europe", (*Foreign Affairs* 57, no.5, Summer, 1979).

Erler Fritz., "The Alliance and the future of Germany", (*Foreign Affairs*, April, 1965).

Gaddis John Lewis, The Long Peace: Elements of Stability in the Post-War International System(*International Security*, 10, 1986).

Hoffamann Stanley, "An American Social Science: International Relations" (*Dadalus* 106, 1977).

Gerhard Schroeder, "Germany Looks at Eastern Europe", (*Foreign Affairs*, vol.44, October, 1965).

Gerhard Wettig, "Soviet Shifts in European Seurity Policy", (*Aussenpolitik*, no.3, 1970).

Götz von Groll, "East-West Talks in Helsinki", (*Aussenpolitik*, no.4, 1972).

Götz von Groll, "The Foreign Ministers in Helsinki", (*Aussenpolitik*, no.3, 1973).

GregoryA. Flynn, "The Content of European Detente", (Orbis, Summer, 1976).

Hallstein Walter, "Germany's Dual Aim: Unity and Integration", (*Foreign Affairs*, vol.31, no.1).

Hans-GeorgWieck, "Überlegungen zur Sicherheit in Europe", (Aussenpolitik, July, 1972).

Hassner, P. "Eurocommunism and detente" (*Survival* 19,6)

Herz John H., "Idealist Internationalism and the Security Dilemma", (*World Politics* 2, January, 1950).

Jervis Robert, "Cooperation under the Security Dilemma", (*World Politics* 30, January, 1978).

Jervis Robert, "The Political Effects of Nuclear Weapons: A Comment", (*International Security* 3, Fall, 1988).

J.I. Coffey, "Detente, Arms Control and European Security", (*International Affairs*, Jan, 1976).

John Yochelson, "MBFR: The Search for an American Approach", (*Orbis* 17,. no.1, Spring, 1973).

Josef Joffe, "Why Germans Support SALT", (*Survival* 21, no.5, 1979).

Karl Cordell, *The Origins and development of Deutschlandpolitik 1969-1974*(University of Warwick Ph.D., 1988).

Kupchan and Kupchan, "Concerts, Collective Security, and the Future of Europe", (*International Security*, 16, 1991).

Mike Bowker and Phil Williams, "Helsinki and West European Security" (*International Affairs*, Vol.61, No.4).

Mojmir Povolny "The Soviet Union and the European Security Conference", (*Orbis*, Spring, 1974).

Regina Schunck Sharif, Ostpolitik and German Public Opinion, 1964-1972: A Study of Political Attitudes and Political Change in the Federal Republic of Germany, (Ph.D., Disss., Wassshington, D.C.: The American University, 1974).

Robert Legvold, "European Security Conference", (*Survey*, Summer, 1970).

Rosecrance, R., "Detente or entente", (*Foreign Affairs*, April, 1975).

Steve Weber, "Realism, detente, and nuclear weapons"(*International Organization* 44(1), Winter, 1990)

Snyder, J., "Avoiding Anarchy in the New Europe", (*International Security*, 14, 1990).

Thomas Paul Koppel, Sources of Change in West German Ostpolitik: The Grand Coalition, 1966-1969(The University of Wisconsin, Ph.D., 1972).

Uwe Nerlich, "Die Rollebeiderseitiger Truppenverminderung in der europäischen Sicherheitspolitik", (Europa Archive 27, no.5, 1972).

Waterkamp Rainer, "Politische Optionen für Europa und Deutschland - Frage"(*Aussenpolitik*, vol.XIV, January, 1968).

高橋 進, 「ドイツ社会民主党とヨーロッパ: 1945-1957年」日本国際政治学会 編『国際統合の研究』(国際政治, 第77号, 1984年 9月).

高橋進, 「冷戦の崩壊-ヨーロッパ-」, 『平和研究』(日本平和学会, 1991).

Bulletin

Das Parlament

Der Spiegel

Die Welt

Europa Archiv

Zeit

Pravda

Izvestiya

国際問題